新形态一体化系列教材

学前教育学

主　编　冯　丽　柳　剑　许　维

副主编　黄琼慧　谭彩南　谢梦怡

　　　　夏胜先　姜　顿　苏　颖

　　　　阳　琦

参　编　（按姓氏笔画排列）

　　　　毛忠贵　文　艺　石　帅

　　　　花　蕊　陆韵竹　陈建梅

　　　　聂孟秀　曾秀虹

中国言实出版社

图书在版编目(CIP)数据

学前教育学 / 冯丽，柳剑，许维主编 . —北京：
中国言实出版社，2022.11
ISBN 978-7-5171-4284-3

Ⅰ . ①学… Ⅱ . ①冯… ②柳… ③许… Ⅲ . ①学前教
育—教育理论 Ⅳ . ① G610

中国版本图书馆 CIP 数据核字（2022）第 156269 号

学前教育学

责任编辑：史会美
责任校对：王建玲

出版发行：中国言实出版社
　　　地　　址：北京市朝阳区北苑路180号加利大厦5号楼105室
　　　邮　　编：100101
　　　编辑部：北京市海淀区花园路6号院B座6层
　　　邮　　编：100088
　　　电　　话：010-64924853（总编室）　010-64924716（发行部）
　　　网　　址：www.zgyscbs.cn　E-mail：zgyscbs@263.net

经　　销：新华书店
印　　刷：三河市海新印务有限公司
版　　次：2023年01月第1版　2023年01月第1次印刷
规　　格：787毫米×1092毫米　1/16　14.25印张
字　　数：365千字

定　　价：49.80元
书　　号：ISBN 978-7-5171-4284-3

前言 PREFACE

人生百年，立于幼学。学前教育指对0—6岁的儿童进行的教育，是基础教育的重要组成部分，是整个教育体系的奠基阶段。学前教育学是一门研究学前教育现象和学前教育问题，揭示0—6岁学前儿童教育规律的科学。毋庸置疑，随着国家、社会的重视，学前教育呈现出前所未有的发展前景。《幼儿园教育指导纲要（试行）》《幼儿园教师专业标准（试行）》《3—6岁儿童学习与发展指南》《关于促进3岁以下婴幼儿照护服务发展的指导意见》等文件，为本书的编写提供了科学依据和理论指导。

在近年来出版的学前教育学教材中，总体上主要是从幼儿园层面展开，对3—6岁幼儿的保教内容涉及较多，而对0—3岁婴幼儿的研究大多一笔带过，详细阐述的较少。事实上，0—3岁婴幼儿与3—6岁幼儿既有相同点又有不同之处，这就要求学前教育学作为包含学前教育、幼儿保育、早期教育、婴幼儿托育服务与管理等专业的一门课程或学科，所研究的范围应涉及0—3岁和3—6岁两个层面。在共性基础上突出0—3岁与3—6岁两个阶段儿童的不同之处，阐述体系应更清晰明确。

本书分为三个部分。第一部分是学前教育总论，针对0—6岁年龄段的学前儿童，由学前教育学概述、学前儿童与教师、学前教育的目标与内容3个项目组成。第二部分是0—3岁婴幼儿的保育与教育，由0—3岁婴幼儿保育与教育概述、家庭教育及其指导、早教机构的保育与教育3个项目组成。第三部分是3—6岁幼儿的教育，由幼儿园课程，幼儿园的教学活动，幼儿园的游戏，幼儿园与家庭、社区、小学的关系4个项目组成。

本书基于"立德树人"的根本任务，以社会主义核心价值观为导向，整个结构体系完整科学、内容丰富，每一个项目均由不同任务组成。全书内容符合当前学前教育发展的实际情况，既体现了科学的学前教育观，又彰显了对专业特色发展的价值，为一线学前教育工作者，学前教育、早期教育、婴幼儿托育服务与管理、幼儿保育等专业的教师和学生构架了学前教育专业理论知识体系，提供了专业实践指导。

本书在编写过程中，参考和引用了国内外大量的文献资料，在此对这些文献的研究者们表示衷心的感谢。由于编者水平有限，本书还存在一定的不足，敬请广大读者对不足之处批评指正。

编　者

目录 CONTENTS

第三部分　3—6岁幼儿的教育

第一部分

学前教育
总论

项目一　学前教育学概述

项目导读

　　学前教育，是指对0—6岁（胎儿—入小学前）的儿童所进行的，促进其身体、认知、情感、个性和社会化等方面发展的教育，是国民教育体系的重要组成部分，在我国基础教育和终身教育体系中占有不可替代的奠基地位。学前教育学是研究学前教育现象和学前教育问题，揭示0—6岁学前儿童教育规律的一门科学。学前教育学经过了一个漫长的发展历程，出现了许多重要的人物、著作及教育思想，创建了许多学前教育机构。现今，我国乃至世界的学前教育在各个方面都继续向科学化、规范化、法制化方向发展。本项目根据学前教育阶段的年龄划分，比较早期教育、幼儿教育和学前教育对象的不同，阐述了学前教育研究对象的相关内容。学前教育的任务是学前教育目标的具体化，基于学前教育构成要素和幼儿园双重任务的观点，探讨了早期教育机构和幼儿园更为具体的任务。学前教育与社会的关系，包括影响和制约学前教育的社会因素和学前教育对社会的影响，一方面，政治、经济、文化影响和制约了学前教育的发展；另一方面，学前教育也影响着政治、经济和文化等。

项目目标

知识目标

1.掌握学前教育、学前教育学的含义与内容，知道学前教育机构的产生和发展。

2.了解中外学前教育家的学前教育思想。

3.明确学前教育的研究对象和任务。

4.理解学前教育与社会政治、经济以及文化之间的相互作用关系。

技能目标

1.能够较好地比较不同学前教育家的学前教育思想。

2.能运用所学知识分析现阶段我国学前教育与社会政治、经济以及文化之间的关系。

情感目标

1.意识到学前教育学这门学科的重要性，并对这门学科产生一定的兴趣。

2.初步形成科学的学前教育观。

思政目标

1.认识到学前教育及学前教育学的发展与社会的密切联系。

2.增强学生的职业认同感，为落实立德树人的根本任务奠定基础。

任务一　学前教育的产生与发展

⚙ 任务描述

　　教育与学前教育、教育学与学前教育学均有广义与狭义之分。学前教育学是教育学的分支学科，是一门研究学前教育现象和问题，揭示0—6岁学前儿童教育规律的科学。学习国内外一些重要学前教育家的学前教育思想，如陈鹤琴、张雪门、福禄贝尔、蒙台梭利等，并初步掌握学前教育学的内容体系。

🔗 任务准备

　　理论准备：学生具有《学前卫生学》《学前心理学》等前期专业课程基础及实习经历，对学前教育有了一定了解，为学前教育的学习奠定基础。
　　物质准备：教学环境干净、整洁、安全，疫情防控准备工作充分；智慧教室；教学工具。

☰ 任务实施

　　人生百年，立于幼学。近年来，国家对学前教育越发重视，在教育部2001年编写的《幼儿园教育指导纲要（试行）》（以下简称《纲要》）中明确指出，幼儿园教育是基础教育的重要组成部分，是我国学校教育和终身教育的奠基阶段。当然，除了幼儿园教育，学前教育还应包括早期教育机构等多方面的教育，这些都为学前儿童时期乃至后期的学习与发展打下了坚实的基础。

一、教育与学前教育

（一）教育的来源与本质

　　教育其实是一种社会现象，源于人们在社会生活中的需要，产生于人类的各项生产劳动之中。由于社会在不断地发展与进步，关于教育的含义，不同时期、不同国家、不同人物有着不同的观点。在古代"教""育"二字是分开的，并没有将其作为一个词语出现。在甲骨文中"教"字为"𢼔"，就像有人在一旁拿着鞭子，一个儿童在下面学习的样子；"育"字在甲骨文中为"𣫝"。在我国，最早将"教""育"二字连在一起作为一个词出现，是在《孟子·尽心上》中："得天下英才而教育之，三乐也。"东汉时期，许慎在他所著的《说文解字》中对"教育"一词进行了这样的描述："教，上所施也，下所效也。育，养子使作善也。"在西方国家，教育家对于教育的见解也持有自己的观点。比如，瑞士著名的民主主义家裴斯泰洛奇的观点是教育的目的在于发展人的一切天赋力量和能力；法国启蒙思想家、教育家卢梭认为教育应当依照儿童自然发展的程序，培养儿童所固有的观察、思维和感受的能力。

　　总之，关于教育的解释颇多，但无论从何种角度出发，都可以概括为教育是一种带有目的性、计划性、组织性的培养人的社会活动，这也是教育的本质所在。再具体说来，它有广义、狭义之分。广义的教育是指能不断增进人们的知识、经验、技能，发展人们的智力，影响人们的思想观念的活动；狭义的教育则指专门的学校教育，即在专门的教育机构由专门的教师对受教育者进行有目的、有计划、有组织的活动，使受教育者的知识、技能、智力、思想品德等方面有所发展。

（二）学前教育概述

学前教育属于教育的范畴，学前教育也随着人类的产生和发展而出现并发展。

1.学前教育的含义

学前教育是基础教育的开始阶段。目前，世界各国对学前教育各年龄阶段的划分并没有完全统一。我国倾向于学前儿童是指0—6岁的儿童。因此，将学前教育定义为对0—6岁（胎儿—入小学前）的儿童所进行的教育，旨在促进儿童身体、认知、情感、个性和社会化等方面的发展。具体说来，学前教育也有广义和狭义之分，广义的学前教育包括家庭学前教育、学前教育机构的教育、社区的学前教育；狭义的学前教育则专指学前教育机构的教育，比如托儿所、亲子场所、幼儿园的教育。

另外，随着社会进步和经济的发展，世界各国不仅加大了对学前教育的财政投入，而且发布制定大量与学前教育有关的政策法规，促进了学前教育的发展。我国也先后发布了如《幼儿园管理条例》、《幼儿园工作规程》（以下简称《规程》）、《幼儿园教育指导纲要（试行）》、《国务院关于当前发展学前教育的若干意见》、《幼儿园教师专业标准（试行）》、《3—6岁儿童学习与发展指南》（以下简称《指南》）、《关于促进3岁以下婴幼儿照护服务发展的指导意见》等文件，这些都使我国的学前教育不断走向科学化、规范化、政策化、法制化。

2.中外古代的学前教育

（1）中国古代的学前教育。在原始社会时期没有学校，自然就没有专门的学前教育机构。当时的儿童教育与现今的教育有很大的不同，称之为社会公育。这种社会公育是当时社会对儿童进行教育的基本形式。实际上原始社会的教育是没有阶级性和等级性的。由于生产力水平极其低下，生存是当时社会的首要任务，教育的内容也是为了能够生存下来而进行的生产和生活活动，主要包括生活、劳动、思想、审美、军事、体能教育。在原始社会末期，出现了最早的教育机构——"庠"。"庠"从字形来看，原指养羊等牲畜的地方，后来演变成储存粮食的仓库，由当时的老年人看管，兼具教养儿童的任务，所以说"庠"只能是学校的雏形，还算不上真正完备的学校。

到了奴隶社会，生产力水平逐渐提高，出现了社会分工，也逐渐出现了专门的教育机构，我国专门的学校教育和学前教育也随之出现。在奴隶社会时期，学前教育的内容主要有生活常规、文化和道德教育。除此之外，比较典型的还有针对太子实施的宫廷教育以及胎教。当时的宫廷教育主要是"师保傅"制（太师、太保、太傅合称"三公"，分别负责保其身体，傅之德义和道之教训）和"备三母"制（子师、慈母、保姆合称"三母"，教以善道者则为师，审其欲恶者则为慈母，安其寝处者则为保姆）。

进入封建社会之后，学前教育的内容与奴隶社会相比，也有了进一步的发展。在思想品德、生活常规和文化知识方面，学前教育内容比奴隶社会更加明确翔实。比如在思想品德方面对儿童进行"孝"的教育，培养儿童勤俭的好习惯，做事要合乎道义，等等；在生活常规方面对儿童加强礼仪训练和良好卫生习惯的培养；在文化知识方面，主要是让儿童识字、学书，了解《大学》《论语》《孟子》《中庸》，还要学一些诗词赋。此外，加强儿童的身体保健也是当时许多家庭的教育内容。

（2）国外古代的学前教育。国外古代的学前教育与我国原始社会的学前教育一样，没有专门的学前教育机构，教育是没有阶级和等级性的，主要的目的是增强生产生活的能力。奴隶社会时期，出现了以埃及、印度和希伯来为代表的东方奴隶社会的教育。中世纪时期，西欧的学前教育体罚严重，带有明显的宗教性和等级性。

3. 中外学前教育机构的产生和发展

（1）我国学前教育机构的产生及发展。清朝洋务运动后期，在晚清大臣张之洞的支持下，我国建立了第一所学前教育机构，即在湖北武昌创办的湖北幼稚园。湖北幼稚园借鉴了日本的模式，聘请了3位日本的保姆负责幼儿园的事务，并由户野美知慧担任幼儿园园长。1904年，在《奏定学堂章程》（癸卯学制）颁布后，湖北幼稚园改名为武昌蒙养院。随后，在福建、上海、北京等地陆续创办了蒙养院。

随着社会不断发展，我国建立了一些幼儿园，大多为当时的老百姓服务。现今，托儿所、早教中心、幼儿园等学前教育机构呈现出前所未有的发展趋势。以幼儿园为例，在教育部发布的《2020年全国教育事业发展统计公报》中显示，截至当年，全国共有幼儿园29.17万所，在园幼儿4818.26万人，专任教师291.34万人。其中，普惠性幼儿园达到23.41万所，比上年增加3.12万所，增长15.40%，占全国幼儿园的比例为80.24%。

（2）国外学前教育机构的产生及发展。随着资本主义社会的发展，幼儿教育机构在英国、德国、法国等国家出现。法国牧师奥柏林在1770年的时候创办了编织学校，这是法国近代学前教育的萌芽，也被看做是近代幼儿教育的开端。1816年，英国空想主义者欧文在自己的工厂内创办了世界上第一所学前教育机构，当时叫幼儿学校，后来改名为性格形成学院，服务的对象是工人阶级的子女，带有明显的慈善性质，它还不是真正意义上的幼儿园。直到1837年，福禄贝尔在德国创办了世界上第一所幼儿园。随后，英国、法国、德国、美国、日本、意大利等国家的学前教育机构的规模不断发展壮大，数量急速增加，形式更加多样化，手段更加现代化，教育质量不断提高。

二、教育学与学前教育学

（一）教育学

教育受到当时社会政治、经济、文化等条件的制约，每个时期的教育内容都有所不同，而教育作为一种培养人的社会活动，人们需要对它进行研究，总结教育经验，形成教育规律，从而就产生了教育学这门学科。教育学是研究教育现象和教育问题，揭示教育规律的科学。事实上，教育是一项复杂的活动，正是因为其复杂性，教育学逐渐产生了许多分支学科，学前教育学就是其中一个分支学科。

（二）学前教育学

我国现有学制体系由学前教育、初等教育、中等教育、高等教育组成，每一阶段的教育都有其自身的特点、内容、规律等。作为教育学的分支学科，可以将学前教育学定义为研究学前教育现象和学前教育问题，揭示0—6岁学前儿童教育规律的一门科学。揭示教育规律是学前教育学的目的。由于每个国家的国情不同，对学前教育的性质、目的等内容的界定也是不同的，但他们都有着总结学前教育原理、阐述学前教育的原则、方法，揭示学前教育规律等一些共同的特征。

学前教育学作为一门学科体系或者一门课程，与学前儿童卫生学、学前儿童心理学、学前教育史、学前儿童家庭教育及五大领域等学科有着紧密联系，是学前教育专业的核心课程和灵魂学科，学好这门课程为今后的学前教育工作提供了必要的理论指导，也能促进学前理论的发展，推动当前学前教育改革的实践。

三、中外主要学前教育思想

（一）我国的学前教育思想

1. 中国古代的学前教育思想

在我国古代，早已出现一些学前教育主张，如在《礼记·内则》中就有提到在孩子出生后选择保母的具体要求，当儿童能够吃饭说话时就应该对他们进行教育等。其中，贾谊、颜之推、朱熹的学前教育思想值得学习和借鉴。

贾谊，即贾生，是西汉初年的政论家和文学家。贾谊打破了汉文帝时道家、黄老之学的思想束缚，推崇儒家学说，仁与礼结合的策略出台，得到了汉文帝的重视。虽然贾谊一生很短暂，但在文化历史上留下了重要一笔。他的著作大都受到庄子与列子的影响。在学前教育方面，贾谊有3个重要的思想值得推崇：一是论"早谕教"，在这里"早"有两层意思，第一是要进行胎教，第二是要施学前教育；二是论"师保傅"，即三公、三少；三是论早教内容。

颜之推生活在南北朝至隋朝之间，是一位博学多识之人，一生著述甚丰，所著书大多已失传，《还冤志》及《颜氏家训》被存留至今。颜之推非常重视早期教育，他在《颜氏家训》中提出"教妇初来，教子婴孩"，其意思就是对一个人的教育应该及时及早，有条件的家庭还应进行胎教。颜之推认为语言应该成为儿童学习的重要内容之一，这依照如今的观点来看仍有可借鉴性。除此之外，颜之推还认为家长对儿童教育要严厉，过度溺爱或者放任不管是不可取的；在家庭教育中，不要偏宠某一个子女，平等对待很重要；重视家庭中父母对儿童的榜样示范作用；提倡让儿童在一个优良的社会交往环境中生活。

朱熹是南宋著名的理学家、哲学家、思想家及教育家，也是一位诗人，是宋代理学思想的集大成者。他与程颢、程颐的理学合称为"程朱理学"。在学前教育方面，朱熹提倡蒙养教育，认为蒙养教育是一个人一生教育的基础阶段。"古人之学，因以致知为先，然其始也，必养之于小学"。朱熹认为应当慎择师友。一方面对于当时的士大夫家庭，他认为要选好儿童的教师需从谨慎选择乳母开始，他提出了"乳母之教，所系尤切"的观点；另一方面，他认为等到儿童大一些的时候，要逐步让儿童认清是非真伪、学会如何选择益友。难能可贵的是，朱熹还提出了正面教育的理念，他说"尝谓学校之政，不患法制之不立，而患理义之不足以悦其心，而区区于法制之末以防之……亦必不胜矣"，又说"苟知其理之当然，而责其身以必然，则夫规矩禁防之具，岂待他人设之而后有所持循哉？"另外，他还重视榜样的教育作用以及对教师提出指导、示范和适时启发的要求。如"指引者，师之功也""师友之功，但能示之于始，而正之于终尔"。

2.中国近现代的学前教育思想

近代时期，中国的学前教育已经发展成为一个较为独立的教育体系，在这个时期涌现出许多著名的教育家，比如蔡元培、陶行知、鲁迅等，他们的教育观、儿童观至今仍为我国的学前教育提供了强有力的支撑与借鉴。我国基本形成了现代学前教育思潮，许多教育家对我国现代的学前教育事业起到了极大的推动作用，如陶行知、陈鹤琴、张雪门、张宗麟等。

陶行知（1891—1946年）是我国伟大的教育家。他的一生都奉献给了教育事业。陶行知在美国留学时师从伟大教育家杜威和孟禄，他的一些教育理念也受到了他们的影响。陶行知教育思想中最为核心的就是生活教育。他认为，"我们的实际生活，就是我们的全部课程；我们的课程，就是我们的实际生活"。关于生活教育的内容，他提出了社会即学校，并提出儿童的生活教育内容包括：康健的生活即是康健的教育；劳动的生活即是劳动的教育；科学的生活即是科学的教育；艺术的生活即是艺术的教育；改造社会的生活即是改造社会的教育。陶行知还主张根据儿童的特点因材施教，提出了六大解放，即解放儿童的脑，使之能思；解放儿童的手，使之能干；解放儿童的眼睛，使之能看；解放儿童的嘴，使之能说；解放儿童的空间，使之能回归自然；解放儿童的时间，使之能自由支配。另外，陶先生创造了著名的"小先生制"；积极普及学前教育，创建了我国的第一所民办乡村幼儿园——南京燕子矶幼稚园；创立了"艺友制"，这是培养幼儿教师的重要途径，即学生与教师之间交朋友，让学生在实践中充当教师，做学结合，通过实践丰富经验。陶行知的学前教育思想，至今仍值得学前教育工作者思考与研究。

陈鹤琴（1892—1982年）是我国著名的幼儿教育家、儿童心理学家，被称为我国的"幼教之父"。早在20世纪初，陈鹤琴就与陶行知一起到美国留学，他师从孟禄、桑代克等著名教育家和心理学家。1923年，陈鹤琴在南京自己的家中创办了我国的第一所幼儿教育实验中心——南京鼓楼幼稚园。在抗日战争时期，陈鹤琴又创建了我国的第一所公立幼稚师范学校——江西省实验幼稚师范学校，为当时的学前教育事业输送人才，为我国的幼儿教育师资培训做出了巨大的贡献。陈鹤琴的教育理论是我国学前教育史上的瑰宝。他的理论著作《陈鹤琴教育文集》和《陈鹤琴全集》详细阐述了他的教育理念和学前教育思想，值得学前教育工作者学习。

陈鹤琴提出"活教育"理论，其理论体系涉及以下5个方面。第一，"活教育"的目的。陈鹤琴反对"死教育"，提倡"活教育"。他认为"活教育"的目的就是做人，做中国人，做现代的中国人。第二，"活教育"的方法是做中教，做中学，做中求进步。他提出凡儿童自己能够做的，应当让他自己做，也就是要让儿童亲自去体验，去实践，才能让他们更好地获得经验。第三，陈鹤琴提出了17条教学原则，凡是儿童自己能够做的，应当让他自己做；凡儿童自己能够想的，应当让他自己想；想要儿童怎样做，就应当教儿童怎样学；鼓励儿童去发现他自己的世界；积极的鼓励胜于消极的制裁；大自然、大社会是他们的活教材；比较教学法；用比赛的方法来增进学习的效率；积极的暗示胜于消极的命令；代替教学法；注意环境，利用环境；分组学习，共同研究；教学游戏化；教学故事化；教师教教师；儿童教儿童；精密观察。陈鹤琴提出的这些教学原则直至今天也有可取之处。第四，在课程方面，陈鹤琴认为大自然与社会就是"活的教材"，儿童应该回归到自然与社会中去学习与发展。他认为幼儿园的课程不应该是零散无系统的，课程应该是一个整体，教材也应该是一个整体。因此，他提出了著名的"整个教学法"，又提出了"五指活动"，具体包括健康、社会、艺术、科学和语言（语文）活动，这也与现今幼儿园的五大领域活动颇为相似。第五，在训导工作方面，陈鹤琴认为训导工作在所有的教育工作中是最为核心的、不可忽视的。训育的13条原则有：从小到大；从人治到法治；从法治到心理；从对立到一体；从不自觉到自觉；从被动到主动；从自我到互助；从知到行；从形式到精神；从分家到合一；从隔阂到联络；从消极到积极；从空口说教到以身作则。

在我国，陈鹤琴先生最早详细地对儿童心理进行了研究，其代表著作有《儿童心理之研究》，另外，他的著作《家庭教育学——怎样教小孩》一书中讲到了早期教育和心理发展的紧密联系。在他看来，儿童具有好动、好模仿、好奇、好游戏、喜欢成功、喜欢合群、喜欢野外生活、喜欢被称赞等特点。陈鹤琴的"活教育"理论及其他学前教育思想是他在教育实践中总结与探索的成果，对当时的学前教育事业起着重要的指导作用，并且对现今的学前教育产生了重大影响。

张雪门（1891—1973年），中国著名学前教育家。张雪门先生在当时的北平大学工作时，曾计划用一年时间研究福禄贝尔，一年时间研究蒙台梭利，再用一年时间研究不同国家的学前教育，最后以毕生精力发展我国的学前教育。可见，张雪门先生对学前教育的热爱与执着追求。之后，他翻译的《福禄贝尔母亲游戏辑要》以及《蒙台梭利及其教育》两本著作相继问世。此外，他的主要著作有《幼稚园行政》《幼稚园行为课程》《幼稚教育》《幼稚园课程活动中心》《中国幼稚园课程研究》《儿童保育》等。张雪门研究学前教育是从幼儿园的课程着手。他也主张"生活即教育"，他说："生活就是教育，五六岁的孩子们在幼儿园生活的实践，就是行为课程。"他主张幼儿园行为课程的两大要素就是生活和行为。他说凡扫地、抹桌、熬糖、爆米花及养鸡、养蚕、种玉蜀黍和各种小花等，能够让儿童实际行动的，都应该让他们自己动手。这就说明他认为在生活中儿童自己可以亲自去操作、去实践的东西都应该让他们自己去尝试、去体验。对于行为课程，应满足儿童的兴趣和需要，主张采用单元来进行教学。另外，张雪门在幼儿师范教育中提出了应当组织相应的见习和实习。见习、实习的场所包括婴儿保教园、中心幼儿园、平民幼儿园和小学；在三年的幼儿师范中，每一学年都应该有见习、实习，时间安排上要恰当合理，每一学年见习、实习的地点和内容是不一样的。张雪门一生致力于研究我国的学前教育，他对儿童的热爱，对我国学前教育事业的坚持，值得人们学习。

张宗麟（1899—1976年）是我国教育史上的第一位男性幼儿教师，曾协助陈鹤琴创办鼓楼幼稚园。他同样坚持"生活教育"的理念，主要著作有《幼稚教育概论》《给小朋友的信》《张宗麟乡村教育论集》《幼稚教育论文集》等。关于幼儿园的课程，他认为是幼儿在幼儿园的一切活动，而这些活动都应该是倾向于社会化的。幼儿园教师应以保护儿童作为其最重要的责任，幼儿园教师除了应当在幼儿师范学校发展外，还需要在工作中随时加强自身修养。

（二）国外的学前教育思想

1.西方古代的学前教育思想

西方早期的学前教育思想主要以古希腊的柏拉图、亚里士多德，古罗马的昆体良为代表。

柏拉图的代表作是《理想国》和《法律篇》。在西方教育史上，柏拉图是最早论述学前儿童教育问题的人，最早论述优生优育的人，是"寓学习于游戏"的最早提倡者。他认为儿童的教育应包括道德、音乐、体育等内容。

亚里士多德是古希腊哲学家，其代表作是《政治学》和《伦理学》。在学前教育方面，亚里士多德认识到胎教的重要性，并提出要加强儿童的体质锻炼，培养儿童良好的行为习惯。

昆体良是古罗马时期的教育家和雄辩家，其代表作是《雄辩术原理》。昆体良认为儿童的学习应尽早进行，提倡儿童游戏，也是世界上最早论述双语（希腊语和拉丁语）教育的人。他认为作为教师应了解儿童，针对儿童的特点因材施教，反对体罚。此外，他还重视家庭对儿童的影响，阐述了家庭教育的重要性。

2.西方近现代的学前教育思想

从文艺复兴时期到西方的资本主义制度确立并发展，经济的发展也推动着教育的进步，这一时期是学前教育思想发展的重要时期，出现了如夸美纽斯、福禄贝尔等教育家。世界各国对学前教育愈加重视，随之出现了如杜威、蒙台梭利等教育家，他们的学前教育思想至今仍有重要的影响。

夸美纽斯被称为"教育史上的哥白尼"。其著作《大教学论》标志着教育学成为一门独立学科。夸美纽斯对世界学前教育也做出了重要的贡献，完成了世界上第一本学前教育专著《母育学校》，世界上第一本配有插图的教科书《世界图解》。他认为学前教育非常重要，学前时期是接受教育最好的时期；6 岁前的儿童应在母育学校接受家庭教育，课程应该包括认识实物的课程，比如认识自己的身体，认识动植物，认识环境，等等；父母应该从胎儿时期就关注其子女的健康问题；应教育儿童从小养成良好的品德；儿童智育的任务是训练他们的观察力、感觉、发展语言、思维，获得一定的技能等；教育必须遵循自然、考虑到儿童的特点，对于知识的学习要借助感官完成；在儿童入小学前应当做好充足的准备，这与幼小衔接的理念是非常吻合的。

福禄贝尔出生于德国的一个牧师家庭，他的母亲在他不到 1 岁的时候就去世了。从小福禄贝尔就缺乏母爱，但是他对大自然充满了热爱，这些都对他后来的学前教育思想产生了较大的影响。1837 年，福禄贝尔在德国的布兰肯堡创建了世界上第一所幼儿园，寓意为儿童的花园。1840 年，幼儿园这一名称在全世界广泛流传并被采用。他的学前教育思想在世界各国广泛传播。因此，人们把福禄贝尔称为"幼儿园之父"、近代学前教育的奠基者。福禄贝尔的著作主要有《人的教育》《幼儿园教育学》《慈母游戏和儿歌》等。福禄贝尔的主要学前思想包括：第一，教育的目的在于发展，而且教育要适应幼儿的发展。他同亚里士多德、卢梭、夸美纽斯等观点一致，认为教育要遵循儿童的自然本性。第二，幼儿园的任务在于用直观的方法培养儿童，发展儿童的体能和感官，让他们很好地了解自然，促进他各方面的发展。第三，福禄贝尔设计了一系列的教具——恩物，也就是今天的儿童玩具。第四，游戏是幼儿园里的基本活动形式，游戏对儿童有着重要的作用。虽然福禄贝尔的学前教育思想有一定的局限性，但是不可否认他对世界学前教育所做出的巨大贡献。

杜威是美国的实用主义教育家。他的著作主要有《我的教育信条》《儿童与课程》《民主主义与教育》等。杜威的教育思想主要有：第一，教育即生长。杜威指出教育就是各种自然倾向和能力的正常生长。这也是杜威教育的目的。他还提出了教育即生活，他认为教育是生活的一个过程。教育即经验持续不断的改造。第二，从做中学。从做中学是杜威教学理论的基本原则，他反对传统教育中对儿童的灌输教育，提倡从儿童感兴趣的活动中去学习。教师则更多地成为儿童生活与学习的引导者。可以说，杜威的教育思想充满了现代气息，对世界学前教育产生了重要的影响。

在历史上，蒙台梭利是与福禄贝尔齐名的幼儿教育家。1907年1月，蒙台梭利在意大利罗马贫民区创办了世界上第一所"儿童之家"，引起了轰动。她的著作主要有《童年的秘密》《有吸收力的心理》《蒙台梭利教育手册》等。蒙台梭利的学前教育思想主要有：第一，儿童天生就具有内在潜力，教育就要去激发儿童的这种内在潜力，去帮助儿童实现自由的发展。第二，重视环境对儿童的影响。蒙台梭利认为应该给儿童提供一个自由的、有秩序的、安静的、愉快的环境，让儿童在这样的环境里实现自我。第三，在蒙台梭利的教育理念中，教师与传统传授知识的教师是有着区别的。儿童是教育的主体，教师是儿童和环境的观察者、引导者和创设者。第四，儿童的发展是具有阶段性的，儿童在他们发展的过程中存在"敏感期"。"敏感期"是指在不同的年龄阶段，儿童表现出对于某些事物或活动不一样的感觉或有一种特别的兴趣，这是教育的最佳时期。第五，感觉教育的重要性。感觉教育是蒙台梭利学前教育体系中极其重要的部分。正是因为她认为儿童在不同年龄阶段有着"敏感期"，所以要促进儿童的发展，就要对他们进行多方面的感觉训练，为此，她设计了一套感觉训练的教具，来训练儿童的触觉、视觉、听觉、味觉、嗅觉等。在这些感觉训练中，又以触觉训练为主。蒙台梭利的教育理论和实践遍及全世界各个国家和地区，她对世界学前教育的发展做出了重要贡献。

🎯 任务检测

一、单项选择题

1.清朝洋务运动后期，在晚清大臣张之洞的支持下，我国创办第一所学前教育机构，即在湖北武昌创办的（　　）。

A.南京燕子矶幼稚园　　　　　　　B.北平香山慈幼院

C.湖北幼稚园　　　　　　　　　　D.南京鼓楼幼稚园

2.1907年1月，（　　）在意大利罗马贫民区创办了世界上第一所"儿童之家"。

A.杜威　　　　　　　　　　　　　B.福禄贝尔

C.卢梭　　　　　　　　　　　　　D.蒙台梭利

3.（　　）是指研究学前教育现象和学前教育问题，揭示0—6岁学前儿童教育规律的一门科学。

A.学前教育　　　　　　　　　　　B.学前教育学

C.幼儿教育　　　　　　　　　　　D.幼儿教育学

二、简答题

福禄贝尔的主要学前教育思想有哪些？

任务检测答案

🔗 任务评价

<table>
<tr><td colspan="5" align="center">"学前教育的产生与发展"评价表</td></tr>
<tr><td>指标</td><td>评价标准</td><td>考核者</td><td>说明</td><td>评分</td></tr>
<tr><td>预习任务、课后任务的完成情况</td><td>完成好或较好为1学习积分，一般为0分，差或较差扣1学习积分</td><td>教师+课代表或小组长</td><td rowspan="4">具体评价内容及对应分值以一次具体任务为准</td><td></td></tr>
<tr><td>教学过程中的表现</td><td>乐于思考、积极主动性强、笔记较好等为1学习积分，一般为0分，差或较差扣1学习积分</td><td>教师+课代表</td><td></td></tr>
<tr><td>任务内容学习效果</td><td>掌握得好或较好为1学习积分，一般为0分，差或较差扣1学习积分</td><td>教师+课代表+小组长</td><td></td></tr>
<tr><td>思政目标达成度</td><td>对学前教育学学科重要性的认识达成度较好为1学习积分，一般为0分，差或较差扣1学习积分</td><td>教师+课代表+小组长</td><td></td></tr>
</table>

注：以学习积分为单位，每位学生有10个学习积分作为基础分，在此基础上加分或减分，考虑到后续可能出现的情况，2个学习积分为1分平时成绩，最后所有积分会折算成平时成绩。

任务二　学前教育的研究对象、方法和任务

⚙ 任务描述

本任务主要根据学前教育阶段的年龄划分，区分了早期教育、幼儿教育和学前教育的对象，明确了学前教育研究对象的界定。学前教育的研究方法则为学前教育发展提供了思维方式和行为方式等。基于学前教育的任务是学前教育目标的具体化、学前教育的构成要素、幼儿园的双重任务，明确了早期教育机构和幼儿园更为具体的任务。

🔗 任务准备

理论准备：学生已经掌握了学前教育的产生与发展相关知识内容，过渡到学前教育研究对象和方法、任务的学习中。

物质准备：教学环境干净、整洁、安全，疫情防控准备工作充分；智慧教室；教学工具。

▤ 任务实施

一、学前教育的研究对象

确定学前教育研究对象的目的主要是为了确定研究的边界，明确研究对象是研究学前教育重大问题和现象的基础。学前教育作为基础教育阶段，是旨在促进儿童身体发展、认知、情感、

个性和社会化等方面发展的教育活动。3 岁之前是心理特征的形成时期，这一时期是婴幼儿期教育阶段，也称先学前期；3—6 岁则称为幼儿期，由此构成了完整的 0—6 岁学前教育阶段，也叫学龄前期。

广义上说，儿童 1 岁后进入了幼儿期，在此之前为婴儿期。李定开认为幼儿教育是 3—7 岁的儿童在幼儿教养机构和在家庭中所受教育的总和，包含幼儿园教育和幼儿家庭教育两个方面；陈幸军提出幼儿教育主要指的是对 3—6 岁年龄阶段的幼儿所实施的教育，幼儿教育是学前教育或早期教育的后半阶段，这个年龄阶段前与 0—3 岁的婴儿教育衔接，之后与初等教育衔接，是一个人教育与发展的重要而特殊的阶段。在美国，0—8 岁儿童的教育为幼儿教育（Early Childhood Education），学前教育（Preschool Education）仅指入学前 1 年的教育；而早期教育（Early Education）是指对 0—3 岁儿童的教育。在英国，3—5 岁是基础阶段教育时期。

对早期教育、幼儿教育与学前教育的内涵外延，有诸多讨论，也伴随着些许争议，随着学前教育研究的发展，学界普遍达成了共识，即我国狭义的学前教育内涵特指 3—6 岁幼儿教育，而广义的学前教育内涵是指 0—6 岁儿童教育，包括 0—3 岁"早期教育"与 3—6 岁"幼儿教育"两大教育阶段。

二、学前教育的研究方法

在学前教育领域，主要的研究方法包括：观察研究、调查研究、实验研究和个案研究。

（一）观察研究

观察研究是学前教育领域最基本的研究方法，主要是指依据一定的研究目标，在自然条件下，通过感官及其他辅助工具（量表、记录表等），有目的、有计划地观察研究对象，并收集分析研究对象感性资料，具体方法包括描述记叙法、取样观察法、等级评定法、间接观察法。作为发现问题的前提，深入理解儿童的途径，教育评价的手段和其他研究的基础，主要有简单易行、真实可靠、客观生动、及时深入等特点。

（二）调查研究

调查研究是学前教育领域运用非常广泛的研究方法，是指教育研究者采用一定的程序和手段，在学前教育理论的指导下，有目的、有计划、系统地对学前教育事实材料进行收集、整理和分析，从而了解学前教育实际情况，提出相应的解决方案。调查研究具有较严谨的调查工具和较强的预设和主动性，侧重选择典型、有代表的研究对象，具体方法包括问卷、访谈、测验、作品分析等。

（三）实验研究

实验研究是学前教育领域一种十分重要的研究方法，若运用得当，可获得更为可靠的结论。实验研究具体是指在学前教育理论假设的前提下，通过学前教育实验，控制无关变量，操纵自变量，观测因变量，在一定时间内将收集到的教育资料进行比较分析，反复验证，揭示学前教育领域的因果关系及学前教育与儿童发展的规律。

（四）个案研究

个案研究在学前教育领域也较为常见，是一种定性研究方法，即运用多种方法，对单一的研究对象（个人、团体、组织或事件）进行深入而具体的研究，以获得尽可能多的相关资料，并推出一般结论的过程。具体方法包括追踪法、追因法、临床法、作品分析法等。

除此之外，在学前教育领域还有行动研究、历史研究等研究方法注重进行研究时还需遵循自愿、匿名、保密和教育伦理等原则。

三、学前教育的任务

基于幼儿园双重任务的规定，将学前教育的任务界定为对学前儿童进行保育、教育和服务家长。学前教育的任务，是学前教育目标的具体化，主要是以家庭、教育机构、社会等为载体，基于学前教育理论与实践，促进学龄前儿童全面发展及解释教育过程中出现的问题与现象，同时不断升华实践经验至理论高度，长此良性循环，进而提升整个学前教育质量和水平。具体则包括学前教育政策方针的制定，改革方案、具体措施的提出，对不同学前教育场所相关的指导及其之间关系的解释；学前教育经验及规律的理论构建，学前教育问题的及时发现与解决，促进学龄前儿童德、智、体、美、劳的发展，等等。

（一）促进学前儿童全面发展

学前教育最重要的任务，就是促进学前儿童情感、态度、能力、知识与技能等方面的全面和谐发展，这其中包括对学前儿童的保育，主要是指在儿童身心由不成熟至逐渐成熟的发育过程中，对其身体的照顾和心理品质的培养，促使儿童身体功能完善，有基本的生活自理能力等。也包括对学前儿童的教育，如幼儿园主要是从《指南》所划分的五大领域（健康、语言、社会、科学、艺术）等方面，促使儿童在以游戏为基本形式的活动中，获得基本知识、态度、行为能力等。

（二）支持学前教师专业发展

对教师的岗前培训和后续学习是确保教育质量的必要手段。学前教师的专业素养（专业理念、专业知识、专业能力）在很大程度上影响着学前教育的发展质量，教师的专业成长推动着学前教育发展，学前教育发展亦反过来作用于教师，为其提供政策和途径，促使教师更新教育理念，实现自身成长，将最新的教育教学成果反馈在与家长、儿童的直接沟通、互动中。

（三）协助家庭实施养育和教育

家长通过早期教育机构和幼儿园，了解、学习、掌握养育和教育家中孩子的理论知识和实践经验，与此同时，学前教育机构在提供良好的教育资源和理念的同时，也要帮助家长转变教育理念，掌握实施教育的有效法宝。

学前教育机构通过调整课程设计、收托时间、活动形式、管理制度等方式，如日托、长日托、半日托、临时托、亲子班等形式为家长提供最大便利。

因此，在协助家庭实施养育和教育方面，学前教育的任务既要聚焦儿童的发展和家长的需求，更要注重家长育儿水平的提高。

任务检测

任务检测答案

任务评价

指标	评价标准	考核者	说明	评分
"学前教育的研究对象、方法和任务"评价表				
预习任务、课后任务的完成情况	完成好或较好为1学习积分，一般为0分，差或较差扣1学习积分	教师+课代表或小组长	具体评价内容及对应分值以一次具体任务为准	
教学过程中的表现	乐于思考、积极主动性强、笔记较好等为1学习积分，一般为0分，差或较差扣1学习积分	教师+课代表		
任务内容学习效果	掌握得好或较好为1学习积分，一般为0分，差或较差扣1学习积分	教师+课代表+小组长		
思政目标达成度	善于观察，具有钻研精神，紧抓学前教育任务，有培养社会主义建设者和接班人的觉悟。达成度较好为1学习积分，一般为0分，差或较差扣1学习积分	教师+课代表+小组长		

注：以学习积分为单位，每位学生有 10 个学习积分作为基础分，在此基础上加分或减分，考虑到后续可能出现的情况，2 个学习积分为 1 分平时成绩，最后所有积分会折算成平时成绩。

任务三　学前教育与社会的关系

⚙ 任务描述

　　本任务主要探讨学前教育与社会因素的关系，更加全面地认识学前教育。学前教育是基础教育的重要组成部分，其本质是一种培养人的社会现象和实践活动。学前教育与政治、经济、文化等社会因素密切相关，它的发展受到这些社会因素的影响，同时其发展又能够促进社会的进步与革新。

🔗 任务准备

　　理论准备：学生已经掌握了学前教育的产生与发展、学前教育研究对象、方法和任务相关知识内容。

　　物质准备：教学环境干净、整洁、安全，疫情防控准备工作充分；智慧教室；教学工具。

☰ 任务实施

一、影响学前教育的社会因素

（一）政治对学前教育的影响

　　政治主要指国家性质、各阶级和阶层在政治生活中的地位、国家管理的原则和组织形式等，它是人类社会发展到一定时期所产生的一种重要的社会现象。政治对社会生活的各个方面都产生着重大的影响，学前教育作为教育的组成部分、一种社会实践活动，其性质、目的、发展的方向与规模均受到政治的影响与制约。

1.政治决定了学前教育的性质

　　学前教育是社会培养人的实践活动，在学前教育之中谁拥有领导权、谁具有受教育权决定了学前教育的基本性质，而学前教育领导权与受教育权的归属由政治因素决定。

　　政治决定了学前教育的领导权。国家通过制定和推行相关的法律法规以及政策，对学前教育的办学方向、办学宗旨以及办学方针进行了规定，通过行政命令、财政拨款、考核认定等方式影响了学前教育发展的方向。舆论引导、文化宣传、课程标准与章程的制定、相关图书的出版等方式也能影响学前教育的发展。

2.政治决定了学前教育的目的

　　通过教育向儿童传递特定的文化知识和思想意识，目的是使儿童能够成为维护当前统治秩序和促进社会发展的人，我国教育的方针是：教育必须为社会主义现代化建设服务，必须与生产劳动相结合，培养德、智、体等方面全面发展的社会主义事业的建设者和接班人。

3.政治规定了学前教育的办学模式

　　国家通过制定和推行相关的教育政策与法规，引导和规范着学前教育的办学模式。《中华人民共和国教育法》强调，"国家制定学前教育标准，加快普及学前教育，构建覆盖城乡，特别是农村的学前教育公共服务体系"。《幼儿园管理条例》中就幼儿园的教育与管理等做了详细的规定，并明确了主要的办学模式是"园长负责制"。《规程》《纲要》和《指南》等文件也都从学前教育的目标、内容、要求等方面规范了学前教育的办学模式。

（二）经济对学前教育的影响

经济是人类社会赖以生存和发展的基础，是构建和维系人类社会运行的必要条件。经济发展的水平决定了学前教育的产生与发展。

1.经济发展决定了学前教育机构的产生

学前教育离不开专门的学前教育机构。原始社会的生产力水平很低，生产和劳动都较简单，儿童多是在劳动之中接受教育。奴隶社会与封建社会时期，社会经济进一步发展，劳动、生产逐渐复杂，儿童无法直接参与生产活动，而是在成人的生产劳动中进行辅助，辅助的过程便是儿童接受教育和训练的过程，因此不存在成立专门的学前教育机构的需求。同时这些时期，社会生产力水平低下，也缺少创办学前教育机构的物质基础。

十八世纪六十年代第一次工业革命出现，社会生产力大幅提高，这为学前教育机构的产生提供了物质基础，更为关键的是由于工厂的出现与快速发展，大量的妇女走出了家庭，参与到社会的生产劳动之中，儿童的照料成为亟待解决的社会问题。学前教育机构在这种急迫的社会需求之下应运而生。

2.经济发展提升了学前教育发展的速度与规模

经济的发展不仅促使学前教育机构的产生，还提升了学前教育发展的速度与规模。一方面，社会经济发展水平越高，人们的生活水平也就越高，家庭在学前教育中的投入也会相应增加，人们送子女进入学前教育机构的意愿与需求便会愈加强烈。同时经济发展水平的提高使得国家有更多的资源投入到学前教育之中，改善学前教育的软硬件设施设备，扩大学前教育的规模，这为学前教育的发展提供了更加坚实的基础。社会经济发展的水平决定了学前教育的需求与供应两个方面，从而影响着学前教育发展的速度与规模。

3.经济发展影响了学前教育的内容与手段

经济的发展促进了科学技术和文化教育的发展，这为学前教育内容与手段的更新创造了条件。在教育内容方面，随着社会经济水平的不断提高，人们愈加重视学前儿童对社会环境和自然环境的认识，愈加关注在认知周围环境这一过程中儿童表现出来的兴趣和求知欲等情感，也愈加强调儿童认识活动中表现出来的创造力。机械制造、编程等全新的教育内容不断以适合儿童的方式注入学前教育的内容之中。在教育载体方面，电视、计算机、投影仪、电子白板等丰富的现代化技术，以及网络社群、云端、直播等信息化手段在学前教育之中得到了广泛的应用，不断提高着学前教育的质量。

（三）文化对学前教育的影响

文化是指人类创造的精神财富，即社会的理想道德、科技、教育、艺术、文学、宗教、传统习俗等及其制度的一种复合体。教育是文化的一个组成部分，学前教育属于教育的一部分，因此学前教育是文化大系统中的一个小系统。

1.文化影响了学前教育的目标

不同国家文化背景下的学前教育目标有其独特的文化特点，如以集体主义文化著称的日本，其学前教育目标中便十分强调"儿童与他人的交往""儿童与周围环境的互动"。近年来在一些西方国家，性别平等成为一种重要的价值取向，其幼儿园的教育也开始致力于改变传统的性别角色模式，提倡两性的平等。同一国家的不同历史时期，其社会文化也存在一定的差异，学前教育的目标也因此受到一定的影响。比如在我国的封建社会时期，儒家文化占据社会的主导地位，教育的目的在于维护上尊下卑的社会规范与道德观念，对学前儿童进行教育的目标便是让儿童掌握基本的"洒扫应对"，使其行为符合封建伦理道德的规范。当前，我国学前教育的目标是对儿童实行德、智、体、美、劳全面发展的教育，促进儿童的身心和谐发展。

2.文化影响了学前教育的内容

教育是通过传递、延续、内化和更新文化而造就人才的活动。教育内容的选择，相当程度上受到文化因素的影响。学前教育的内容本身蕴含一定的社会文化。我国的封建社会时期，儒家文化是社会文化的正统与主流，《三字经》《百家姓》《千字文》《幼学琼林》等反映儒家的文化思想与伦理道德的蒙学著作便是学前阶段教育的主要内容。当前，立足于社会主义先进文化，我国的学前教育课程内容由传统的德育和智育扩充到德、智、体、美、劳等多个方面，涵盖了健康、科学、语言、社会和艺术五大领域。这些学前教育的内容正是我国科学文化全面发展的反映。

二、学前教育对社会的影响

（一）学前教育对政治的影响

教育对于维护社会政治稳定起着重要的作用，我国学前教育的根本任务便是"立德树人"，对儿童实施社会主义核心价值观的培育，用先进的思想和进步的意识形态影响儿童，使热爱国家、热爱人民的思想在儿童的心里扎根和萌芽。这对于儿童接受和认同我国现有的政治关系格局，维系我国现有的政治制度具有重要作用。同时，学前教育的普及有助于缩小现有的地区发展之间的差异，增进社会的和谐与稳定。

（二）学前教育对经济的影响

1.学前教育为经济建设提供高素质人才

人才是社会经济发展的核心要素，教育使人掌握科学技术，能够有效地提升劳动者的素质，从而为社会经济的发展提供更多高素质的人才。学前教育作为基础教育的重要组成部分，能够从小培养儿童健康的身体、优良的品德、积极的态度和健全的人格，为其终身的发展奠定基础。当前我国的学前教育十分注重儿童的主动性与创造性、科学素质和创新精神的养成，这对于高素质人才的培养起着基础性的作用。

2.学前教育能够解放更多的生产力

学前教育还具有社会公共服务的属性，能够减轻家庭的育儿压力，使家长能够有更多的时间和精力投入到工作之中，生产力的解放为整个社会创造更多的财富。同时学前教育还能够帮助儿童更好地适应小学及之后的学习，为社会主义现代化建设贡献力量。

（三）学前教育对文化的影响

学前教育受到文化的影响，同时学前教育也会影响文化的传承与创新。在学前教育的实践过程中，课程、教材、教育理念和思想等教育因素会随着社会的变化和不同文化之间的交流不断更新，从而直接或间接地促进了文化的创新。

任务检测

一、单项选择题

1.（　　）发展提升了学前教育发展的速度与规模。

A.经济　　　　　B.政治　　　　　C.文化　　　　　D.家庭

2.（　　）决定了学前教育的性质。

A.经济　　　　　B.政治　　　　　C.文化　　　　　D.家庭

二、简答题

简述政治对学前教育的影响。

任务检测答案

任务评价

"学前教育与社会的关系"评价表				
指标	评价标准	考核者	说明	评分
预习任务、课后任务的完成情况	完成好或较好为1学习积分，一般为0分，差或较差扣1学习积分	教师+课代表或小组长	具体评价内容及对应分值以一次具体任务为准	
教学过程中的表现	乐于思考、积极主动性强、笔记较好等为1学习积分，一般为0分，差或较差扣1学习积分	教师+课代表		
任务内容学习效果	掌握得好或较好为1学习积分，一般为0分，差或较差扣1学习积分	教师+课代表或小组长		
思政目标达成度	善于观察，具有钻研精神，紧抓学前教育任务，有培养社会主义建设者和接班人的觉悟。达成度较好为1学习积分，一般为0分，差或较差扣1学习积分	教师+课代表+小组长		

注：以学习积分为单位，每位学生有10个学习积分作为基础分，在此基础上加分或减分，考虑到后续可能出现的情况，2个学习积分为1分平时成绩，最后所有积分会折算成平时成绩。

> **项目总结**

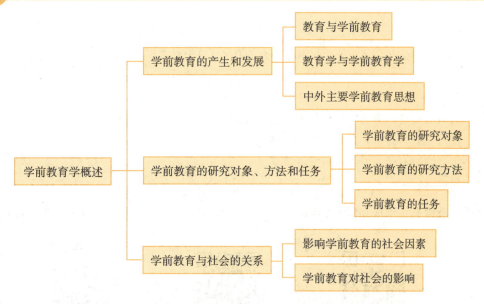

> **项目综合实训**

1.通过图书馆或上网搜索学前教育理论的产生和发展，与同学交流分享。

2.通过图书馆或上网查阅蒙台梭利感觉教具的使用原理，并能以1—2种教具为例进行实际操作（如果学校有蒙氏实训室，可到实训室实际操作）。

项目综合实训答案

> **课证融通**

一、单项选择题

1.（幼儿教师资格考试《保教知识与能力》2018下）下列说法中属于蒙台梭利教育观点的是（　　）。

　　A.注重感官教育　　　　　　　　　B.注重集体教学的作用

　　C.重视恩物的使用　　　　　　　　D.通过游戏使自由与纪律相协调

2.（幼儿教师资格考试《保教知识与能力》2018上）陶行知创立的培养幼教师资的方法是（　　）。

　　A.讲授制　　　　　　　　　　　　B.五指活动

　　C.感官教育　　　　　　　　　　　D.艺友制

3.（幼儿教师资格考试《保教知识与能力》2019上）幼儿园的双重任务是（　　）。

　　A.保教幼儿和服务家长　　　　　　B.看护幼儿和服务家长

　　C.培养习惯和传递知识　　　　　　D.保育和教育幼儿

4.（幼儿教师资格考试《保教知识与能力》2021上）"做人，做中国人，做现代中国人"这一教育目的的提出者是（　　　）。

    A.张雪门　　　　　　　　　　　　B.陶行知

    C.陈鹤琴　　　　　　　　　　　　D.张宗麟

5.（幼儿教师资格考试《保教知识与能力》2022上）下列选项中不符合蒙台梭利教育观念的是（　　　）。

    A.儿童存在着与生俱来的"内在生命力"

    B.教育应让儿童获得自然的和自由的发展

    C.幼儿教师是揭示儿童内心世界的观察者

    D.自由游戏是儿童学习的主要方式

二、简答题

（幼儿教师资格考试《保教知识与能力》2019下）简述经济发展和学前教育发展的关系。

课证融通答案

拓展阅读

微课呈现

项目二　学前儿童与教师

★ 项目导读

　　学前儿童和学前教师是学前教育学重要的构成要素，也是本项目要阐明清楚的两大部分内容。第一部分介绍了学前儿童及其发展的相关知识，并从4种典型理论（行为主义、认知发展、精神分析、社会文化历史）出发说明儿童发展的理论成果，最后通过学前儿童观发生的新变化，阐述了正确的学前儿童观；第二部分在正确儿童观建立的基础上，认识学前教师，尤其是学前教师角色的具体转变，学前教师职业的特点以及学前教师专业成长的困境、影响因素和途径等，明确了学前教师与儿童的关系。

◎ 项目目标

知识目标

1.掌握学前儿童、学前儿童发展的含义、影响因素及特征。

2.知道几种典型的儿童发展理论。

3.熟悉现代学前教育中儿童观的内容。

4.明确学前教师的概念，厘清学前教师角色的责任。

5.掌握学前教师职业的特点。

技能目标

1.能结合幼儿园实际分析学前儿童与学前教师的关系。

2.能基于对学前教师专业成长的理解努力提升自我。

情感目标

1.热爱儿童，形成正确的学前教育儿童观。

2.正视学前教师角色的转变，树立正确的学前教师观。

思政目标

1.初步形成尊重学前儿童、善待儿童的职业意识与职业责任感，为形成良好师幼关系奠定基础。

2.具有从事幼儿教师职业的热情和决心，树立理想信念。

任务一　学前儿童

任务描述

> 学前儿童指0—6岁的儿童，是保教活动的主体，其发展是指从出生开始在生理、心理两方面有规律地进行量变与质变的过程。学前儿童的身心发展受生物和社会因素等方面的影响，呈现出顺序性、阶段性、不平衡性、个体差异性等特点。在本任务中，应熟悉行为主义理论、认知发展理论、精神分析理论、社会文化历史理论等典型理论的儿童发展流派的观点；了解现代儿童观的内容并树立正确的儿童观。

任务准备

> 理论准备：学生对学前儿童和教师有一定了解，并有了初步的学前教育学学习基础，为学前儿童与教师的学习提供了条件。
>
> 物质准备：教学环境干净、整洁、安全，疫情防控准备工作充分；智慧教室；教学工具。

任务实施

一、学前儿童概述

（一）学前儿童与学前儿童的发展的概念

学前儿童，是学前教育的核心组成要素之一，是学前教育的对象。学前儿童从出生开始，就是一个由自然人向社会人转换的过程，在这个过程中，他们的生理和心理都在迅速发展着。学前儿童的发展是指学前儿童从出生开始在生理、心理两方面有规律地进行量变与质变的复杂过程。

（二）学前儿童身心发展的特征

1.学前儿童的身心发展具有方向性和顺序性

学前儿童的身心发展都具有一定方向性和顺序性，是一个由低级到高级、由量变到质变、由简单到复杂的连续不断的过程，而这个过程是不能跨越的，是一个循序渐进的过程。通常所说的"三抬四翻六会坐，七滚八爬周会走"就是儿童身心发展顺序性的体现。学前儿童身心发展的方向性和顺序性主要体现在两个方面：一是学前儿童身体的发展遵循从上到下、从中间到四肢、从骨骼到肌肉的发展顺序，比如学前儿童动作发展的头尾律、近远律、大小律就是这一特征的体现；二是学前儿童心理的发展遵循由机械记忆到意义记忆、由具体思维到抽象思维、由一般情感到复杂情感的发展顺序，比如学前儿童先是记住了苹果形态，才会在之后的学习中记住苹果两字作为符号的表现形式。因此，学前教师在向学前儿童进行保教时，必须坚持由具体到抽象、由浅到深、由简到繁、由低级到高级等顺序循序发展。像揠苗助长、陵节而施这些行为都违背了学前儿童身心发展的方向性和顺序性。

2.学前儿童的身心发展具有连续性和阶段性

简单地说，学前儿童身心发展的连续性和阶段性是指学前儿童在每一个阶段或者每一个时期都有每一阶段该做的事情。在方向性和顺序性中所提到的低级到高级、量变与质变也体现在这一特征中。量积累到了一定的程度就会发生质的变化，使学前儿童的身心发展表现出连续性和阶段性。在保教活动中如果采用"一刀切""一锅煮"的方法，就是违背了学前儿童身心发展的连续性和阶段性。

3.学前儿童的身心发展具有不平衡性

学前儿童不同的年龄阶段，其身心发展是不平衡的。年龄越小，发展的速度就越快。比如出生后的第一年，是学前儿童乃至人一生中发展最为迅速的时期。学前儿童发展的不平衡性表现在两个方面，一是同一个方面的发展速度在学前儿童的不同时期是不均衡的；二是不同方面的发展速度是不均衡的。比如，在生理方面，学前儿童的神经系统是最早发育的，生殖系统是最晚发育的，要到青春期才开始发育；在心理方面，学前儿童的感知觉最早成熟，其次是思维，随后成熟的才是情感。具体说来，关键期和危机期就是学前儿童身心发展不平衡性的突出表现。关键期是由奥地利的生态学家康罗德·洛伦兹提出来的，指身体或心理的某一方面机能或能力最适宜于形成的时期。洛伦兹在对鸟类自然习性的观察中，发现刚孵出的幼鸟，会在出生后很短的一段时间内学会追逐自己的同类或非同类，过了这段时间便再也不能学会此类行为或印刻自己的母亲，而这段时间是很短的，故称为关键期，又称最佳期、敏感期、临界期、转折期。心理学家将这类研究借用到学前儿童早期发展的研究中，提出了学前儿童心理发展的关键期理论。如2—3岁是儿童口头语言发展的关键期，4—5岁是儿童学习书面语言的关键期等。危机期一般发生在3岁左右，是指学前儿童在这一特定的年龄阶段，心理发生紊乱，产生反抗外界的表现。针对学前儿童身心发展的不平衡性，教师或养育者要抓住学前儿童发展的关键期和危机期，对其进行适当的教育。

4.学前儿童的身心发展具有互补性

互补性主要是指机体某一方面的机能受损甚至缺失后，可以通过其他方面的超速发展得到一定弥补；人的精神力量、意志、情绪等对整个机体能起到调节作用，帮助人战胜疾病和残缺，使身心依然得到发展。学前儿童亦是如此，某些学前儿童在其身心发展过程中，表现出某一方面或某些方面的长处，同时又表现出某一方面或某些方面的不足，针对这一现象，需发扬他们的长处，弥补他们的不足，这也就是通常所说的"长善救失""扬长避短"。

5.学前儿童的身心发展具有个体差异性

每一位学前儿童由于受到遗传、环境等的影响，其身心发展存在不同之处，呈现出一定的差异性。面对孩子的独特之处，作为一名学前教师必须深入了解每一位学前儿童的身心发展特点，坚持因材施教的原则，才能取得更好的保教效果。

6.学前儿童的身心发展具有整体性

学前儿童的身心发展不是分裂的，学前教育要正确看待并协调促进各个方面的发展。

（三）学前儿童身心发展的影响因素

一直以来，关于学前儿童身心发展的影响因素都是学前教育学和学前心理学探讨的重要问题之一。教育学家、心理学家一致认为，影响学前儿童身心发展的影响因素主要分为两类：生物因素和社会因素。

1.生物因素

（1）遗传。遗传也称为遗传素质，是指后代从上一代那里继承下来的，一出生就具有的在机体结构、形态、感官以及神经系统各方面的解剖生理特质。遗传素质对学前儿童的发展产生了很大的影响，它为个体的身心发展提供了生物前提，为个体的身心发展提供了可能性。比如，在环境相对稳定的情况下，学前儿童的外貌、身高、体型就会在很大程度上受到父母的影响。学前儿童的一些身体疾病，比如21−三体综合征，即第21对染色体上多了一条染色体，导致的身体和智力缺陷问题，也会在出生后伴随。父母的近亲婚姻、高龄生育、具有严重不良习惯、精神障碍等都可能导致下一代不能健康成长。当然，遗传也有可能会随着环境等因素而产生一定的变化。

（2）生理成熟。生理成熟即生理发展，是指个体随着年龄的增长自然出现的个体身体器官的成长和变化。首先，生理成熟同遗传素质有相似之处，都为学前儿童的身心发展提供了物质前提；其次，生理成熟影响着学前儿童身心发展的顺序性；再次，因为每一位学前儿童的生理成熟在时间、速度等方面存在一定的差异，这就导致学前儿童的身心发展也存在一定的差异性。

生物因素对学前儿童身心发展的影响存在几种比较典型的理论。如以高尔顿和霍尔为代表的遗传决定论；威尔逊把基因复制看作是决定人的一切行为的本质力量；格赛尔的双生子爬楼梯实验，说明了成熟机制对个体发展的作用。

2.社会因素

（1）环境。环境包括自然环境和社会环境，社会环境主要包括家庭、学前教育机构、社区环境。具体说来，包括政治经济制度、科技水平、人际关系、生活方式、文化等。"孟母三迁""近朱者赤，近墨者黑""蓬生麻中，不扶则直"等故事，讲的就是环境对人的影响。环境使学前儿童身心发展的可能性变成了现实。比如正常的婴儿到了1岁左右的时候开始说话，但如果没有后天语言环境，会说话的这种可能便不会变成现实。同样，环境也影响着学前儿童身心发展的方向、水平、差异等。荀子、洛克、华生都是典型的环境决定论的代表。

（2）教育。在某种程度上，教育也可以纳入环境因素，学前教育机构是一种特殊的环境，但教育对学前儿童身心发展起着主导作用，因此，有必要对教育这一因素进行单独的阐述。对于学前儿童来说，除了家庭教育，主要就是在学前教育机构里接受的教育，比如托儿所、早教中心、幼儿园等。专门的教育活动一定是有目的、有计划、有组织、有专门场所、有专职教师的教育活动。所以，它具有加速学前儿童身心发展的特别作用。法国的爱尔维修就是典型的教育万能论的代表。

事实上，无论是遗传决定论、环境决定论、教育万能论等都是片面的，它们否认了其他方面对学前儿童身心发展的影响。学前儿童身心发展的影响因素应该是遗传、环境、教育等因素共同作用的结果。当然，还应该有学前儿童的主观能动性。

（四）学前儿童身心发展对学前教育的启示

首先，要考虑儿童的身心发展水平。在整个学前儿童时期，学前儿童无论在生理还是心理方面都会发生较大的变化，可塑性较强。其次，学前儿童的发展是持续性的，学前教师需要去发现学前儿童的巨大潜力，并应该明确学前儿童巨大的发展潜能必须依靠外界的环境和教育才能实现。再次，学前儿童的身心发展是具有差异性的，学前教师应针对差异，因材施教。比如男女性别差异，不同学前儿童在感知能力、判断推理、学习兴趣、文化等方面表现出的差异性。

总之，学前教育要考虑到学前儿童的身心发展特点，不能违背身心发展的规律。学前教育机构的工作人员在制订保教活动方案时要科学考虑学前儿童的发展水平和特征，培养学前儿童良好的行为习惯和品德，促进学前儿童的身心健康发展。

二、典型的儿童发展理论

（一）行为主义理论

华生是美国行为主义心理学的创始人，其代表作是《行为主义者心目中的心理学》，他提出了刺激（S）—反应（R）作为行为的基本单位。华生从刺激与反应的关系出发，突出了环境和教育对儿童发展的作用。他在《行为主义》一书中写道："给我一打健康的婴儿，一个由我支配的特殊的环境，让我在这个环境里养育他们，我可担保，任意选择一个，不论他父母的才干、倾向、爱好如何，他父母的职业及种族如何，我都可以按照我的意愿把他们训练成为任何一种人物——医生、律师、艺术家、大商人，甚至乞丐或强盗。"

斯金纳是新行为主义学习理论的创始人，他提出了相倚组织的教学过程。他通过小白鼠所做的迷箱实验，将人和动物的行为分为两类，一类是应答性行为，是不随意的反射性反应，是经典条件作用的研究对象；另一类是操作性行为，是有机体自发作出的随意反映，受强化规律的制约。他认为学习的实质是建立操作和强化物之间的联结，强化可提高反应的概率，通过强化可以塑造儿童的行为。具体的强化规律包括正强化、负强化、消退和惩罚。

班杜拉是美国著名心理学家，社会学习理论的典型代表。社会学习理论明确了儿童通过社会环境的学习，促进自身发展的结果。班杜拉将学习分为了参与性（在做中学）和替代性学习（观察学习，观察别人而进行的学习）两大类。他认为，儿童通过观察学习获得新的行为。班杜拉的观察学习包括注意、保持、动作再现、动机4个过程。注意过程是观察学习的起始环节，如果儿童对示范行为的重要特征不予注意，或无正确的知觉，就无法进行学习；保持过程是指用言语和形象两种形式把所获得的信息转换成适当的表象保存起来；动作再现是把记忆中的表象转换成行为，并根据反馈来调整行为以做出正确的反应；动机则是再现示范行为后，儿童是否能够经常表现出示范行为还受到行为结果的影响。除此之外，班杜拉还重视环境对儿童的影响。

（二）认知发展理论

认知发展理论的代表人物有皮亚杰、弗拉维尔、韦纳等，其中对儿童发展影响最大的当属瑞士心理学家皮亚杰的发生认识论。皮亚杰认为儿童的发展既不是先天结构的展开，也不完全取决于环境的影响，真正起决定作用的是人的主观能动性。儿童的发展受成熟、物理环境（物理经验、数理逻辑经验）、社会环境、平衡这4个因素的影响。同时，他用图式、同化、顺应、平衡这4个概念来解释个体心理结构的变化发展。图式是指个体对世界的知觉、理解和思考的方式，就是心理活动的结构和组织，可以把图式看作是心理活动的框架或组织结构。图式是认知结构的起点和核心，或者说是人类认识事物的基础。因此图式的形成和变化是认知发展的实质。同化是指把环境因素纳入已有的图式中，使之成为自身的一部分，从而加强和丰富原有图式（量的变化）。顺应是改变原有图式，以适应环境（质的变化）。平衡则是同化和顺应之间"均衡"的平衡过程（动力）。每一个人包括儿童都是在现有的图式与平衡的状态下，出现新的不平衡，再通过同化或顺应达到新的平衡的状态，这就是一个适应过程，适应促进了儿童的发展。

皮亚杰将发展分为了4个阶段，即皮亚杰的认知发展阶段理论。

1.感知运动阶段（0—2岁）

这一阶段儿童认知发展的主要特征就是感觉和动作的分化。儿童只有动作层面上的智慧，语言和表象尚未产生。早期，儿童仅有一系列笼统的反射，靠感觉动作的手段来适应外部环境，在这一阶段后期，感觉和动作出现分化，思维开始萌芽。

这一阶段儿童认知上获得了两大成就：一是主体与客体的分化，例如儿童可以学会看着镜子，用手来摸自己的鼻子，而不是镜子中的自己；二是因果关系的初步形成，例如儿童在这一时期可以学会通过用手拿面前的毯子，从而拿到毯子上放置的玩具，这就意味着因果性认识已经产生。这一阶段儿童还产生了客体永久性。

2.前运算阶段（2—7岁）

在这一阶段，儿童的思维有了质的变化，主要特点包括：第一，出现了词语或其他符号，开始出现表象和形象图式；第二，儿童的概念是具体的、动作的，而非抽象的，思维具有明显的不可逆性；第三，泛灵论的观点，认为一切事物都是有生命的；第四，明显的以自我为中心，皮亚杰的三山实验是自我中心的著名实验；第五，这一阶段儿童的思维是单向的；第六，儿童不会守恒，皮亚杰的守恒实验很好地证明了这一结论。

3.具体运算阶段（7—11岁、12岁）

这一阶段的儿童已经进入小学，主要特征有：第一，去自我中心；第二，具有了抽象概念，思维可以逆转，能够进行逻辑推理；第三，产生了多向思维；第四，获得了长度、体积、数量、重量等方面的守恒；第四，具体逻辑思维，需要借助外界具体的事物来支持其思维。

4.形式运算阶段（11、12岁以上）

这一阶段，学生思维最突出的特点是已经摆脱了具体可感知事物对思维的束缚，进入形式运算阶段（抽象逻辑思维）。主要的思维特征体现为以下3点：第一，以命题形式进行思维；第二，能够根据逻辑推理、归纳或演绎的方式来解决问题；第三，思维发展已接近成人水平，具有补偿性、可逆性、灵活性。

（三）精神分析理论

精神分析学派以弗洛伊德和埃里克森为代表。

弗洛伊德作为精神分析学派的创始人，认为人的性本能是最基本的自然本能。他将人格分成了本我、自我、超我3个部分。本我遵循的是快乐原则，自我遵循的是现实原则，超我遵循的是道德原则，是人格的最高部分。此外，弗洛伊德将孩童的发展分成了5个阶段。①口唇期（0—1岁）。这一阶段儿童的快感主要从口唇的刺激中获得，他们会把任何手能抓到的东西送进嘴里。弗洛伊德认为这种婴儿时期的行为可能会一直持续下去，比如后来的吮手指、咬指甲、抽烟等行为。②肛门期（1—3 岁）。这一阶段儿童的快感来自肛门，比如在排便中会产生快感。③性器期（3—6 岁）。这一阶段儿童有了两性差别的意识，喜欢玩弄生殖器。男孩出现恋母情结，女孩出现恋父情结。④潜伏期（6—11 岁）。这一阶段的儿童由于受到道德、文化传统、学业等的影响，把性欲压抑起来，而去从事当前最紧要的任务。⑤生殖期（11 或 13 岁开始）。这一阶段的儿童已逐步进入青春期，性欲又重新凸显，开始关注异性。

埃里克森将人格的发展分成了 8 个阶段。①婴儿期（0—1.5 岁）。这一阶段存在基本的信任对不信任的心理冲突。②儿童期（1.5—3 岁）。这一阶段存在自主感与羞耻感（或怀疑）的冲突。③学龄初期（3—6 岁）。这一阶段存在主动对内疚的冲突。④学龄期（6—12 岁）。这一阶段存在勤奋对自卑的冲突。⑤青春期（12—18 岁）。这一阶段存在自我同一性和角色混乱的冲突。⑥成年早期（18—25 岁）。这一阶段存在亲密对孤独的冲突。⑦成年期（25—50 岁）。这一阶段存在繁殖感（生育）对停滞感（自我专注）的冲突。⑧成熟期（50 岁—死亡）。这一阶段存在自我调整与绝望期的冲突。

（四）社会文化历史理论

社会文化历史理论典型的代表有维果茨基、列昂节夫、鲁利亚，他们一起研究了人的高级心理机能的社会历史问题，称为"维列鲁"学派，其中维果茨基是这一学派中最重要的一位人物。他区分了两种心理机能，一种是作为动物进化结果的低级心理机能，另一种是作为历史发展结果的高级心理机能——以符号系统为中介的心理机能。他认为心理发展的实质就是一个人的心理在外界环境的影响下，由低级的心理机能向高级的心理机能不断发展的过程。当然，维果茨基对于儿童的发展最大的贡献在于他认识到了教学与发展的关系，认为教学应当走在发展的前面，提出了著名的"最近发展区"理论。维果茨基指出，儿童有两种发展水平，一种是儿童现有的发展水平，另一种是儿童通过成人的帮助可以达到的水平，二者之间的差距就叫最近发展区。这为家长、学前教育机构的教师促进儿童的发展提供了较强的理论支撑，让人们认识到对于儿童的教育不仅仅是停留在现有的水平，也不能是盲目设定儿童不能达到的水平，而是要去发现儿童的最近发展区。

三、学前教育的儿童观

（一）对学前儿童的认识

学前教育中的儿童观随着时代的变迁而被赋予了新的内容。当前，对学前儿童的认识和看法主要包括以下 5 个方面。

1.学前儿童是完整、独立、独特的个体

儿童从出生开始，身体、心理、思想都是相互联系、不可分割的，是一个整体。儿童任何一个方面的发展可能都会对其他方面产生影响。另外，作为一个个体，学前儿童必然有他独立存在的价值，在某种意义上，虽然他们的年龄很小，但他们的这种独立性不依附于任何人。

2.学前儿童是发展的个体

学前儿童是一个发展中的个体，受遗传、环境和教育的影响，学前儿童表现出一定的差异性，不同年龄阶段的学前儿童的发展水平也是不一样的，甚至相同年龄阶段的学前儿童在各个

方面也存在着一定的差异。但每一位学前儿童在身体、认知、情感、社会性等方面都在他原有的基础上有所发展。所以，对于学前儿童的教育应该是全面的，包括德智体美劳诸方面。

3.学前儿童是具有主观能动性的个体

学前儿童无论是在家庭还是学前教育机构中，都有自己的思想和行为。有人认为无论是环境还是教育，都是学前儿童发展的外因，真正起决定作用的是内因，即学前儿童的主观能动性。作为一位学前教师，应该认识到这一问题，去选择符合儿童兴趣和需要的保教内容，充分发挥他们的主观能动性，促进他们的发展。

4.学前儿童以游戏为基本活动

学前儿童除了吃和睡以外，其他时间几乎都在游戏。这与其他阶段的孩童有着本质的区别。游戏是学前儿童学习与发展的基本活动形式。不同阶段学前儿童的游戏有所不同，必须认识到游戏对学前儿童的作用。

5.学前儿童应该享有一般权利和作为儿童所特有的权利

首先，学前儿童应同所有人一样享有作为一名公民的权利。其次，儿童还应有其所特有的权利。姓名权、生存权、肖像权、受教育权、游戏权、健康权、发展权等都是学前儿童应该享有的权利。

在 1924 年，国际联盟大会通过了世界上第一个主张儿童权利的国际性文件《日内瓦儿童权利宣言》。1949 年，国际民主妇女联合会议决定将 6 月 1 日作为儿童的节日，即六一国际儿童节。1959 年，联合国大会通过了《儿童权利宣言》，明确了各国儿童应当享有的各项基本权利。《儿童权利公约》于 1989 年 11 月 20 日，第 44 届联合国大会第 25 号决议通过，是第一部有关保障儿童权利且具有法律约束力的国际性约定，我国是《儿童权利公约》的缔约国之一。《儿童权利公约》还确立了 4 项基本原则：无歧视、平等享有《儿童权利公约》赋予儿童的权利；涉及儿童的所有行为，儿童利益最大化；尊重儿童的人格，确保儿童的生命权、生存权和发展权；涉及儿童的任何事情，都应尊重儿童的意见。一直以来，中国都严格遵守《儿童权利公约》，尽到相应的义务，保障我国儿童的权利。2002 年 5 月 8 日，第 56 届联合国儿童问题特别会议通过《适合儿童生长的世界》行动计划，这次会议是联合国大会历史上第一次专门研讨儿童并把其作为正式代表的会议，意义深远。

（二）树立正确的学前儿童观

学前儿童观是教育观的基础，也是影响教师观的重要因素。从事学前教育相关工作，必须了解学前儿童，树立正确的学前儿童观。首先要认识到学前儿童身心发展的特点及影响因素，明确儿童的发展是一个持续变化的过程，具有个体差异性，要根据学前儿童的实际情况制定科学合理的保教活动，长善救失。其次要尊重和保护儿童的各种权利，并帮助他们行使权利。在学前教育机构里，学前教师要以学前儿童为中心，充分发挥他们的主体地位，平等的对待每一位学前儿童，保护他们的生命与健康，为他们提供充足的游戏、休息、睡眠、盥洗、如厕时间和合理的膳食。再次要坚持"育人为本"的理念，明确人的全面发展的思想及学前教育机构全面发展教育的基本内涵，关注每一位学前儿童的全面发展，关注儿童的情绪生活、情感体验、道德生活和人格养成。最后要深入研究学前儿童，构建适合学前儿童发展的环境，利用学前儿童的思维方式特点，促进学前儿童的个性发展。

任务检测

一、单项选择题

1. 学前儿童身心发展的影响因素有（　　）。

A. 遗传与生理成熟　　　　　　　　B. 环境

C. 教　　　　　　　　　　　　　　D. 以上三者均是

2. 学前儿童的身心发展都是具有（　　），是一个由低级到高级、由量变到质变、由简单到复杂的连续不断的过程，是一个循序渐进的过程。

A. 顺序性　　　　　　　　　　　　B. 阶段性

C. 不平衡性　　　　　　　　　　　D. 个体差异性

3. （　　）指个体对世界的知觉、理解和思考的方式，就是心理活动的结构和组织。可以把它看作是心理活动的框架或组织结构。

A. 图式　　　　　　　　　　　　　B. 同化

C. 顺应　　　　　　　　　　　　　D. 平衡

二、简答题

现代的学前儿童观包括哪些内容？

任务检测答案

任务评价

“学前儿童”评价表

指标	评价标准	考核者	说明	评分
预习任务、课后任务的完成情况	完成好或较好为1学习积分，一般为0分，差或较差扣1学习积分	教师+课代表或小组长	具体评价内容及对应分值以一次具体任务为准	
教学过程中的表现	乐于思考、积极主动性强、笔记较好等为1学习积分，一般为0分，差或较差扣1学习积分	教师+课代表		
任务内容学习效果	掌握得好或较好为1学习积分，一般为0分，差或较差扣1学习积分	教师+课代表+小组长		
思政目标达成度	尊重学前儿童、善待儿童达成度较好为1学习积分，一般为0分，差或较差扣1学习积分	教师+课代表+小组长		

注：以学习积分为单位，每位学生有10个学习积分作为基础分，在此基础上加分或减分，考虑到后续可能出现的情况，2个学习积分为1分平时成绩，最后所有积分会折算成平时成绩。

任务二　学前教师

⚙ 任务描述

　　本任务主要是在正确建立学前儿童观的基础上，认识学前教师，尤其是对现代学前教师观中学前教师角色的具体责任、学前教师职业的特点以及学前教师专业成长的困境、影响因素和途径等的认识，明确了学前教师与学前儿童的关系。

🔗 任务准备

　　理论准备：学生对学前儿童和教师有一定了解，并有了初步的学前教育学学习基础，为学前儿童与教师的学习提供了条件。
　　物质准备：教学环境干净、整洁、安全，疫情防控准备工作充分；智慧教室；教学工具。

☰ 任务实施

一、学前教师概述

（一）学前教师的概念

　　基于对学前教育对象的讨论，将学前教师分为早期教育教师和幼儿教育教师。早期教育教师专指具备0—3岁婴幼儿早期教育专业知识与技能、能够为0—3岁婴幼儿提供综合且规范化早期教育服务的专业人员；幼儿教育教师简称幼儿教师，广义的幼儿教师是指在幼儿教育机构中对0—6岁儿童施教的专职工作人员，狭义的幼儿教师是指从事幼儿教育、履行幼儿园教育教学工作职责与任务的专业人员，作为专业人员有其不可替代的特殊性，具备特定的知识与能力，其教育对象是3—6岁的学前儿童。2021年国务院印发的《中国儿童发展纲要（2021—2030年）》中指出，积极开展0—3岁儿童科学育儿指导。积极发展公益性、普惠性的儿童综合发展指导机构，以幼儿园和社区为依托，为0—3岁学前儿童及其家庭提供早期保育和教育指导。加快培养0—3岁学前儿童早期教育专业化人才。因此，相较于幼儿教师，早期教育教师的任务除了提供0—3岁婴幼儿教育服务，还要帮助家长掌握基本的早期保育和教育的知识和技能。而学前教师主要是指在幼儿园、亲子机构、早期教育机构等学前教育机构中对学龄前儿童进行启蒙教育，以促进其身心和谐发展的教育、保育工作者，他们具备教师身份。

（二）学前教师职业的特点

1.工作整体的复杂性

　　学前教师的工作对象是学前儿童，他们幼稚、各具差异，又有极强的主动性，学前教师不仅要负责学前儿童工作还要负责家长工作，要做到事无巨细且面面俱到，而学前教师角色的多元化也决定了其工作的多样性，教育工作是有目的、有计划、有组织的，即工作有目标，工作对象的主动性、幼稚性和差异性，工作任务的全面性和细致性、多样性，这些具体特点共同构成了学前教师职业的复杂性。

2.工作过程的创造性、创新性和灵活性

学前教师的工作具有创造性，伴随着创造的过程，也存在着一定的创新性和灵活性，创造表明过程，创新指向结果。而灵活性是面对学前儿童行为的主动多变，学前教师也得随机而变、灵活解决。

3.工作手段的示范性

学前儿童身心发展规律决定了学前教师的工作要有一定的示范性，例如在一些强调技巧的表演游戏中，需要学前教师的示范指导，学前教师自身的言行举止更对学前儿童有着潜移默化的示范作用。

4.工作影响的迟效性、长期性

"十年树木，百年树人"。学前教师的影响是潜移默化而不是短期见效的，学前教育作为基础教育的一部分，每个人在童年所获知识、动作、情感态度、能力等都在为他们以后的人生打基础，这些基础影响会在他们此后长期的实践中更趋于完善和成熟，成为他们终身发展的宝贵财富。

（三）学前教师称谓的变化

20世纪中国学前教育机构开始出现，最初的幼儿园和早期教育机构并未分开设立。依托学前教育机构诞生，学前教师这一称谓也随之产生。学前教师经历了从"保姆"到"教员"再到"教养员"最后到"幼儿教师"的变化过程。

1.保姆阶段

1903年，我国第一所学前教育机构——湖北幼稚园（后改名为湖北武昌蒙养院）成立，随之而来的问题便是师资的配备，因此可以说学前教师在一定程度上伴随着学前教育机构的产生而产生。但当时的学前教育机构主要是照搬国外经验，国内的师资培训又尚未展开，因此，节妇、乳媪和贫妇成为近代中国第一批出现在专门幼教机构中由国家认可、具有合法身份的、从事婴幼儿保育的工作人员。而这些工作人员缺乏专业素养，因此她们还不能算真正的学前教师。

2.教员、教养员阶段

1919年五四运动之后，中国进入新民主主义时期，对幼儿教师的称谓多样，如保姆、幼稚园教师、教员等。1922年颁布的《学校系统改革案》，使得幼稚园在学制中的独立地位得到确立，而幼儿教师的称谓基本与中小学教师一致，以幼稚园教员为名，在其后一段时间内的教育相关政策法规中，学前教师以教员之称最多。

随着学前教育事业的不断发展，学前教育主要机构的称呼由"幼稚园"变为了"幼儿园"。1951年，教育部制订了《幼儿园暂行规程（草案）》，规定幼儿园各班采用教养员责任制，每班设教养员二人，轮流兼任主任教养员，承担对儿童全面教养的责任。1956年，教育部下发了《关于大力培养小学教师和幼儿园教养员的指示》，提出大力培养幼儿园教养员的策略。同年教育部颁布的《幼儿师范学校教学计划》再次强调幼儿师范学校教学的主要任务是培养幼儿园的教养员，并要求儿童教师以教养员之称承担起对儿童全面教养的责任。教养员的工作较保姆期、教员期而言，更加明确具体。

3.幼儿教师阶段

1979 年，教育部印发的《城市幼儿园工作条例》的颁布，把幼儿园的教职工分为教养员、保育员与其他工作人员 3 类。在对教养员的要求中提出，教养员（即幼儿教师）对本班儿童的教育工作要全面负责，明确了幼儿教师的群体定位与职责范围。《关于发展农村幼儿教育的几点意见》中为了提高保教质量，提出应采取有效措施，建设一支稳定、合格的幼儿教师队伍。《关于进一步办好幼儿学前班的意见》对幼儿教师的学历和能力提出了更高的要求，要求加强对学前班教师的培训，各地教育行政部门应将幼儿教师的培养和进修纳入师资培训规划。1989 年发布的《幼儿园工作规程（试行）》确定了"幼儿园教师"的称谓，即当前常提及的幼儿教师。此后幼儿教师逐渐成为一种专门化的职业。现在，要成为幼儿教师必须参加考试，通过教师资格认定，方能持证上岗。

随着科技和社会的发展，学前教师出现更细致的划分，包括早期教育教师、托儿所教师、亲子园教师、家庭育儿教师等。当今社会对学前教育的需求和要求也逐步提高，学前教师自身的素质也在不断提高。学前教师不仅能从事保育工作，而且能启发、引导儿童的学习，促进儿童身心和谐发展。人们对学前教师的认可不仅仅是在称呼上由"保姆"逐步向"教师"的转变，更是来自对学前教师的教育会影响孩子一生观点的赞同。

二、现代学前教育的教师观

（一）不同经典理论视域下的学前教育的教师观

依据不同的经典理论对现代学前教师观做出新的解读。

1.成熟主义理论视域下的学前教师

成熟主义理论以格赛尔为代表，他认为儿童的发展具有一定的顺序性，比如像走路、爬楼梯等基本行为，都是随着儿童年龄的增长和身心成熟程度的发展而发展的。基于成熟主义理论下的学前教师应关注学前儿童身心发展的现象和状态，观察和研究学前儿童的不同年龄段特征、发展水平差异及成熟程度等，进而实现对学前儿童的教育和影响。

2.精神分析理论视域下的学前教师

精神分析理论的代表人物是弗洛伊德，他认为学前儿童的早期经验是形成强有力的自我和健康人格的关键，从而对人生进行积极正向引导。霍妮认为，人格发展主要源于学前儿童与父母的相互关系。如果学前儿童能感受到父母足够的爱与温暖，人格会得到较健全的发展。因此精神分析理论十分重视学前儿童的早期经验和亲子关系，关注对儿童潜意识以及人格建构的分析，关注教师爱的力量，认为人际关系的质量对学前儿童人格的建构具有很大的影响，学前教师应积极支持并引导学前儿童自我实现和人格建构，为学前儿童的发展营造一个安全、信任、温暖的人际关系环境，关心和理解学前儿童有时的"故意而为之"，分析学前儿童的心理动向，关怀、理解学前儿童。

3.行为主义理论视域下的学前教师

行为主义理论强调应重视学前儿童的行为，通过强化、模仿等原则来建立学前儿童良好的行为，消除不良行为。同时行为主义理论认为环境对儿童的影响很大，应及时强化学前儿童习得的成果，因此在行为主义理论下的学前教师应成为学前儿童行为的榜样，注意自己的言行举止，并通过设计各种不同的强化策略，对学前儿童的行为给予及时的反馈，以增强学前儿童的学习动机和效果，强化学前儿童有益的行为和学习。

4.建构主义理论视域下的学前教师

建构主义理论中最具代表性的是以皮亚杰为主的认知建构主义理论和以维果茨基为主的社会建构主义理论。认知建构主义理论认为学前儿童是主动的学习者和建构者。学前教师应为学前儿童创设学习情境并支持学前儿童积极建构知识和意义，鼓励学前儿童积极探索，耐心等待学前儿童发现问题—试错—解决问题。而社会建构主义理论在认知建构主义理论基础上，结合社会文化发展规律，注重个体与个体之间的相互作用，主张学前儿童是通过与周围成人和同伴交往互动学习和发展的，学前教师主要是通过"最近发展区"确定学前儿童学习和发展的可能，为学前儿童提供帮助，并积极与学前儿童互动。

5.人本主义理论视域下的学前教师

以罗杰斯为代表的人本主义理论把人的内在意识经验作为心理学的研究对象，把人性置于研究的核心地位，认为人是持续不断地成长和发展的，有自我实现的倾向，人的本性中情感体验是极为重要的内容。基于此，学前教师应创设自由学习的氛围，敏锐地察觉到儿童内在的需要，注重学前儿童的情绪情感发展。

（二）现代学前教师的角色转变

现代学前教育要求学前教师的角色走向多元化。

1.学前教师是学前儿童活动的观察者、支持者和引导者

学前儿童的生活处处都是课堂，学前教育课程的主要表现形式是活动。随着现代学前儿童观的转变，在活动中，学前教师的关注重点已从单纯的知识传授转移到关注学前儿童本身，通过提供材料、创设环境支持学前儿童活动。学前教师所具备的作用和能力不再只围绕教授学科或知识，不再仅仅是知识的传递者和控制者，而是以学前儿童及其经验获得为重点，基于观察，在恰当的时机为学前儿童提供帮助，引导其积极发现和解决问题。其中，学前教师观察是支持和引导的前提，而引导又是基于学前教师的用心观察和对学前儿童的全面支持。

2.学前教师是学前儿童身心的关怀者和游戏的伙伴

首先，幼儿阶段是学前儿童身体发育和机能发展极为迅速的时期，也是形成安全感和乐观态度的重要阶段。教师的一个眼神、一段言语甚至一个小动作都可能会对学前儿童的心理产生影响。学前儿童的身心健康是其一生身心健康的基础，国务院办公厅印发《关于促进3岁以下婴幼儿照护服务发展的指导意见》规定，"各类婴幼儿照护服务机构开展婴幼儿照护服务必须符合国家和地方相关标准和规范，并对婴幼儿的安全和健康负主体责任"。《纲要》要求幼儿园必须把保护学前儿童的生命和促进学前儿童的健康放在工作的首位。树立正确的健康观念，在重视学前儿童身体健康的同时，要高度重视学前儿童的心理健康。关注学前儿童身心健康是学前教师最基本也是最重要的工作。对学前儿童身心的关怀，重视学前儿童的主体地位，注意倾听学前儿童，尊重学前儿童的一切。

其次，对学前儿童的态度观念的转变，也促使学前教师更乐于成为学前儿童的游戏伙伴，

与学前儿童玩在一起，说在一起，学在一起。要想真正成为学前儿童游戏的伙伴，学前教师必须做到真正热爱与学前儿童游戏，以游戏为桥梁，贴近学前儿童的心灵，尽可能了解学前儿童游戏时的真实想法。正如蒙台梭利所认为的，最幼小的婴儿也能感受到恐惧，弗洛伊德也认为心理事件的过程之所以会发生必定是由某种不愉快的紧张状态引起的。弱小的学前儿童因为无法保全自己，而总是存在一种恐惧感或紧张感。只有学前教师加入游戏，以自己的自然放松的状态减少，甚至消除学前儿童的恐惧感和紧张感，才能成为学前儿童亲密、信任的好伙伴，进行积极有效的情感交流，切实感知学前儿童的需要。

3.学前教师是家长保育和教育工作的合作者和协助者

《中国儿童发展纲要（2021—2030年）》中指出要开展灾害避险以及游泳、娱乐、交通、消防安全和产品安全知识教育，提高学前儿童家长和学前儿童的自护自救、防灾避险的意识和能力；开展科学喂养、合理膳食与营养素补充指导，提高学前儿童家长科学喂养知识水平；学前儿童家长每年至少接受两次家庭教育指导服务；为学前儿童家长选择图书提供建议和指导；加强预防和打击拐卖学前儿童犯罪的法制宣传教育，提高学前儿童及其家长"防拐"意识和能力。《幼儿园教师专业标准（试行）》就学前教师在学前儿童的保育和教育的态度与行为上，强调必须重视幼儿园、家庭和社区的合作，综合利用各种资源。不论是政策的推动还是文件标准的要求，学前教师在家长保育和教育工作上都起着必要作用，担任着合作者和协助者的角色，学前教师应结合自身专业理念、专业知识和能力指导家庭教育工作，和家长相互协助，共同促进学前儿童健康快乐地成长。

4.学前教师是学前教育事业的研究者

时代促使学前教师的专业化成长，必然对学前教师在学前教育事业发展上的促进作用给予了厚望。随着学前教师专业化程度以及自身素质的不断提升，学前教师除了在学前儿童工作和家长工作上实现角色转变，在学前教育科学研究中也展现了不一样的一面。学前教师在搞好教育，带好自己负责的学前儿童的基础上，有了丰富的保育与教育经验，对学前儿童发展规律有了自己的理解，通过研究、整理、归纳、总结凝练成理论，能够帮助更多一线年轻教师，指导他们的实践工作。因此，学前教师在课程设计和模式探索上，也能贡献自己不小的力量，如课程园本化、本土化等，积极推动学前教育事业的发展。

三、学前教师的专业发展

学前教师专业发展是指学前教师在整个专业生涯中，依托专业组织、专门的培养制度和管理制度，通过持续的专业教育，习得教育教学专业技能，形成专业理想、专业道德和专业能力，从而实现专业自主的过程。目前，除幼儿园之外，各种早期教育机构如雨后春笋般应运而生，形式多样，但质量参差不齐，这些早期教育机构中学前教师的专业发展，包括学前教师资格准入机制、学前教师培养和培训体系等都尚未形成或尚在形成过程中，还有很大的空白等待被规范和填补。

（一）学前教师的专业素养

学前教师专业素养是指学前教师从事学前教育工作所需具备的，在教育教学实践中逐渐形成的，影响着学前儿童身心发展的水平和教育教学质量的素质和修养。教育部2012年颁布的《幼儿园教师专业标准（试行）》中对学前教师的专业理念和师德、专业知识及专业能力都做了说明。

1.专业理念与师德

专业理念与师德代表着学前教师在工作中的态度以及秉持的学前教育儿童观、教师观、教育观等，是学前教师工作之根本。专业理念与师德具体包括职业理解与认识、对儿童的态度与行为、保育和教育的态度与行为、个人修养与行为。

（1）职业理解与认识：主要是对国家教育相关方针政策和法律法规的贯彻和遵守，明确学前教育的意义，有职业认同感和职业理想，以身作则，成为学前儿童的表率等。

（2）对儿童的态度与行为：学前教师对儿童的态度与行为，关乎儿童是否能健康、快乐地学习和发展。因此要求学前教师必须重视儿童身心健康，关爱每一位学前儿童，尊重学前儿童个性和个体差异，平等对待每一位学前儿童，积极创设环境，支持、帮助学前儿童获得愉悦、轻松的学习和生活体验等。

（3）保育和教育的态度与行为：注重保育与教育相结合，培养学前儿童良好的意志品质和行为习惯；保护学前儿童的好奇心，激发学前儿童的想象力和创造力；重视游戏、环境和生活的作用，将探索、交往等实践活动作为学前儿童最重要的学习方式等。

（4）个人修养与行为：古有四心——恻隐之心、羞恶之心、辞让之心和是非之心，这是人与生俱来的品质，学前教师也有四心——爱心、责任心、耐心和细心，缺少这四心，难以长期热爱并做好这一职业。作为学前教师，要善于自我调节情绪，保持平和心态，衣着整洁得体，语言规范健康，举止文明礼貌，对学前儿童产生良性影响；要坚持学习，不断提升自我。

2.专业知识

学前教师的专业知识包含儿童发展的知识、儿童保育和教育的知识及通识性知识。

（1）儿童发展知识：比如教育心理学知识，了解学前儿童心理发展趋势；学前儿童卫生学知识，了解学前儿童身体发育与健康养育等。总之，学前教师必须掌握关于学前儿童生存、发展和保护的相关知识。

（2）儿童保育和教育知识：学前教师应熟悉幼儿园教育的目标、任务、内容、要求和基本原则；掌握幼儿园各领域教育的学科特点与基本知识；熟知幼儿园的安全应急预案，掌握意外事故和危险情况下学前儿童安全防护与救助的基本方法；掌握观察、谈话、记录等了解学前儿童的基本方法和教育心理学的基本原理和方法；了解0—6岁儿童保教和幼小衔接的有关知识与基本方法。

（3）通识性知识：学前教师为保证有效地开展保育与教学工作，应具有一定的自然科学和人文社会科学知识；了解中国教育基本情况；具有相应的艺术欣赏与表现知识；具有一定的现代信息技术知识。

3.专业能力

专业能力不仅是对专业理念和专业知识的实践能力，更是对学前教师坚持一线工作的考验。学前教师应具备的专业能力包括：一日生活的组织与保育、环境的创设与利用、游戏活动的支持与引导、教育活动的计划与实施、激励与评价、沟通与合作和反思与发展。

（1）一日生活的组织与保育：主要是合理安排和组织一日生活的各个环节，将教育灵活地渗透到一日生活的细节中等。

（2）环境的创设与利用：环境包括物质环境和精神环境，学前教师不仅需合理利用资源，为学前儿童提供和制作适合的玩教具和学习材料，引发和支持学前儿童的主动活动，创设促进学前儿童成长、学习、游戏的教育环境，还要营造安全、舒适、温暖、愉悦的环境氛围等。

（3）游戏活动的支持与引导：学前教师对游戏活动的支持主要体现在创设游戏条件，提供丰富、适宜的游戏材料等；对游戏活动的引导主要体现在鼓励、支持学前儿童主动地、创造性地开展游戏，充分体验游戏的快乐和满足等。

（4）教育活动的计划与实施：主要指制订阶段性的教育活动计划和具体活动方案，学前教师在教育活动中观察学前儿童，根据学前儿童的表现和需要，调整活动，给予适宜的指导等。

（5）激励与评价：主要是及时发现和赏识每个学前儿童的点滴进步，注重激发和保护学前儿童的积极性、自信心，同时有效运用观察、谈话等多种方法，客观地、全面地了解和评价学前儿童等。

（6）沟通与合作：学前教师沟通、合作的对象包括学前儿童、同事、儿童家长。学前教师应使用符合学前儿童年龄特点的语言进行保教工作，与学前儿童进行有效沟通；与同事合作交流，分享经验和资源，共同发展；与学前儿童家长进行有效沟通合作，共同促进学前儿童发展等。

（7）反思与发展：学前教师应主动收集分析相关信息，不断进行反思，改进保教工作；针对保教工作中的现实需要与问题，进行探索和研究；制订专业发展规划，积极参加专业培训，不断提高自身专业素质。

（二）学前教师专业成长的困境与影响因素

1.学前教师专业成长的困境

二十世纪八九十年代，在全体教师队伍开始追求专业化发展的大趋势下，学前教师也开启了其专业化成长之路。目前学前教师在专业成长过程中面临着一系列困境，一些限制使这些困境更加明显：①农村、私立幼儿园、早期教育机构存在如教师缺乏足够的主体意识、教师外出学习机会缺乏、园内各种培训和专业指导不足、幼儿教师因工作繁重而无暇关注自身的专业成长、学前教师在职培训效果不好、学前教师在职培训机会被剥夺等问题；②男学前教师相对于女教师，因职业认同等原因，发展后续动力不足；③新入职教师主要存在现实与理想之间的落差感、实践性知识缺乏、缺乏对职业的认同与归属感以及新老教师的沟通合作等困境；④转岗幼儿园教师面临经济待遇降低、生存压力大，专业不适应，资格认定、职称评定难度大，培训少且缺乏针对性，权益保障制度缺乏等困境。

2.学前教师专业成长的影响因素

学前教师的专业成长是外在因素和内在因素相互作用的结果，外在积极因素为教师的专业成长提供可能，内在因素是学前教师最终实现专业成长的决定性条件。

（1）外在因素。

①社会认可与支持：尽管政策纷纷出台以确保学前教师权益，但社会对学前教师职业专业度的认可仍普遍较低，且学前教师的待遇依旧不高，这些因素造成了当前学前教师队伍流动性较大、职业生涯较短等问题。

②学前教育机构管理与文化建设：一方面，学前教师的行为受到教育行政部门、社会公众以及园所领导等多方面的限制，致使部分学前教师出现了"为了做而做"的应付现象；另一方

面，作为学前教师专业发展的文化场域，学前教育机构的组织氛围、制度文化等都会对学前教师的专业发展起着潜移默化的影响。

③师资培养与学前教师培训：关于师资培养和学前教师培训，国家颁发了相关政策以规范，但很多培训与学前教师自身需求不一致，培训的次数要求和质量也不一。

（2）内在因素。

①学前教师自身专业素养：学前教师的专业理念与师德、专业知识还有专业能力，这3个方面缺一不可，倘若学前教师的专业理念不及时更新，专业知识储备不够，专业能力不足以应对工作中出现的各种情况，则必将影响学前教师的专业成长。

②专业主体性和职业信念：随着学前教师工作年限的增加，学前教师自身的状态会影响其后的发展。若学前教师对周围的事物仍具有较强的学习动力，并能积极建构新课程，那么学前教师专业成长便能持久。反之，如果学前教师不再对工作充满期待与活力，不再根据环境和教育对象主动调整、适应，而是进入了一种职业倦怠期，学前教师自身职业信念感不强，在工作中不能充分调动主观能动性，遇到专业性问题，不是先想解决办法，而是自我怀疑、逃避，那么必将导致学前教师在专业发展上故步自封。

③研究意识和科研能力：据教育部发布的数据显示，2020年，全国幼儿园专任教师291.3万人，其中专科及以上学历教师比例由上年的82.7%提高到85.0%；农村幼儿园教师中专科及以上学历教师比例为79.9%；学前教育专任教师中幼教专业毕业的比例为72.3%。这些学前教师都是创新学前教育理论的潜在力量。

（三）学前教师专业成长的途径

1.政策保障

学前教育相关政府部门对教师的专业成长提出了相应的政策保障及可操作性的要求。2019年，国务院印发《关于当前发展学前教育的若干意见》提出应通过多种途径加强学前教师队伍建设，加快建设一支师德高尚、热爱儿童、业务精良、结构合理的学前教师队伍。2018年11月7日，中共中央、国务院发布《关于学前教育深化改革规范发展的若干意见》，对加强学前教师队伍建设提出了细致的要求来保障学前教师地位和待遇。文件指出，在教师培养方面，扩大有质量教师供给，突出保教融合，健全学前教育法规及规章制度，加强学前儿童发展、幼儿园保育教育实践类课程建设，提高培养专业化水平。2018年国家启动师范院校学前教育专业认证工作，建立培养质量保障制度等。在学前教师培训方面，出台培训课程指导标准，研究制订培训方案，加快形成国家、省、县三级培训网络，支持校企合作，增强培训的针对性和实效性，切实提高学前教师专业水平和科学保教能力。在教师队伍管理方面，认真落实学前教师资格准入与定期注册制度，为学前教师专业成长提供政策性保障，为切实提高教学水平和学前教师素养营造良好的宏观政策环境。

幼儿园保育教育
质量评估指南

2.人本管理

（1）机构文化建设。学前教育机构积极为教职工营造良好的工作环境，为每个人的成长与发展提供支持与服务是机构文化建设的重要内容。通过组织各种丰富多彩的活动，为学前教师创设一个平等、宽容、和谐的精神环境，以此提高集体凝聚力，促使学前教师产生对机构的认同感。

（2）机构管理制度。学前教育机构尽量为学前教师专业发展提供一个支持性的环境，如通过优化一日工作流程，提高工作效益，从而节省学前教师的工作时间，减轻其工作压力与负担。

（3）在职培训。学前教育机构应创设多元教师培训方式。在学前教师培训中"以人为本"，充分考虑学前教师专业成长的影响因素。了解其生活状态和工作情况，为学前教师提供形式多样、灵活有针对性的教师培训，让不同起点的学前教师都能在培训中真真正正地提高理论水平和实践能力，实现专业成长。

3.自我提升

首先，学前教师应树立终身学习的观念。自我发展、自我培养和自我教育已经成为现代教师专业成长的重要理念。特别是对于学前教师来说，要具备广博的学科知识、深厚的实践经验、扎实的理论基础，就必须把自己投入到终身教育的体系中去，树立终身学习的观念。学前教师要抓住每一个机会和场所获取知识，注重园本培训和园本教研等团队学习，擅于总结案例并自我反思，通过各种渠道，不断充实自己，实现自身的专业发展。

其次，"校企合作"可以加强学前教育机构之间的沟通交流，加强机构与高校之前的合作。学前教育机构为高校提供实习基地，而高校则提供专家学者资源，促进教学实践与理论知识的碰撞与磨合，通过搭建一对一、一对多的合作平台，为一线教师与专家之间的有效交流创造条件，再基于案例分析开展学前教师专业培训，促进学前教师专业成长。

四、学前教师与学前儿童的关系

学前教师与学前儿童的关系，是指发生在早期教育中心、托儿所、亲子园、幼儿园等学前教育机构内部的，学前教师与学前儿童之间互相作用、相互影响的行为及过程，是教育过程中最基本的、最重要的人际关系。平等友好的关系对儿童认知、情感、心理健康等方面的发展有着积极的影响，是保证教育活动顺利开展的重要条件，主要表现在学前教师与学前儿童的互动。学前教师与学前儿童的互动贯穿于一日生活的各个环节，是学前教育机构各项教育目标得以实现的重要保证，是促进学前儿童全面发展的关键因素，也是教师内在的教育观念、教育能力和外显的教育手段、教育行为相结合的综合表现，可见学前教师与学前儿童的关系是动态的而非静态的。

（一）学前教师与学前儿童关系的构成

学前教师与学前儿童关系是以儿童成长为目标的社会关系，是以直接促进学前儿童发展为目标的教育关系，是以维持和发展教育关系为目标的心理关系。教育过程中学前教师与学前儿童的关系主要包括以下3个方面。

1.教学上的授受关系

（1）从教育内容的角度说，学前教师是传授者，学前儿童是接受者。
（2）学前儿童主体性的形成，既是教育的目的，也是教育成功的条件。
（3）学前教师对学前儿童指导、引导的目的是促进学前儿童的自主发展。

2.人格上的平等关系

（1）学前儿童作为一个独立的社会个体，在人格上与学前教师是平等的。
（2）严格要求的、民主的学前教师与学前儿童的关系，是一种朋友式的友好帮助的关系。

3.社会道德上的相互促进关系

（1）蒙台梭利在《童年的秘密》一书中提到："儿童是成人之父，儿童自身所具有的某种秘密一旦被发现，它能帮助成人解决他们自己个人的和社会的一些问题。"学前儿童与学前教师在一定程度上形成了思想交流、情感沟通、人格感化的社会互助关系。

（2）学前教师对学前儿童的影响不仅体现在知识技能上，而且还体现在道德品质上。

（二）学前教师与学前儿童关系的主要观点

1.儿童中心论

儿童中心论是流行于 19 世纪末 20 世纪初的世界教育思潮，以法国思想家卢梭、美国教育家杜威为代表，他们主张教育应以儿童自然发展需要及活动为中心。杜威正是从卢梭那里接受了教育应当从学前儿童的自然本性出发、面向学前儿童的未来而展开的观点，他主张把学前儿童放在教育的中心，使学前儿童成为教育的主宰。学前儿童中心论下的教育在追求教育民主的同时，降低了教育的严谨和效率，也存在一些弊端：①追求价值理性时失去工具理性；②追求民主自由时滑向自由主义；③在批判学前教师中心论时陷入极端主义；④在个体的自然发展上陷入空想主义。

2.教师中心论

教师中心论的代表人物是赫尔巴特、凯洛夫，他们认为应把教师置于至高无上的地位，强调课堂上的教师中心、学科中心和教材中心，这种传统教育理论同样影响学前教育。从 20 世纪幼儿园对集体教学的重视中可见，教师中心论认为教育就是教育者施加影响、改造受教育者的过程。学前教师是教育活动的中心，学前儿童只是接受知识的容器，是被学前教师认识和塑造的对象，更多的是接受和服从，这种观点虽然对学前儿童系统掌握基础知识有必要作用，但排斥了学前儿童在学习过程中的主体地位，忽略学前儿童自身的能动作用，一定程度上限制了学前儿童的发展。

（三）学前教师与学前儿童关系的作用与类型

1.学前教师与学前儿童关系的作用

（1）学前教师与学前儿童关系是教育教学活动进行的条件。

（2）学前教师与学前儿童关系是衡量教师与学前儿童生活质量的指标。

（3）学前教师与学前儿童关系是重要的课程资源和校园文化。

2.学前教师与学前儿童关系的类型

根据教育价值观念的不同分类，学前教师与学前儿童关系可以分为以下 3 种。

（1）主体—客体关系。20 世纪的教育领域内，学前教师被看作教育的主体，学前儿童被看成教育的客体，教育者与教育对象之间的关系被当作主体—客体关系。在这种认识的引导下，学前教师为中心的倾向十分明显。

（2）主导—主体关系。随着教育价值取向和关注重心的变化，在教育过程中形成了学前教师发挥主导作用，学前儿童处于主体地位的关系。这种关系认识明确了教育过程中教与学双方的作用和地位，在学前教师与学前儿童关系的认识上是一大进步，也是当下学前教育机构中较为普遍的认识。

（3）互主体关系。学前教师与学前儿童关系是教育活动中的主体关系，学前教师和学前儿童之间具有互主体性。学前教师和学前儿童在教育活动中相互作用、相互交流、彼此接纳、彼此认识和理解。在平等互信的基础上，通过教育活动使彼此的精神相遇、相映，使彼此的心灵沟通、相互激发。

根据亲密与冲突两个维度还可将学前教师与学前儿童的关系分为亲密型、矛盾型、疏离型、冲突型。

（四）理想的学前教师与学前儿童关系

学前教师和儿童的关系应该是一种以尊重、对话为基本特征的平等的互动关系，儿童于学前教师而言是主动、平等的主体。这要求学前教师做到：①转变教育观念，树立正确的儿童观，在与儿童的关系中找到准确的角色定位；②尊重并不断了解儿童的内心需求；③营造良好的环境，理解每一位儿童独特的学习方式；④适时地调整自身状态。

1.学前教师与学前儿童关系的影响因素

从学前儿童成长的环境和学前儿童自身的特点出发，影响学前教师与学前儿童关系的因素包括学前教师、学前儿童和环境3个方面。

（1）学前教师。学前教师在儿童心目中有很高的威望，他们对儿童的态度、智慧、人格等产生重要影响，学前教师要尽可能多和儿童相处，了解他们性格特征、行为特点和家庭状况，帮助他们克服行为上的障碍，培养他们的兴趣和良好的习惯。如学前教师肯定的评价会增强儿童人际交往的积极性，而否定的评价则会影响其在同伴中的受欢迎程度。学前教师不仅是儿童的教育者，也是保育者，应关注儿童身心的全面发展。学前教师的人格特质和教育能力都会影响教师与儿童良好关系的形成。

（2）学前儿童。每一个学前儿童都是独立的个体，他们的个性特征影响着与学前教师互动的机会和内容，积极主动与教师互动交流的学前儿童往往受到教师更多的关注。

（3）环境。环境是连通学前教师与学前儿童之间关系的桥梁，起着重要的中介作用。环境包括物质环境和精神环境，物质环境主要是为学前儿童学习、生活提供的设施器材等，而精神环境则包括对学习、情感氛围的营造等，也表示所呈现的心理状态和文化建设。两者主要体现在学前教育机构中的环境创设，教育环境创设是教师非常重要的一项工作，这不仅检验学前教师专业技能水平，而且与学前儿童有效互动的教育环境也能更好地推动学前教师与学前儿童关系的发展。

2.理想的学前教师与学前儿童关系的特征

理想中学前教师与学前儿童的关系应具有平等性、发展性、交互性和共享性。

（1）平等性。学前教师与学前儿童之间的交往应是彼此尊重、彼此倾听、彼此信任、相互理解的平等交往。

（2）发展性。学前教师与学前儿童之间的交往应不断形成新的经验，促进学前教师与学前儿童双方特别是学前儿童的认知、社会性及情感各方面的发展。

（3）交互性。在教育活动中，学前教师与学前儿童每一方都作为整体性的存在而离不开对方，双方在这种全方位的交往中相互作用和交流，不断重构原有的认知结构和水平。

（4）共享性。学前教师与学前儿童作为独立的主体相遇和理解，并且共同在教学中摄取双方创造的经验和智慧，学前教师与学前儿童之间的交往应该对彼此的经验、知识、智慧、意义与价值等相互启迪、共同分享。

除此之外，学前教师与学前儿童之间的关系还存在不平衡性、非对称性等特征。

任务检测

一、单项选择题

1.以下不属于学前教师职业的特点的是（　　）。
   A.工作整体的复杂性　　　　　　B.工作过程的有趣性
   C.工作手段的示范性　　　　　　D.工作影响的迟效性、长期性
2.影响学前教师与学前儿童关系的主要因素不包括（　　）。
   A.学前教师　　　　　　　　　　B.社区
   C.学前儿童　　　　　　　　　　D.环境
3.学前教师的专业素养不包括（　　）。
   A.专业理念与师德　　　　　　　B.专业知识
   C.专业证书　　　　　　　　　　D.专业能力

二、简答题

1.简述学前教师的含义。
2.简述现代学前教师的角色。

任务检测答案

任务评价

指标	评价标准	考核者	说明	评分
"学前教师"评价表				
预习任务、课后任务的完成情况	完成好或较好为1学习积分，一般为0分，差或较差扣1学习积分	教师+课代表或小组长	具体评价内容及对应分值以一次具体任务为准	
教学过程中的表现	乐于思考、积极主动性强、笔记较好等为1学习积分，一般为0分，差或较差扣1学习积分	教师+课代表		
任务内容学习效果	掌握得好或较好为1学习积分，一般为0分，差或较差扣1学习积分	教师+课代表+小组长		
思政目标达成度	具有从事幼儿教师职业的热情和决心达成度较好为1学习积分，一般为0分，差或较差扣1学习积分	教师+课代表+小组长		

注：以学习积分为单位，每位学生有10个学习积分作为基础分，在此基础上加分或减分，考虑到后续可能出现的情况，2个学习积分为1分平时成绩，最后所有积分会折算成平时成绩。

> **项目总结**

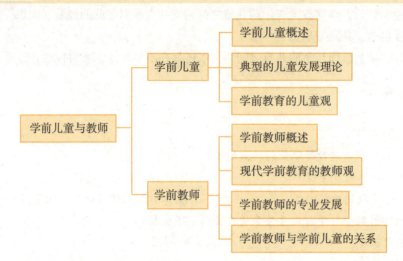

学前儿童与教师
- 学前儿童
  - 学前儿童概述
  - 典型的儿童发展理论
  - 学前教育的儿童观
- 学前教师
  - 学前教师概述
  - 现代学前教育的教师观
  - 学前教师的专业发展
  - 学前教师与学前儿童的关系

✎ **项目综合实训**

　　以实际生活中或实习期间所观察到的一名学前儿童为例，结合皮亚杰的认知发展阶段理论分析该儿童的特点。

项目综合实训答案

 课证融通

一、选择题

　　1.（幼儿教师资格考试《保教知识与能力》2022上）根据《托儿所幼儿园卫生保健工作规范》规定，3—6岁儿童平均每年健康检查的次数是（　　）。

　　A.1次　　　　　　　　　　　　B.2次

　　C.3次　　　　　　　　　　　　D.4次

　　2.（幼儿教师资格考试《保教知识与能力》2017上）午餐时餐盘不小心掉到地上，看到这一幕的亮亮对老师说："盘子受伤了，它难过得哭了。"这说明亮亮的思维特点是（　　）。

　　A.自我中心　　　　　　　　　　B.泛灵论

　　C.不可逆　　　　　　　　　　　D.不守恒

　　3.（幼儿教师资格考试《保教知识与能力》2018上）根据埃里克森的心理社会发展理论，1—3岁儿童形成的人格品质是（　　）。

　　A.信任感　　　　　　　　　　　B.主动性

　　C.自主性　　　　　　　　　　　D.自我同一性

　　4.（幼儿教师资格考试《保教知识与能力》2022上）下列对儿童的看法，正确的是（　　）。

　　A.儿童是无知无能的　　　　　　B.儿童不是微缩的成人

　　C.儿童可以按成人的愿随意塑造　　D.儿童是家庭的私有财产

5.（幼儿教师资格考试《综合素质》2022上）"拼图"游戏时，王老师见东东反复地拿起这块放下那块，不知该拿出哪块，急得满脸通红、满头大汗。对此，王老师恰当的说法是（　　）。

  A."不要着急，我们再试试吧" B."你看看，晓红是怎么拼的"

  C."试试红色正方形的拼板吧" D."仔细看一下颜色和形状"

6.（幼儿教师资格考试《综合素质》2021下）在幼儿园任教多年的窦老师有意识地自我规划，以谋求最大程度的自我发展，关注学生整体发展，积累了比较科学的个人实践知识。窦老师所处的教师专业发展阶段是（　　）。

  A.生存关注阶段 B.虚拟关注阶段

  C.任务关注阶段 D.自我更新关注阶段

二、简答题

（幼儿教师资格考试《保教知识与能力》2018上）简述幼儿园教师的工作职责。

三、材料分析题

1.（幼儿教师资格考试《保教知识与能力》2022上）材料：某大班几个小朋友在讨论有关动物的问题。老师问："你们刚才说了很多动物，我想问问，到底什么是动物？"丁丁说："我们刚才说的大象、猴子、孔雀、斑马都是动物！"鹏鹏说："动物有的有腿，有的有翅膀，有的会跑，有的会飞，有的会在水里游……"蓝蓝马上接着说："有的吃草，有的吃米，有的喜欢吃肉……"睿睿说："我觉得会自己动的，会吃东西的，都是动物。"

问题：请分析上述儿童概念发展的水平。

2.（幼儿教师资格考试《综合素质》2021年下）材料：晨练时，李老师为孩子们准备了球、轮胎、跳绳、滑板车等器械练习，又提供了很多辅助材料，孩子们自己搬物过桥（平衡木）回河对面新家。几分钟后，鹏鹏在平衡木上慢跑，轩轩看到了叫道，"看我的"，说完在矮平衡木做跳跃动作，差点摔下来，引起周围小朋友喝彩。李老师见状说："小心点，快下来。"他只好下来，鹏鹏和轩轩把高平衡木放在矮平衡木上，摇晃来摇晃去，李老师看到后把他们抱下来，并说："这样容易摔跤的。"晶晶在最右边平衡木上，把小枕头放头顶，小心翼翼地走过平衡木，喊着："老师，看我。"老师赶紧过去陪她一起走。操场边有五个孩子不停东张西望，每次轮到时又排到队后面，但老师没发现。

问题：请结合材料，从教师观的角度，评析李老师的教育行为。

课证融通答案

拓展阅读

微课呈现

项目三 学前教育的目标与内容

项目导读

　　本项目内容主要包括学前教育的目标和内容两个部分。学前教育的目标是教育目的在学前教育机构的具体化呈现，因此对于我国教育目的的了解是理解和掌握我国学前教育目标的前提。我国的教育目的是培养德、智、体、美、劳全面发展的社会主义事业的建设者和接班人，这决定了我国幼儿园保育和教育的总目标是对学前儿童实施全面发展的教育，促进其身心和谐发展。幼儿园保教的总目标又规定了其教育的内容，即德、智、体、美、劳五大方面的教育，通过五大方面的教育实现学前儿童的全面发展。

项目目标

知识目标

1.了解我国学前教育的总目标以及早教机构和幼儿园教育的具体目标。

2.掌握幼儿德、智、体、美、劳"五育"的内容与原则。

技能目标

1.能够在实际工作中，选择适当的实施途径对学前儿童开展各方面的教育。

2.能够在对学前儿童开展教育的过程中贯彻学前教育的目标。

情感目标

深刻理解学前教育目标，增强专业认同感。

思政目标

树立教育学前儿童全面发展的思想。

任务一 学前教育的目标

任务描述

　　学前教育目标是教育目的在学前教育机构的具体化，是国家对学前教育机构提出的培养规格与要求，它指明了学前教育机构从事教育活动的价值取向和具体方向。学前教育目标具体包括早教机构的教育目标和幼儿园的教育目标。学前教育目标制定的依据主要是以下3点：社会发展的客观要求、学前儿童身心发展的规律及学前儿童教育的特点。

任务准备

理论准备：学生已经掌握学前教育的研究对象、任务与方法，对学前教育的目标和内容有一定的了解。

物质准备：做好疫情防控准备工作；智慧教室。

任务实施

教育目的是指教育要达到的预期结果，反映在教育对人的培养规格及标准、努力方向和社会倾向性等方面的要求。教育的目的具体表现为各级各类学校和教育机构的教育目标，教育目标的确立要遵循教育目的所规定的方向，要能够体现出教育目的所蕴含的精神。

一、我国的教育目的

《中华人民共和国教育法》对我国的教育目的进行了规定："教育必须为社会主义现代化建设服务、为人民服务，必须与生产劳动和社会实践相结合，培养德智体美劳全面发展的社会主义建设者和接班人。"2001年《国务院关于基础教育改革与发展的决定》中对于我国教育的目的进行了更为全面的说明，提倡教育要面向现代化，面向世界，面向未来，坚持教育必须为社会主义现代化建设服务，为人民服务，必须与生产劳动和社会实践相结合，培养德智体美等全面发展的社会主义事业建设者和接班人。

2018年习近平总书记在全国教育大会上进一步强调，在党的坚强领导下，全面贯彻党的教育方针，坚持马克思主义指导地位，坚持中国特色社会主义教育发展道路，坚持社会主义办学方向，立足基本国情，遵循教育规律，坚持改革创新，以凝聚人心、完善人格、开发人力、培育人才、造福人民为工作目标，培养德智体美劳全面发展的社会主义建设者和接班人，加快推进教育现代化、建设教育强国、办好人民满意的教育。

教育目的是针对全国各级各类教育机构而言，各个年龄阶段的教育对象其身心发展存在差异，因此各个教育阶段有着不同的教育任务和目标。

二、我国学前教育的目标

（一）我国学前教育的总目标

学前教育目标是教育目的在学前教育机构的具体化，是国家对学前教育机构提出的培养规格与要求，它指明了学前教育机构从事教育活动的价值取向和具体方向。当前我国学前教育机构主要包括服务于0—3岁学前教育的早教机构和针对3—6岁学前教育的幼儿园，因此学前教育目标具体包括早教机构的教育目标和幼儿园的教育目标。

1.早教机构的教育目标

2019年国务院印发的《3岁以下婴幼儿照护服务发展的指导意见》指出，"发展婴幼儿照护服务的重点是为家庭提供科学养育指导，并对确有照护困难的家庭或婴幼儿提供必要的服务"。在婴幼儿的照护上要"按照儿童优先的原则，最大限度地保护婴幼儿，确保婴幼儿的安全和健康"。遵循婴幼儿成长特点和规律，促进婴幼儿在身体发育、动作、语言、认知、情感与社会性等方面的全面发展。

因此，早教机构的教育目标包含两方面：其一是促进学前教育身体动作与健康、语言与认知、情感与社会性、文明卫生习惯等多方面的发展；其二是为家长提供科学养育的指导，为在婴幼儿照护上有困难的家庭提供相应的服务。

2.幼儿园的教育目标

教育部2015年颁布的《幼儿园工作规程》对幼儿园的教育目标进行了明确的规定："按照保育与教育相结合的原则，遵循幼儿身心发展特点和规律，实施德、智、体、美等方面全面发展的教育，促进幼儿身心和谐发展。"并且，从4个方面进行了具体的说明：①促进学前儿童身体正常发育和机能的协调发展，增强体质，促进心理健康，培养良好的生活习惯、卫生习惯和参加体育活动的兴趣；②发展学前儿童智力，培养正确运用感官和运用语言交往的基本能力，增进对环境的认识，培养有益的兴趣和求知欲望，培养初步的动手探究能力；③萌发学前儿童爱祖国、爱家乡、爱集体、爱劳动、爱科学的情感，培养诚实、自信、友爱、勇敢、勤学、好问、爱护公物、克服困难、讲礼貌、守纪律等良好的品德行为和习惯，以及活泼开朗的性格；④培养学前儿童初步感受美和表现美的情趣和能力。

教育部2001年颁布的《幼儿园教育指导纲要（试行）》中，将幼儿园教育内容分为健康、语言、社会、科学和艺术五大领域，对五个领域的教育目标进行了详细的规定。

（1）健康目标。身体健康，在集体生活中情绪安定、愉快；生活、卫生习惯良好，有基本的生活自理能力；指导必要的安全保健常识，学习保护自己；喜欢参加体育活动，动作协调、灵活。

（2）语言目标。乐意与人交谈，讲话礼貌；注意倾听对方讲话，能理解日常用语；能清楚地说出自己想说的事；喜欢听故事、看图书；能听懂和会说普通话。

（3）社会目标。能主动地参与各项活动，有自信心；乐意与人交往，学习互助、合作和分享，有同情心；理解和遵守日常生活中基本的社会行为规范；能努力做好力所能及的事，不怕困难，有初步的责任感；爱父母长辈、老师和同伴，爱集体、爱家乡、爱祖国。

（4）科学目标。对周围的事物、现象感兴趣，有好奇心和求知欲；能运用各种感官，动手动脑，探究问题；能用适当的方式表达、交流探索的过程和结果；能从生活和游戏中感受事物的数量关系并体验到数学的重要和有趣；爱护动植物，关心周围环境，亲近大自然，珍惜自然资源，有初步的环保意识。

（5）艺术目标。能初步感受并喜欢环境、生活和艺术中的美；喜欢参加艺术活动，并能大胆地表现自己的情感和体验；能用自己喜欢的方式进行艺术表现活动。

（二）学前教育目标制定的依据

1.社会发展的客观要求

学前教育的本质是教育者对受教育者实施有目的、有计划、有系统的影响，我国学前教育的目标要能够体现社会主义社会在现阶段的价值观念，同时学前教育目标应与社会生产力发展水平相适应，因此学前教育目标的制定还需要考虑现代科学技术、信息能力、创造能力等社会生产的新要求。此外，教育目标还需要具有一定的超前性，需考虑未来社会的发展需求。

2.学前儿童身心发展的规律

教育当以人为本，学前教育的基本职能在于促进教育对象的身心发展。学前教育的中心任务便在于促进学前儿童的身心和谐发展。学前儿童的身心发展有一定的年龄特征和规律，既有连续性，又有阶段性，既有普遍性，又有差异性。学前教育的目标只有符合学前儿童的发展规律，符合学前儿童发展的需要和可能性，才能够有实现的可能性。因此学前教育目标的制定需要以学前儿童身心发展的客观规律为依据。

3. 学前儿童教育的特点

不同阶段的学前教育有着不同的要求，其教育内容的特点与逻辑结构也存在一定的差异。学前儿童教育阶段强调基础性与启蒙性，其教育内容应是学前儿童生活中常见的、浅显易懂的知识或常用的、易于掌握的技能。学前儿童的思维以感知动作思维和具体形象思维为主，故学前教育的方法要讲求具体、直观和可操作性。

 任务检测

一、单项选择题

1.教育部颁布的（　　　），对幼儿园的教育目标进行了明确的规定。

　A.《三岁前小儿教养大纲》

　B.《小儿教养大纲》

　C.《幼儿园工作规程》

　D.《幼儿园教育指导纲要（试行）》

二、简答题

1.简述学前教育目标制定的依据。

2.简述《幼儿园教育指导纲要（试行）》中艺术领域的教育目标。

任务检测答案

 任务评价

"学前教育的目标"评价表				
指标	评价标准	考核者	说明	评分
预习任务、课后任务的完成情况	完成好或较好为1学习积分，一般为0分，差或较差扣1学习积分	教师+课代表或小组长	具体评价内容及对应分值以一次具体任务为准	
教学过程中的表现	乐于思考、积极主动性强、笔记较好等为1学习积分，一般为0分，差或较差扣1学习积分	教师+课代表		
任务内容学习效果	掌握得好或较好为1学习积分，一般为0分，差或较差扣1学习积分	教师+课代表+小组长		
思政目标达成度	科学的亲子教育观达成度较好为1学习积分，一般为0分，差或较差扣1学习积分	教师+课代表+小组长		

注：以学习积分为单位，每位学生有10个学习积分作为基础分，在此基础上加分或减分，考虑到后续可能出现的情况，2个学习积分为1分平时成绩，最后所有积分会折算成平时成绩。

任务二　学前教育的内容

⚙ 任务描述

　　促进学前儿童的全面发展是学前教育的中心任务，学前教育的基本内容皆围绕这一中心任务具体展开。德、智、体、美、劳五大方面的和谐发展是全面发展的旨意所在，"五育"并举才能够真正地促进学前儿童的全面发展。

🔗 任务准备

　　理论准备：学生对学前教育的目标有一定的理解。
　　物质准备：做好疫情防控准备工作；智慧教室。

☰ 任务实施

一、促进学前儿童全面发展

（一）学前儿童全面发展的含义

　　全面发展与人的片面发展、畸形发展相对，它是指人的各种最基本或最基础的素质必须得到完整的发展，这一基本素质可以分解为诸多要素，即培养受教育者在德、智、体、美、劳方面获得完整的发展。学前儿童全面发展教育是指以学前儿童身心发展的现实与可能为前提，采用适合学前儿童身体特点的教育方式，以达到促进学前儿童在德、智、体、美、劳各方面全面和谐发展的教育。

　　学前儿童的全面发展需要处理好德、智、体、美、劳五个主要方面的关系。全面发展不是五个方面的独立发展，而是五个方面之间的协调发展、和谐发展，以及在此基础上实现的学前儿童有个性、有特色的发展。"五育"并举、"五育"并重是实现学前儿童全面发展的核心所在。

（二）学前儿童全面发展的意义

1.对于学前儿童个体发展的意义

　　德育与学前儿童良好个性品质的形成密切相关。古语有云，"才者德之资，德者才之帅"，人才培养是育人和育德的相统一，人无德不立，育人的根本在于立德。学前阶段是品德与个性的形成时期，这一时期的德育非常关键。对学前儿童进行道德教育，培养其良好的品德与个性，对学前儿童健全人格的形成以及一生的发展都至关重要。在对学前儿童进行道德教育的同时也能够促进其社会性的发展，德育能够让学前儿童习得基本的社会行为规范，提升其社会生活适应能力，使其将来成为合格的社会公民。

　　智育有助于促进学前儿童的智力发展。学前阶段是脑部发育最快的时期，是智力快速发展的时期。有目的、有计划的智育能够促进学前儿童大脑的感受、加工等机能的发育，能够满足学前儿童的认知需求，提升学前儿童的认识能力。同时合适的智育还能够提升学前儿童的学习兴趣，帮助学前儿童形成良好的学习品质。

体育是增进学前儿童身体健康与生长发育的重要途径。学前儿童生长发育迅速，适宜的体育活动能够增强学前儿童的新陈代谢能力，进而促进学前儿童的身体发育。体育能够提高学前儿童的身体素质，增强其对环境的适应能力以及对疾病的抵抗能力。同时体育活动还有助于学前儿童保持轻松愉快的情绪状态，在体育活动过程中形成勇敢、自信、坚强等个性品质。

美育能够激发学前儿童美好的情绪体验，为形成完整和谐的人格打下基础。通过学前儿童周围环境和生活中美好的事物、音乐、美术、文学艺术美的熏陶，增强学前儿童感受美、发现美的能力，进而使学前儿童产生美的心灵、美的品德。同时美育还能够释放学前儿童的自然天性，增进学前儿童对生活的热爱。

劳动教育有助于学前儿童劳动品质的形成，提升学前儿童的自我服务以及服务他人的能力，促进学前儿童完整地成长。劳动教育能够锻炼学前儿童的劳动能力，使其获得基本的劳动技能。在劳动过程中，能够提升学前儿童服务他人的劳动意识。同时，劳动活动可以调动学前儿童在认知、情感、身体运动、审美等多方面的经验，促进学前儿童多领域的综合学习。

2.对于社会的意义

学前儿童全面发展的教育对于社会的直接意义在于能够用正确的价值观引领家长、引导社会，减少小学化、商业化等违反学前儿童身心健康发展的行为，从而促进整个社会的文明与进步。其间接意义在于学前儿童德、智、体、美、劳的全面发展能够为社会主义现代化建设做出重要的贡献。德育有助于减少未来社会的犯罪问题与不稳定因素；智育能够培养具有良好智力品质，适应社会需要的公民；体育能够提升全民族的身体素质，提升国家和民族的健康水平；美育有助于社会精神文明的建设，提升社会的美好与和谐；劳动教育能够增强公民的劳动意识与品质。

二、学前儿童"五育"的内容

（一）学前儿童德育

1.学前儿童德育的概念

德育即道德教育，道德是在一定社会条件下形成与发展起来的人们共同生活的行为准则的总和，它是一种社会意识，是社会存在的反映，也是评价人们行为的标准。这种社会道德具体到个人身上便是道德品质，通过教育实现社会道德向个人道德品质转化的这一过程便是德育。因此可以说，德育是教育者按照一定的目的与计划对受教育者施加影响，使其获得社会期望与要求的思想品德的过程。

学前儿童德育即是对于学前阶段的幼儿进行的道德教育。"少成若天性，习惯成自然"，学前儿童的道德教育是德育之始，是学前儿童的道德品质的形成以及人格个性的塑造的重要基础，因此尤为重要。但与此同时，学前儿童的身心发展尚未成熟，严格的社会道德标准对于学前儿童来讲并不完全适用，学前儿童的德育重在其基本社会规范与行为习惯的初步养成。因此学前儿童德育可定义为：促进学前儿童社会性情感以及适应社会生活能力的发展，培养学前儿童基本的社会行为规范和良好习惯，为其良好个性的形成和未来健全人格的发展打好基础的教育。

2.学前儿童德育的内容

《规程》中提出，"萌发幼儿爱祖国、爱家乡、爱集体、爱劳动、爱科学的情感，培养诚实、自信、友爱、勇敢、勤劳、好问、爱护公物、克服困难、讲礼貌、守纪律等良好的品德行为和习惯，以及活泼开朗的性格"。综合来看，学前儿童德育包括以下3个方面。

（1）基本的行为规范和良好习惯。学前儿童应该形成的行为规范有热爱祖国，尊敬国旗，升国旗时立正，行注目礼；尊敬长辈，爱父母，爱老师，关心他人；礼貌待人，能使用礼貌用语，倾听别人讲话，公共场所不大声喊叫；爱集体，爱同伴，遵守集体规则，和同伴友好相处，乐意帮助有困难的同伴，为集体做好事；爱护公物，不攀摘花草树木，不涂画墙壁，不损坏公共设施；等等。

良好的习惯包括生活和学习两个方面。生活方面具体包括饮食习惯、睡眠习惯、生活自理、自我保护、卫生习惯、行为习惯等；学习方面包括能倾听他人讲话、愿意并能够清楚表达、感受和体验美、对周围事物感兴趣、喜欢动手操作、能够正确使用学习的材料和工具等方面。

（2）人际交往与社会适应能力。学前儿童德育的一个重要任务是处理好学前儿童与他人、社会的关系，即发展学前儿童的人际交往与社会适应能力。在人际交往方面，学前儿童要学会与同伴的良好相处，同伴之间能够学会分工协商、相互帮助；还要学会尊敬教师、礼貌待人、敬爱家人。在社会适应方面，其一是使学前儿童喜欢并适应群体生活，学前儿童只有从情感上接受群体生活，才能够主动地接受和遵守社会的规范，也才能够得到其所在群体的信任与接纳；其二是使学前儿童具备初步的归属感，有了归属感学前儿童才能够感受到在群体之中的温暖，才能够感受到尊重、关爱与支持。积极的感受能够有效地提升学前儿童的社会适应能力。

（3）个性品质与价值观念。学前儿童的个性特征对于其一生的发展有着重要的影响，因此学前阶段的德育要重点关注学前儿童的个性品质，引导学前儿童形成良好的性格，形成积极的自我意识，坚强勇敢、不畏困难、自尊自信、诚实善良等品质，尤其是学前儿童的独立性和自信心，能够使其在学习中独立思考，积极探索，想办法解决遇到的问题。同时在培养学前儿童良好的个性品质的基础上，还要让学前儿童形成初步的价值观念。对于学前儿童价值观念的教育要注重培养其社会主义核心价值观。引导学前儿童逐渐形成对于国家、社会和自身的正确价值观念。

3.学前儿童德育的原则

（1）尊重幼儿的主体性。由具有道德认知到产生道德行为必须经过道德情感和道德意志的建立与形成，后两者有赖于学前儿童主体性的发挥。德育不应是让学前儿童被动接受，而是要让学前儿童主动地接纳和认可。学前儿童并非是消极的，被规范和被束缚的存在，与之相反，学前儿童是积极的，主动寻求与他人和社会产生联系的存在，对学前儿童德育一定要尊重学前儿童的主体性。向学前儿童灌输社会规范并强迫学前儿童服从短期内会有一定的效果，但从长远来讲，反而会使得学前儿童产生逆反心理。只有发挥学前儿童的主体性和自我教育能力，给学前儿童足够的空间和自由，让学前儿童参与到规则的制定之中，才能够使其真正理解和接纳社会的规则与规范，才能够积极地表现出道德行为。

（2）注重目标的多元化。学前儿童德育具有明确的目标，但这并不意味着德育的一元化、单一化。长期以来，人们认为社会主流的价值观念和行为规范是学前儿童德育的最终和唯一目标，这忽视了学前儿童与成人之间的差异、学前儿童之间的差异，这种德育更多是外在的，难以深入学前儿童的内心。学前儿童的德育要注重目标的多元化。学前儿童德育目标并不是完全地接受社会绝对价值标准，而是在追求规范性和普适性的同时，引导学前儿童主动理解他人的道德选择、尊重差异。同时学前儿童的个性品质存在着个体差异，德育目标的确立还应该考虑学前儿童的个体差异，根据学前儿童不同的性格特质确立与之相适应的德育目标，以促进每个学前儿童个性的健康发展。

（3）重视德育的直观性。学前阶段的幼儿认知能力有限，其思维形式与成人不同，儿童更加关注的是动作、形象，因此这一阶段的德育要注重直观性、生动形象和可操作性，要避免形式主义的德育。一些概念的使用应该建立在学前儿童对这一概念理解的基础之上，否则概念便只是一些空洞的符号，不能够激发学前儿童的道德情感。在学前儿童的德育过程中要选择学前儿童能在周围环境中能够经常感受到的，用学前儿童熟悉的和理解的事物，生动、形象、直观地对学前儿童进行道德教育。

4.学前儿童德育的实施

（1）创建和谐的教育环境。和谐的环境对于学前儿童的德育有着重要的作用。家庭和幼儿园都要努力构建出和谐的物质与精神环境，以便学前儿童德育的开展。

①丰富、适宜的物质环境。在家庭中，可以为学前儿童提供经典故事、模范人物的图书、绘本或是贴图，让学前儿童能够看得见、摸得着，也可以放置一些可供学前儿童操作的实物，如经典道德形象的玩偶，以便于学前儿童在表演或角色扮演等游戏中习得一定的道德规范。同时还可以将抽象的道德规范转换为具体实物和形象的标志，使学前儿童更加容易接受。在家庭和幼儿园的物质环境的布置中都要积极鼓励和支持学前儿童参与其中，学前儿童的参与能够使其在情感上更加容易接受和理解物质环境中所蕴含的道德元素。

②宽松、和谐的精神环境。学前儿童是学习的主体，无论是家长还是学前教师都不应将道德观念和行为规范直接灌输给学前儿童，而是应该根据学前儿童的兴趣需要和发展水平为其提供适宜的材料，创设道德问题的情境，进而引发学前儿童的思考。家长应多陪伴学前儿童，多和学前儿童进行良好的互动，让学前儿童体会到家庭的温暖，同时可以多带学前儿童外出游览和参观，在这个过程中教给学前儿童应有的文明规范和礼仪。还可以多邀请邻里间的同龄小朋友到家中玩耍，让学前儿童在与其他人的交往和互动中，增强交往与合作能力。学前教师要以平等的姿态与学前儿童进行对话，尊重学前儿童的人格与尊严，在学前儿童德育的过程中成为一个积极的支持者和引导者，让学前儿童在轻松愉悦的环境中主动接受德育。

（2）将德育贯穿学前儿童的生活与游戏之中。日常生活是培养学前儿童良好品德习惯的重要途径，教育者应该把握住日常生活中的每一个环节，充分利用日常生活中的细节和小事，在日常生活中培养学前儿童的良好习惯、生活自理能力和道德品质，使学前儿童在主动参与的过程中逐渐获得好的发展。游戏是学前儿童的基本活动，教育者可以在游戏活动中进行道德教育的渗透，从游戏的目标到游戏的内容，以及游戏过程都可以渗透有关道德教育的要素。如通过体育游戏培养学前儿童坚强勇敢的性格，通过规则游戏提升学前儿童的规则意识，在集体游戏中增强学前儿童的人际交往能力。

（3）丰富学前儿童的道德情感体验。体验不是以单纯语言文字符号的逻辑转换为主的逻辑思维活动，而是融认知、情感等因素为一体的思维活动，因此它更能给学前儿童以深刻的印象，更能打动学前儿童，培养植根于学前儿童心灵深处的道德性。德育活动应建立在学前儿童丰富体验的基础之上，学前教师和家长应特别注重学前儿童的积极情感体验。例如以坦诚的态度和真挚的感情向学前儿童讲解英雄事迹，让学前儿童体验良好的品德会带来积极评价。

当学前儿童对想象的情感体验有困难时，可以采用表演的方式，让学前儿童扮演不同的角色，从不同角色的行为中体验不同的情感，将积极的价值观真正内化于儿童内心。

（4）树立良好的榜样。模范比教训更有力量，学前儿童天生具有很强的模仿能力，他们的很多行为都是在观察模仿中习得的。同时学前儿童期望得到来自家长、学前教师的认可，这促使着学前儿童主动向榜样学习。因此为学前儿童树立良好的榜样，可以让学前儿童跟随榜样的示范养成良好的行为习惯和道德品质。家长是学前儿童的启蒙老师，家长的言行举止都是学前儿童模仿的对象。因此家长要规范自己的言行，注意自己在学前儿童面前的行为表现，给学前儿童提供正面的榜样。学高为师，身正为范，学前教师是学前儿童模仿的主要对象之一，学前教师对学前儿童开展德育的前提是其自身必须要有良好的道德品质。

（二）学前儿童智育

1. 学前儿童智育的概念

智育是指有目的和计划地使受教育者获得系统的知识和技能，促进受教育者智力发展的教育过程。智力的发展是智育的重要内容。智力是人类心理活动中各要素的综合体，是人在与环境的相互作用中所具有的适应环境、解决问题的综合心理能力。智力包括注意力、观察力、记忆力、思维力、创造力等要素，思维能力是智力的核心。

夸美纽斯在《大教学论》中说到，如果希望在追求智慧上取得进步，就必须在幼年时那方面努力，在幼年时期就铸造达到智慧的规范是深谋远虑的。可见学前阶段儿童的智育至关重要。应注意的是学前儿童的智育不同于其他阶段，感知能力、操作能力是这一时期智育的主要内容，原因在于感知运动思维和具体形象思维是学前儿童主要的思维方式，学前儿童的智力活动具有行动性和直观形象性。因此学前儿童智育可定义为：根据学前儿童认识活动的特点和认知发展的规律，组织学前儿童进行探索与操作活动，使其获得相应的知识与技能，提升其智力水平的教育。

2. 学前儿童智育的内容

（1）学习基础的知识。基础的知识是学前儿童生活必须认知的需要也是培养学前儿童兴趣和发展学前儿童智力的需要。基础的知识包括社会生活常识、自然常识和科学技术知识。社会生活常识具体包括日常生活中常见的事物、衣食住行的知识、家庭周围主要社会机构的功能、国家政治的初步认识等；自然常识具体包括认识常见的动植物，天气与气候，环境保护等；科学技术知识包括科学常识、常见科技产品的用途等。除此之外，智育还需要培养学前儿童的相关概念，尤其是数的概念。学前儿童要对数字、形状、大小、运算、时间和空间等知识有一定的认识。对这些概念的理解有助于学前儿童从具体形象思维向抽象逻辑思维的过渡。

（2）培养学前儿童良好的学习兴趣、品质和习惯。兴趣是最好的老师，好奇好问是学前儿童兴趣和求知欲的最初表现，智育的一个重要任务便是保护学前儿童的好奇心，并将其发展为学前儿童学习的兴趣和求知欲。良好的学习品质对学前儿童知识的获取和智力的发展都至关重要，注意力、毅力、恒心、任务意识、认真仔细等学习品质是学前儿童的德育的重要关注点。"习惯成自然"，学习习惯对学前儿童有着终生的影响，智育要关注学前儿童形成思考和提问、倾听与表达、阅读等多方面的良好学习习惯。

（3）发展学前儿童感知与操作能力。由于学前儿童的思维主要以周围事物和现象为基础，所以感知觉在学前儿童的认识活动中占有重要地位。可以通过视觉、听觉、触觉等多种感官的刺激与练习，增强学前儿童感知外部世界的能力。学前儿童思维的发展是在内在心理与外在环境的不断互动中建构起来的，联结内在心理与外在环境的便是学前儿童的动作，因此学前儿童的智育需要发展学前儿童动手能力，为学前儿童提供动手操作的机会和条件，使学前儿童习得基本的操作方法和技能。

（4）促进语言的理解与表达能力。语言是思维的外在显示，学前儿童思维能力的发展和语言能力的发展是同步进行的，学前儿童掌握语言的过程也就是思维发展过程；而思维的发展，又促进语言的构思能力、逻辑能力和语言表达能力的发展。《纲要》中强调，要提高幼儿语言交往的积极性，发展语言能力。具体包括：培养学前儿童语言交往的兴趣；喜欢用语言与人交往；乐于用语言表达自己的想法、经验与情感，并愿意与人分享；能够认真倾听并理解对方的语言；喜欢听故事、看图书；等等。

3.学前儿童智育的原则

（1）注重非智力因素。学前儿童智育过程中，注意力、记忆力、观察力、思维能力等智力因素往往是教育者关注的重点，一定程度上对于学前儿童的兴趣、需要、意志、情感等非智力因素的重视程度不如智力因素。非智力因素不直接参与认知过程，但对学习活动起着启动、导向、维持和强化作用，智力因素与非智力因素相结合才能实现智力活动的成功。因此在学前儿童智育过程中，教育者要重视学前儿童的需求，关注学前儿童的兴趣，考虑其个体性格类型，着重培养认真、勤奋、自信、坚强等优良品质，促进学前儿童非智力因素的发展。

（2）把握好知识与智力的关系。知识不等于智力，智育不同于知识教育。知识是指人们在改造世界的实践中获得的认识和经验；智力则指人认识、理解客观事物并运用知识、经验等解决问题的能力，可见知识与智力之间有所区别，但两者也有着紧密的联系。知识是智力发展的基础，是智力活动的主要操作材料，知识的贫乏会阻碍智力的发展；智力是获得知识的必要条件，智力高低决定了知识掌握的深度和灵活度。因此在学前儿童智育过程中要将知识的获得与智力的发展统一起来，在传授知识的同时关注学前儿童智力的发展，根据学前儿童智力发展的水平调整知识的结构与难度。

（3）增强教育的趣味性。在智育过程中，教育者往往更加注重教育的科学性，对于教育的趣味性有一定的忽视，趣味性不足便不能引起学前儿童的学习的兴趣。因此学前儿童的智育要更加注重活动的趣味性。马斯洛曾说，学前儿童早期是奠定智力发展基础的、令人兴奋的、有效的时期。游戏是开展学前儿童智力活动的良好方式，能够增强智育的趣味性，进而吸引学前儿童的积极参与，使学前儿童在轻松愉悦的情绪体验中习得知识与技能。

4.学前儿童智育的实施

（1）创设供学前儿童自主探索的环境。学前儿童的心灵是具有吸收力的，在自由、宽松的环境之中，学前儿童能够主动地探索、思考和表达，吸收环境中所蕴含的教育元素，使其自身的智力得到发展。因此教育者要为学前儿童提供一个能够自由探索的物质环境，在这一环境中要有足够的、具有教育意义的活动材料。学前儿童在这个环境中扮演支持者与引导者的角色，鼓励学前儿童与环境和材料的互动，避免过多干预学前儿童的探索，在合适的时机对学前儿童给予恰当的指导。

（2）组织开展智力游戏。智力游戏是根据一定的智育任务设计的，以智力活动为基础的一种有规则的游戏。智力游戏以生动、新颖、有趣的游戏形式，使学前儿童在轻松愉快的活动中完成增进知识和发展智力的任务，是帮助学前儿童认识事物、巩固知识、发展智力的一种有效手段。通过组织开展智力游戏，能够激发学前儿童的兴趣，调动学前儿童的思维，增进学前儿童对于规则的理解与掌握，因此智力游戏是很好的智育方式。智力游戏应做到目的明确、玩法新颖、内容多变、规则简单，能够吸引学前儿童参与其中。

（3）鼓励学前儿童多种形式的表达。表达是思维结果的呈现，通过表达，学前儿童能够对事物理解得更为清楚，能够对所获得的知识与经验进行初步的整理，这对于知识的获得与智力的发展都是十分重要的。要鼓励学前儿童用多种方式来表现自己的探索过程和结果，表达发现的愉悦并与他人交流、分享。不同学前儿童之间的发展存在差异，有的学前儿童身体动作发展较快，有的学前儿童语言表达发展较好。因此应该允许学前儿童以不同的方式，如语言、肢体动作、绘画、歌唱等形式表达自己的发现与理解。

（4）积极回应学前儿童的问题。学前儿童对周围世界有着强烈的好奇心，时时刻刻在提出各种各样的问题。对待幼儿所提出的这些问题的态度对于学前儿童好奇心的保持、探索的兴趣和欲望都至关重要。当学前教师或家长以嘲笑、忽视或是敷衍的态度对待学前儿童的问题时，会挫伤学前儿童的好奇心，减少学前儿童对于周围事物的兴趣，最终阻碍其智力的发育。耐心地倾听、积极地回应才能够进一步激发学前儿童的探索精神，增强学前儿童的探究欲望，从而使其获得相关的知识与经验。

（三）学前儿童体育

1.学前儿童体育的概念

体育是增强学前儿童的体质，发展他们身体素质和运动能力的教育。体育活动具有多重育人功能，它不仅能够培养学前儿童良好的情绪情感，促进学前儿童各种机能及身体的发展；而且能够促进学前儿童良好性格的形成，增进学前儿童之间的交流，促进他们的社会性发展。学前儿童体育的概念可分为广义和狭义。广义上的学前儿童体育是根据学前儿童身体发育的规律，以提高学前儿童的体质与健康水平为目的所进行的教育活动，包括幼儿园中集中的、专业的教育，也包括家庭中分散的、非专业的教育；狭义的学前儿童体育是指在幼儿园进行的、运用科学的方法以增强学前儿童的体质，保证学前儿童健康的一系列教育活动。学前儿童体育是指学龄前儿童利用身体活动达到教育目标的过程。

2.学前儿童体育的内容

（1）保护学前儿童的身体安全与健康。学前儿童的保育和教育中，安全是第一位的，任何教育都是建立在学前儿童身体健康的基础之上的。因此学前儿童体育的首要任务是保护学前儿童身体的安全与健康。学前儿童的身体正处于生长发育期，抵御疾病和适应环境的能力较弱，独立生活的经验和能力不足，因此需要通过各种体育活动增强学前儿童的体质，保证其身心健康。具体措施包括：①执行合理的生活作息制度；②提供合理均衡的膳食，注意学前儿童良好饮食习惯的培养；③开展适宜的体育活动，增强学前儿童的体质；④建立完备的卫生保健制度。

（2）发展幼儿的基本动作。学前儿童的体育不在于竞技性，而在于身体素质的提升和基本动作技能的掌握。其中，基本的动作技能包括走、跑、跳、攀爬、投掷等。在学前儿童体育中要通过适宜的活动使学前儿童逐步熟练掌握各种动作技能，促进学前儿童基本动作的协调性与灵活性、身体的平衡能力、肌肉的力量和耐力。基本动作技能的发展不仅能够强健学前儿童的身体，还能够培养学前儿童的独立性，增强学前儿童的活动能力，对于学前儿童的智力发育也有一定的促进作用。

（3）培养学前儿童良好的卫生习惯。卫生是保证健康的条件，良好的卫生习惯会使学前儿童终身受益。学前儿童基本卫生习惯包括饮食、睡眠、生活自理等方面，可以结合盥洗、就餐、午睡等生活环节，在家庭和教育机构中让学前儿童保持规律的生活，增强学前儿童的生活自理能力。需要注意的是学前儿童卫生习惯的养成需要长期的教育，教育机构和家庭之间应做到有效沟通、相互支持，这样才能实现教育的合力，帮助学前儿童养成良好的卫生习惯。

3.学前儿童体育的原则

（1）身心协调发展原则。学前儿童体育是为了促进学前儿童的身体健康和心理健康全面发展，因此体育活动不但要促进学前儿童的身体健康，还应兼顾学前儿童的心理健康。同时学前儿童体育活动不仅要提高学前儿童的身体素质，还要能够促进学前儿童良好道德与意志品质的形成。在体育锻炼中，应使得学前儿童身体的各个部分得到全面的锻炼，以避免片面、不平衡发展，以实现全面提高学前儿童身体健康水平的目的。还要避免在体育活动中片面地追求名次和荣誉及在运动和训练中对学前儿童的身体有所损害的行为。

（2）适度与适量原则。学前儿童正处于身体快速发育的时期，身体的各项机能还比较脆弱，过度和过量的运动不仅不能够增强学前儿童的身体素质，还会损害到学前儿童身体的健康。科学合理地设定学前儿童运动的强度和密度，身体锻炼和保护相结合才能够达到提高学前儿童身体素质的目的。如可以采用动静交替、分段进行的方法，长时间或体能消耗较大的体育活动中间穿插其他类型的活动，或是将运动分成更小的时间段进行，劳逸结合。

（3）安全的原则。在设计和组织学前儿童体育活动和游戏的时候，教育者要确保学前儿童在活动过程中不受到伤害。学前儿童的自我保护能力和意识较弱，在体育运动中有可能会出现器械使用不当和活动方式不当的情况，导致伤害事故的发生。因此教育者要在体育活动前向学前儿童讲清楚体育器材的使用方式，交代活动的安全注意事项，在学前儿童体育活动的过程中密切关注学前儿童的身体状况和行为举止，防止意外伤害事故的发生。

4.学前儿童体育的实施

（1）创设适合开展体育活动的环境。体育运动更加需要一个适宜的活动环境，包括充足的室内和户外运动空间，以满足学前儿童跑、跳、攀爬等身体运动的需要。体育设施是学前儿童体育活动的物质条件，对学前儿童的身体发育和锻炼效果有直接的影响。为学前儿童体育活动设计和准备的体育设施应在保证安全性的基础上更加注重趣味性，设备的大小、重量要与学前儿童的运动需求和身体素质相符合。适合学前儿童进行体育活动的环境还应该能够激发学前儿童主动的身体活动，通过探索性活动参与锻炼。

（2）建立学前儿童身体检测与评价制度。身体素质是学前儿童体育活动的基础，也是体育的目的所在，因此对于学前儿童身体素质发展状况的检测与评价就显得尤为重要。学前儿童身体素质的发展状况可以在不同的身体运动中表现出来。教育者要留心观察学前儿童在不同类型的体育活动中的身体状况，并做好相应的记录。针对不同年龄组以及不同类型的活动内容形成学前儿童体育活动的测量与评价标准，并将测评数据运用到之后的学前儿童体育活动的设计与指导中。

（3）注重教育者的讲解示范和学前儿童的练习。学前儿童体育运动需要教育者首先讲解清楚动作的要领，指导幼儿理解活动的内容及具体操作的方法，其次需要教育者进行动作的示范。学前儿童通过直观地观看了解动作或技能的具体形象、结构和先后顺序，通过讲解与示范的结合达到听觉和视觉的结合，进而促进学前儿童对活动的理解和实践，最终掌握具体的体育运动的知识或技能，达到身体保健和锻炼的目的。

（四）学前儿童美育

1.学前儿童美育的概念

美育又称审美教育或美感教育，是指通过培养人们认识美、体验美、感受美、欣赏美和创造美的能力，从而使其具有美的理想、美的情操、美的品格和美的素养。学前儿童美育是指根据学前儿童的身心特点，利用美的事物，通过各种审美途径来培养学前儿童感受美、欣赏美、表现美、创造美的情趣和能力的教育活动。美育离不开美的事物，主要包括以下3类：一是自然美，即自然中带给人和谐与惊叹感受的事物，如壮丽秀美的山川河流、流转闪耀的日月星辰等；二是社会美，它主要指由人的社会活动所创造的能带给人美感的种种事物，如和谐的制度、优美的装饰、善良的人等；三是艺术美，即艺术家通过创造性的劳动，对现实事物的美的表现，如雕塑、绘画、建筑等。

2.学前儿童美育的内容

学前儿童首先要感受到美，能够欣赏和理解不同的美，进而才能去表现和创造美。因此，感受、欣赏、表现、创造是学前儿童美育的不同阶段和主要方面。

（1）审美情感。审美情感是一种超越了个人功利实用的精神愉悦，是一种具有社会理性内容的精神情感。学前儿童尚未具有分化的、成熟的审美情感，但具有培养审美情感的基础。学前儿童的情绪情感易被激发和感染，对于美的事物有着天然的好奇心与探索欲。给学前儿童提供生活中他们感兴趣的美好事物，能使其获得愉快的体验，激发其情绪情感，进而萌发感受美和欣赏美的情趣。

（2）审美感知。世界上不缺少美，缺少的是发现美的眼睛。培养学前儿童的审美感知就是引导学前儿童感受和体验现实生活中以及自然环境中的美，增强对于美的敏感性。学前儿童对于美的事物有着本能的感知，这种感知更多是无意识的、表层的，比如学前儿童喜爱鲜艳的颜色，但对于色彩的搭配并不在意；喜欢轻快的曲调，但多数时候不能理解曲调的情感，因此需要教育者对学前儿童的审美感知进行积极的引导。教育者可以组织审美活动，给学前儿童提供锻炼感觉器官的机会，可以引导学前儿童走进大自然，感受日常生活中可能忽略的美，发展学前儿童对美的丰富感受。

（3）审美想象与创造。学前儿童在感受与欣赏美的同时，会以其自身的方式去表达对美的独特认识与理解，这一过程正是审美的想象与创造。教育者应为学前儿童提供开放性的环境，供学前儿童自由地想象和创造，同时帮助学前儿童掌握舞蹈、绘画、歌唱等基本的审美表达方式。对于学前儿童奇特的审美想象和创造，教育者要以正确的方式对待，应予以尊重，鼓励学前儿童多样化的审美表达。

3. 学前儿童美育的原则

（1）注重学前儿童的审美体验。学前儿童的美育是一种情感活动，而不是技能的锻炼，教育者要注意丰富学前儿童的审美体验。学前儿童的审美体验来自和美的事物的接触，以及审美艺术创作活动。在艺术创作活动中，情感是重点，审美的一些技能训练应该设定合适的难度，避免单调、乏味和机械的技能训练，要增加美好的、愉悦学前儿童心灵的活动，给学前儿童情感活动留有较大的自由空间，丰富学前儿童的体验和感受。

（2）尊重学前儿童的审美表达。教育者要充分尊重学前儿童对美的感受与表达。不要过多地干涉和限制学前儿童的审美活动，要避免用自己的审美方式去要求学前儿童，大胆放手，让学前儿童按照自己认为正确的想法和方式去做。若在学前儿童作画时，教育者仅要求学前儿童模仿范画会严重限制学前儿童自由的审美表达。比起相关的知识和技能，自由发挥想象、表现和创造能力在学前儿童的美育中是更为基础和重要的。教育者应发挥美育的引导和帮助的作用，充分尊重学前儿童的想象力和创造力。

（3）结合学前儿童的年龄特点。不同阶段学前儿童审美能力具有较大的差异，两三个月的婴儿会对有节奏的声音表现出愉悦的情绪；三四个月的婴儿看到红色的物体会产生愉快情绪；一周岁左右，学前儿童开始能够根据成人的描述，将接触的美好事物与语言整合起来。因此美育要根据学前儿童年龄特点和美感发展的特点，循序渐进地实施，为不同年龄段的学前儿童提供与之相对应的丰富环境刺激，为学前儿童美感发展创造良好条件，激发学前儿童表现美、创造美的积极性和主动性。

4. 学前儿童美育的实施

（1）在日常生活中进行美育。日常生活中的美是学前儿童最容易感知到的，通过日常生活培养学前儿童的美感是行之有效的方法。家庭中在环境布置上要体现出朴实整洁之美，在家庭氛围上要体现出和谐相合之美，在生活态度上体现出积极向上之美。学前儿童教育机构中要注意优美环境的布置、温馨氛围的营造，同时在师幼交往、学前儿童同伴交往中表现出文明礼貌、相互关怀之美。通过家庭与学前儿童教育机构在日常生活中的各个方面渗透美育，潜移默化地影响学前儿童美的感受能力和表现能力。

（2）在社会生活中进行美育。人类社会的生产生活都含有人们对于美的追求。麦浪翻滚的乡野之美，霓虹闪烁的都市之美，节日庆典的礼乐之美，更有各行各业劳动者的劳动之美。这些社会中的物质之美与精神之美都能够在学前儿童的心灵中播下美的种子，给学前儿童美的熏陶和享受。教育者要引导学前儿童去认识和感受社会生活中的美好事物，激发学前儿童对社会生活之美的感受与追求。

（3）走进大自然开展美育。人类是自然之子，自然之美最易被人们感知。大自然的丰富多彩与千变万化是学前儿童美育取之不尽的资源库，自然界的美是具体、直观、生动形象的美，是真实的美，是易于学前儿童感知和理解的美，因此引导学前儿童观察和感受自然之美是学前儿童美育的重要途径。教育者要尽可能多地为学前儿童提供户外活动的机会，增加学前儿童与自然接触的时间，同时带领学前儿童认识大自然中的各种动植物，欣赏世界各地的美景，启发学前儿童认识和欣赏环境之美、生命之美。

（4）在艺术活动中进行美育。艺术是人类审美实践的集中体现，艺术之美富有表现力和感染力，容易引起学前儿童情感上的共鸣，带给学前儿童美的享受，因此艺术教育是学前儿童美育的主要手段。艺术教育主要有音乐教育、美术教育、表演活动、文学欣赏等形式。通过丰富多样的艺术活动，学前儿童的视觉、听觉、触觉、身体感觉等多重审美感知被调动起来，能够最大限度地激发学前儿童的审美情感，唤醒学前儿童表达与创造美的欲望。

（五）学前儿童劳动教育

1.学前儿童劳动教育的概念

劳动是人类特有的基本的社会实践活动，也是人类通过有目的的活动改造自然对象并在这一活动中改造人自身的过程。劳动教育是以促进学生形成劳动价值观和养成劳动素养为目的的教育活动。因此学前儿童劳动教育可定义为以促进学前儿童形成基本的劳动价值观，获得初步的劳动素养为目的的教育活动。劳动价值观包括正确的劳动观点、积极的劳动态度、热爱劳动人民等，劳动素养包括一定的劳动知识和技能、良好的劳动习惯等。

2.学前儿童劳动教育的内容

在学前儿童阶段，自我服务性劳动、公益性劳动、基础性劳动是劳动教育的主要内容。自我服务性劳动主要是学前儿童的生活自理活动，如穿衣、打饭、盥洗等。公益性劳动主要是指服务于社会、他人的劳动，如做学校的值日卫生。基础性劳动包括植物的种植、动物的饲养、手工劳动等。教育者要逐步引导学前儿童爱劳动、爱劳动人民和爱劳动成果的劳动情感。进而实现学前儿童劳动认知、劳动情感、劳动技能三者的协同发展。

3.学前儿童劳动教育的原则

（1）明确学前儿童劳动的目的。学前儿童的劳动与成人的劳动是不同的，成人的劳动是为了满足生活需要而进行的社会性活动，学前儿童参加劳动主要目的是通过劳动实现德、智、体、美、劳方面的融合，以促进学前儿童身心全面和谐发展。因此教育者要把握好学前儿童劳动的目的，不要因为学前儿童劳动能力的缺乏而拒绝学前儿童参与到日常生活中的劳动，同时也不要过于注重学前儿童劳动的结果，而是要关注学前儿童在劳动过程中所表现出来的品德、智力、身体健康、审美能力等方面的发展状况。

（2）注重学前儿童劳动的自主性。随着学前儿童自我意识的觉醒，在劳动教育的选择上，学前儿童要求有更多的自主性。培养学前儿童的劳动意识和劳动技能需注意尊重学前儿童的自主意愿，学前儿童有权利选择劳动的内容和形式。教育者可以为学前儿童提供劳动的工具，可供选择的多样的劳动主题，让学前儿童参与劳动计划的制订与选择。由于学前儿童参与了劳动计划的制订与选择，在劳动中学前儿童的主人翁意识被激发，在劳动中也会更积极主动。

4.学前儿童劳动教育的实施

（1）在实践中进行劳动教育。实践性是劳动的本质属性，劳动教育更多是关于"做"的教育，而不是关于"说"的教育。学前儿童的劳动教育应注重学前儿童的操作、探索与实践，逐步深化学前儿童为他人、为集体服务的劳动观念。学前儿童劳动教育的实践要结合德、智、体、美、劳这5个方面的发展，以劳动教育为出发点和凝聚点，"五育"并举，实现学前儿童的身心健康发展。

（2）创造丰富的劳动教育形式。劳动教育中教育者应结合幼儿的特点和实际的需要，创造丰富多样的劳动教育形式，为学前儿童提供尽可能多的劳动机会。如学前教师可以根据班级学前儿童的年龄特点和兴趣差异，开设不同类型的劳动课程；同时幼儿园可以积极开展各项园内劳动活动，如带领学前儿童开辟蔬菜种植园、动物角等；幼儿园也可以依托社区、村镇的各种社会文化资源，开展学前儿童喜爱的，同时与其劳动能力相符合的实践活动。给学前儿童提供劳动实践的机会，让学前儿童在切身体验的过程中，享受劳动的乐趣，感悟劳动的精神。

（3）充分发挥教育的合力。家园合作是学前儿童教育的重点所在，对于学前儿童的劳动教育，家园合作才能够保证学前儿童劳动教育的连贯与完整。家长首先需要了解学前儿童在幼儿园中所学习到的劳动知识与技能，从而在家庭中开展相应的活动，给学前儿童进行操作和练习的机会。其次鼓励学前儿童积极参与到家务劳动之中，在衣、食、住、行等日常生活中尽可能让孩子自己动手。学前教师要多和家长进行沟通，了解学前儿童在家庭中的劳动情况，并据此对学前儿童劳动教育的教学设计进行相应的调整。

📶 任务检测

一、单项选择题

1.（ 　 ）是增进学前儿童身体健康与生长发育的重要途径。

　A.体育　　　　　　　　　　B.德育

　C.智育　　　　　　　　　　D.美育

2.学前儿童美育的内容不包括（ 　 ）。

　A.审美情感　　　　　　　　B.审美感知

　C.审美想象与创造　　　　　D.审美表现

二、简答题

1.简述学前儿童德育的内容。

2.简述学前儿童智育的原则。

任务检测答案

任务评价

"学前教育的内容"评价表				
指标	评价标准	考核者	说明	评分
预习任务、课后任务的完成情况	完成好或较好为1学习积分，一般为0分，差或较差扣1学习积分	教师+课代表或小组长	具体评价内容及对应分值以一次具体任务为准	
教学过程中的表现	乐于思考、积极主动性强、笔记较好等为1学习积分，一般为0分，差或较差扣1学习积分	教师+课代表		
任务内容学习效果	掌握得好或较好为1学习积分，一般为0分，差或较差扣1学习积分	教师+课代表+小组长		
思政目标达成度	科学的家庭教育观达成度较好为1学习积分，一般为0分，差或较差扣1学习积分	教师+课代表+小组长		

注：以学习积分为单位，每位学生有10个学习积分作为基础分，在此基础上加分或减分，考虑到后续可能出现的情况，2个学习积分为1分平时成绩，最后所有积分会折算成平时成绩。

项目总结

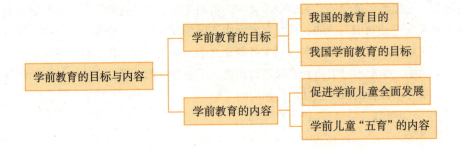

项目综合实训

1. 查阅相关资料，以"我国学前教育五育并举实施现状"为主题进行小组分享。
2. 设计一套学前儿童劳动教育的活动方案。

课证融通

一、单项选择题

1.（幼儿教师资格考试《保教知识与能力》2020上）幼儿园的（　　）应以情感教育和培养良好行为习惯为主，注重潜移默化的影响，并贯穿于幼儿生活以及各项活动之中。

A.智育　　　　　　　　　　　B.美育

C.体育　　　　　　　　　　　D.品德教育

2.(幼儿教师资格考试《保教知识与能力》2020上)儿童认为规则是有权威的人决定的,不可以经过集体协商改变。这说明儿童的道德认知处于(　　)。

　　A.习俗阶段　　　　　　　　　　　B.他律道德阶段

　　C.前道德阶段　　　　　　　　　　D.自律道德阶段

二、简答题

1.(幼儿教师资格考试《保教知识与能力》2018下)简述幼儿园美育的意义。

2.(幼儿教师资格考试《保教知识与能力》2021上)体育活动中和活动后,教师分别可以从哪些方面判断幼儿的活动量是否适切。

课证融通答案　　　　　　　拓展阅读　　　　　　　微课呈现

第二部分

0—3 岁婴幼儿
的保育与教育

项目四　0—3 岁婴幼儿保育与教育概述

项目导读

　　0—3 岁婴幼儿可划分为 3 个成长时期：出生后 0—1 个月为新生儿期，1 个月至 1 岁为乳儿期，1—3 岁为幼儿前期。对 0—3 岁婴幼儿的教育任务既有保教活动又有对教养人实施科学育儿方法的指导。教养人指家长、抚养人或是看护人以及学前教育工作者。0—3 岁婴幼儿的教育含义和特点：理念和培养的原则是学前教师必须要了解与掌握的。作为学前教师应该要理解 0—3 岁婴幼儿教育的各种方式，这样更有利于促进自身教学能力的提高。要达到良好的教育效果，必须要有正确教育原则、科学教育内容、适宜教育方法。

项目目标

知识目标

1. 知道 0—3 岁婴幼儿保育与教育的含义与特点。

2. 理解 0—3 岁婴幼儿保育与教育的原则及作用。

3. 明确 0—3 岁婴幼儿保育与教育的研究对象和内容。

4. 掌握 0—3 岁婴幼儿保育与教育的教育方式。

技能目标

1. 能够应用 0—3 岁婴幼儿保育与教育的理论知识来指导日常的教学。

2. 能运用 0—3 岁婴幼儿保育与教育的特点来分析不同类型的教育方式而产生的教育作用。

情感目标

初步形成科学的保教观念。

思政目标

扎根幼教事业，初步形成良好的师德情怀，培养乐于奉献的良好品德，为落实立德树人的根本任务奠定思想基础。

任务一　0—3 岁婴幼儿保育与教育的含义与特点

⚙ 任务描述

　　0—3 岁统称为婴幼儿期。0—3 岁婴幼儿保育是指教养人给予婴幼儿的精心照管，为婴幼儿生存、发展创设有利的环境和提供物质条件，保证婴幼儿身心健康、快乐成长。0—3 岁婴幼儿教育是指教养人根据婴幼儿身心发展的特点和社会发展要求，通过特有的形式，开展有计划、有目的教育活动来促进婴幼儿的身心发展。对 0—3 岁婴幼儿实施保教的任务，采用教养结合的方式，包括对婴幼儿和对教养人两个方面的指导。

🔗 任务准备

　　理论准备：0—3 岁婴幼儿生活观察的相关知识。
　　物质准备：环境干净、整洁、安全，做好防疫工作，疫情防控准备工作；智慧教室、仿真教室；签字笔、记录本、消毒剂；等等。

☰ 任务实施

　　与其他阶段的教育一样，0—3 岁婴幼儿保育与教育有自己独特的教育对象，以及与之相对应的独特的含义和鲜明特点。

一、0—3 岁婴幼儿保育与教育的含义

　　国内外学者看待婴幼儿发展问题的出发点各有侧重，出生后 0—1 个月为新生儿期，1 个月至 1 岁为乳儿期，1—3 岁为幼儿前期。由于 0—3 岁是一个统一、完整的发展阶段，故将 0—3 岁统称为婴幼儿期。

　　0—3 岁婴幼儿的保育与教育中，保育是指教养人给予婴幼儿的精心照管，为婴幼儿生存、发展创设有利的环境和提供物质条件，保证婴幼儿身心健康、快乐成长；教育是指教养人根据婴幼儿身心发展的特点和社会性发展要求，通过特有的形式，开展有计划、有目的的教育活动来促进婴幼儿的身心发展。因此，0—3 岁婴幼儿保育与教育的对象既是 0—3 岁婴幼儿，也包含有帮助婴幼儿健康成长的教养人。教养人利用特定保育与教育手段，形成科学教养观念，促进 0—3 岁婴幼儿身心健康发展。

（一）保教任务

　　（1）0—3 岁婴幼儿保育与教育的对象首先是 0—3 岁婴幼儿。教养人给予婴幼儿生存、发展的环境和物质条件，给予婴幼儿精心的照顾和养育，在早期最重要的是让婴幼儿的身心健康发展。通过各种活动促进婴幼儿身体正常发育以及认知、感知觉、语言、情感等的全面发展。

　　（2）0—3 岁婴幼儿保育与教育的对象还包括婴幼儿的教养人。0—3 岁婴幼儿的教养人应对婴幼儿的身体进行精心照顾，与婴幼儿进行情感沟通、实施智力的开发和引导、开展日常的

活动，最终使婴幼儿形成良好的行为习惯。教养人的思想决定了教养人的教养方式，教养方式又直接影响着婴幼儿的身心发展。因此，提升教养人的指导能力至关重要。婴幼儿早期的教养人，主要是父母或近亲属。可能大部分并不具备科学的育儿理念、知识和能力，家庭教育观念和方法上往往缺乏计划性、科学性，因此有必要加强对婴幼儿教养人的指导。

（二）教育的内容

0—3 岁婴幼儿早期教育内容和其他教育方式有所不同，主要表现在保育为先、教育在后，保教结合。0—3 岁婴幼儿的"教"与"养"，首先要做好保育工作，要以科学喂养、日常护理、卫生保健及意外伤害预防等为重要和基础的内容；其次是教育，婴幼儿认知、动作、情感、语言和社会性等方面的教育，是在保育的基础上得到发展的。因此，0—3 岁婴幼儿保育与教育应把婴幼儿的安全、健康及养育工作放在首位，必须做到保中有教，教中重保，努力做到"科学养育，教养结合"。"教养"是一个整体概念，"教"和"养"是从保育和教育两个方面同时对0—3 岁婴幼儿产生整体的影响。

二、0—3 岁婴幼儿保育与教育的特点

0—3 岁婴幼儿保育与教育最重要的是教养要适合婴幼儿的身心发展状况和个体的需要，注重自然的生活环境，最好的教养是给予婴幼儿最适宜、最充足的资源，在教养的过程中要关注每一个婴幼儿，以"情感关爱"作为教养的核心。作为教养人要从以下 4 个方面对 0—3 岁婴幼儿保育与教育的特点进行了解。

（一）保教并重，保育先于教育

保育侧重点在为婴幼儿个体生存、发育创设有利的环境和提供物质条件，给予婴幼儿精心的照顾和养育使婴幼儿健康快乐成长。而教育是指早教教师和教养人根据婴幼儿身心发展的特点和社会要求，通过特有的形式，开展有计划、有目的教育活动来促进婴幼儿的身心发展。但保证婴幼儿的身心健康是第一位的，因此保育先于教育，最终才能达成保教并重。

第一，0—3 岁是婴幼儿内在生长发育最快的一个时期，外在作用整体有一定影响但对生长发育的个别地方却影响不大。

第二，0—3 岁是婴幼儿成长阶段最稚嫩、最需要照顾的时期，婴幼儿需要教养人的生活照料和情感呵护。教养人不仅要在饮食起居上用心照顾婴幼儿，更要在情感上满足他们，促进婴幼儿身体与心理健康发展。

第三，0—3 岁婴幼儿具有内在发展驱动力，教育应该与其充分的配合。教育虽不能改变婴幼儿所经历的发展阶段顺序，但却可能带来发展速度的差异。为此，教养人应在提供适宜的生活照料、情感满足的基础上，关注婴幼儿发展的个体差异和转折点，促进婴幼儿的充分发展。婴儿期是人身心发展的第一个飞跃期，在 0—3 岁期间，婴幼儿的神经系统、语言、感知动作、情绪和社会化都有质的发展。在早期教育中，教养人的处事方式、人际关系、情感沟通和人格力量都融化在与婴幼儿的每日接触之中，也都在"润物细无声"地影响着他们，让婴幼儿在潜移默化中感受学习。

（二）寓教于生活

"学习"是指个体在事先准备好的环境中，有组织、有纪律地主动参与认知活动，它与自然、自发的生活活动有本质的区别。生活应多于学习是指生活与参与计划安排的、有目的学习活动相比，0—3岁婴幼儿在生活中与教养人的亲密互动更符合婴幼儿的身心发展特点，更有利其健康成长，主要呈现在两个方面。

第一，0—3岁婴幼儿阶段的重点是生活，这个阶段是婴幼儿发展的最好时期。例如，婴幼儿出生后，睡眠时间几乎占全天的80%—90%；1岁时一般一天睡觉的次数会在3次以上，睡眠时间可以达14小时以上；2岁时每天可以睡到11—13小时；3岁时每天睡到10—12小时。充足的睡眠使得他们快速成长，所以0—3岁婴幼儿睡眠质量如何、营养是否均衡等是教养人最关心的问题。

第二，0—3岁婴幼儿的认知发展特点决定了他们只能在直接感知的生活事件中获得学习。婴幼儿的成长是对周围生活的认识过程，为婴幼儿未来的学习和生活奠定基础。婴幼儿学习的首先是与生活直接相联系的，能直接体验、感知和经历的生活事件。因此，学习"生活"是早期教育的重点，在生活中，婴幼儿学会感知、学会发现，在生活中不断成长，同时，婴幼儿的身心发展状况也要求婴幼儿首先需要学习适应真实的生活。例如，婴幼儿通过感受四季花草树木的变化从而认识季节变化规律，从生活中选取活动内容，既可以使婴幼儿感到亲切、熟悉，又符合他们的心理特点。

（三）教育的形式侧重于个别教育

对0—3岁婴幼儿进行个别教育，建立在对婴幼儿个性尊重的基础上，从以教材、教师为中心转变为以学生为中心，真切关照每个学生潜能开发、个性发展。

一方面从个体差异性出发。在婴幼儿教育中，婴幼儿教师要充分认识到婴幼儿之间存在的差性，重视发展婴幼儿共性的同时，重视婴幼儿的个性发展，使每个婴幼儿都能够积极地参与到教养活动中。教师应充分认识和了解到婴幼儿存在的态度、认知、学习动机以及能力之间存在的差异，并且有意识、有目的地培养婴幼儿与他人进行交流和沟通的能力，并能够与同伴之间形成一种良好的合作关系。教师还应有意识地提高婴幼儿的胆识、勇气，使婴幼儿积极地展现自己才能，教师应注重针对不同的婴幼儿给予个别化的指导，使所有婴幼儿都能获得相应的情感表达和体验。因此，教师要选择合适的时机对婴幼儿进行个别化教育，使婴幼儿能够得到个性化的发展。

另一方面从婴幼儿的发展需求出发。教师为给婴幼儿提供更多自由展示自己的机会，并且实现培养婴幼儿的发现、分析以及解决问题的能力，应精心设计出难度程度不同的学习任务，让孩子能够根据自己的兴趣、爱好中实现认知知能力和永平自由选择学习方式，使婴幼儿能够在研究和探索以及解决问题的过程中实现自我提升。

（四）目标中情绪、情感重于认知

情绪、情感是婴幼儿适应生存的重要心理工具，也是婴幼儿表达内心需要的外部表现。良好的情绪有利于婴幼儿的学习、人际交往、自我意识的产生和个性的形成。婴幼儿的情绪、情感与其生理需要是否得到满足具有直接的联系，并且在成长与不同环境的影响下逐渐分化与丰富。在早期教育阶段，教养人应是重点关注婴幼儿的情绪、情感状态，如婴幼儿在活动过程中是否体验到愉悦、是否加深了与父母的依恋等。事实上，与语言、认知等方面的发展相比，情绪、情感在0—3岁期间发展得更快。3岁时，幼儿复杂的情绪反应已足以应对外部世界的生活，是他们与外界联系的重要枢纽，是其认知、语言及社会性发展的动力。积极的情绪、情感为婴幼儿良好个性的萌芽奠定了基础。教养人应该重视婴幼儿的情绪、情感发展，这既是婴幼儿特定时期心理发展的需要，也是其未来全面发展的需要。

◎ 任务检测

一、单项选择题

1.0—3岁婴幼儿阶段的重点是（　　），是婴幼儿发展的最好时期。

　A.生活　　　　　　　　　　　　B.游戏

　C.教育　　　　　　　　　　　　D.情感

2.0—3岁婴幼儿愉悦情绪体验的重要性表现在（　　）、语言等方面的发展上。

　A.认知　　　　　　　　　　　　B.动作

　C.自我意识　　　　　　　　　　D.教育

3.婴幼儿的认知发展特点决定了他们只能在（　　）的生活事件中获得学习。

　A.早期教育　　　　　　　　　　B.直接感知

　C.间接感知　　　　　　　　　　D.直接体验

任务检测答案

二、简答题

0—3婴幼儿的保育与教育具有什么特点？

◎ 任务评价

"0—3岁婴幼儿保育与教育的含义与特点" 评价表				
指标	评价标准	考核者	说明	评分
预习任务、课后任务的完成情况	完成好或较好为1学习积分，一般为0分，差或较差扣1学习积分	教师+课代表或小组长	具体评价内容及对应分值以一次具体任务为准	
教学过程中的表现	乐于思考、积极主动性强、笔记较好等为1学习积分，一般为0分，差或较差扣1学习积分	教师+课代表		
任务内容学习效果	掌握得好或较好为1学习积分，一般为0分，差或较差扣1学习积分	教师+课代表+小组长		
思政目标达成度	教师职业教学素养达成度较好为1学习积分，一般为0分，差或较差扣1学习积分	教师+课代表+小组长		

　　注：以学习积分为单位，每位学生有10个学习积分作为基础分，在此基础上加分或减分，考虑到后续可能出现的情况，2个学习积分为1分平时成绩，最后所有积分会折算成平时成绩。

任务二　0—3 岁婴幼儿保育与教育的原则、作用及方式

⚙ 任务描述

　　0—3 岁婴幼儿的保育与教育是一个整体、系统的工程，涉及婴幼儿全面发展的各个方面；教育的对象不仅涉及婴幼儿，也包括教养人；同时发生在家庭、早期教育机构和社区中。因此，0—3 岁婴幼儿保育与教育的内容具有一定的独特性，对于 0—3 岁的婴幼儿的保育与教育要遵循安全性原则、自然性原则、适时性原则、趣味性原则、赏识性原则、榜样性原则等。抓住这一婴幼儿的敏感关键期，促进婴幼儿大脑智力、语言、动作、认知的良好发展。

🔗 任务准备

　　理论准备：0—3 岁婴幼儿生活观察的相关知识。
　　物质准备：环境干净、整洁、安全，做好防疫工作，疫情防控准备工作；智慧教室、仿真教室；签字笔、记录本、消毒剂等。

☰ 任务实施

　　遵循正确的教育原则、选择科学的教育内容、运用适宜的教育方法是达成良好教育效果的重要基础。0—3 岁婴幼儿保育与教育的原则、作用与方式有何独特性，应该如何理解、把握与实施，是每个教养人必须掌握的核心内容。

一、0—3 岁婴幼儿保育与教育的原则

　　婴幼儿保育与教育的原则是在总结婴幼儿保育与教育经验的基础上，根据相应的教育目的和对婴幼儿保育与教育活动规律的认识而制订的，是婴幼儿保育与教育活动中必须遵循的基本要求和行动准则。正确理解和掌握这些原则，是做好婴幼儿保育与教育的前提条件。0—3 岁婴幼儿保育与教育的原则主要包括以下 6 个方面。

（一）安全性原则

　　婴幼儿自身抵御危险的能力非常低，意外事故是造成婴幼儿受伤乃至死亡的最大杀手，安全性原则是婴幼儿生活的首要原则。安全性原则是指教育过程中应保证婴幼儿的身体健康、心情愉悦，身心和谐发展，是保证婴幼儿保育与教育工作顺利开展的前提条件。安全性原则具体包括以下 4 点。

1.树立"安全第一"的理念

　　教养人安全意识的薄弱是婴幼儿发生危险的主要原因，每一位教养人都应该树立"安全第一"的理念，提高安全意识，掌握安全自救的知识。教养人必须为婴幼儿营造安全生活的环境，如保证家庭中的设备安全、玩具安全、饮食起居等安全，同时要及时消除生活中存在的安全隐

患，为婴幼儿营造一个舒适安全的生活环境。教养人要学习一些安全自救的常识，如骨折、烫伤、意外伤害等相关基本护理知识。

2.选择安全的教育方式、方法

选择安全的教育材料、途径和方法，尽可能避免危险的产生，如选择无毒的、零件安装稳固、个体圆滑的玩具。

3.渗透安全知识

教养人在婴幼儿进行活动时必须首先教授安全注意事项，树立婴幼儿安全观念。通过一些浅显易懂的图片、漫画、照片等对婴幼儿进行潜移默化的安全教育，渗透交通安全、防火、防触电等相关常识，生活中引导幼儿上下楼梯不乱跑、不爬高，不跟陌生人接触等。

4.增强婴幼儿体能训练

在婴幼儿能够接受的前提下，注重婴幼儿体能的训练，达到强身健体的效果，为其自我保护提供必要的条件，如抬头运动、手部运动、翻身训练、爬行、走步等。0—3岁婴幼儿正处于身体和头脑发育的关键时期，体能训练能够有效地帮助婴幼儿养成良好的运动锻炼生活习惯，提高身体的素质，促进其健康成长。同时，训练婴幼儿走、跑、跳等运动技能，可以促进幼儿身体的协调发展，增强婴幼儿力量、柔韧、速度、耐力等多方面的身体机能。

（二）自然性原则

自然性原则是指教育应尊重并顺应婴幼儿的自然特点，不随意改变婴幼儿成长规律。古希腊哲学家亚里士多德第一个提出了"教育遵循自然"的观点，捷克教育家夸美纽斯也在《大教学论》中提出了自然适应性原则。为实现自然性原则，教养人应注意以下3点。

1.了解婴幼儿生长发育的客观规律

认识婴幼儿生长发育的不同特点是婴幼儿保育与教育活动开展的前提条件。教养人必须了解婴幼儿身体发育和心理发育的特点，提供与发育相适宜的教养活动。首先要了解婴幼儿生长发育的特征，生理方面如身高、体重、器官的发育；心理方面如语言词汇、记忆力、认知、推理和社会交往能力的变化等。婴幼儿的身心发展有其独立的特征。其次要了解生长发育的任务，这一阶段婴幼儿学习的主要任务是学会走路、学习食用固体食物、学习说话、学习控制排泄技能、学习认识自身器官和有关性别的行为、学习与人交往和控制情绪、学习判断是非、完成生理机能的稳定、形成社会与个体的简单概念等。最后要了解婴幼儿生长发育的规律：①婴幼儿生长发育有连续性和阶段性，年龄越小体格增长越快。出生后6个月内生长最快，尤其是出生3个月内。②各系统器官发育不平衡。各系统发育快慢与不同年龄生理功能有关。③婴幼儿生长发育一般遵循由上到下、由近到远、由粗到细、由低级到高级、由简单到复杂的规律。如运动是先抬头，后挺胸，再会坐、站和走；先抬臂和伸臂，后控制双手的活动；先控制腿，再控制脚的活动等。④生长发育在一定范围内受先天和后天因素的影响而存在差异。因此婴幼儿生长发育是否正常应考虑各种因素对个体的影响。

2.尊重不同婴幼儿的个性特点

0—3岁婴幼儿具有明显的个性差异，教养人应当尊重其个性特点。婴幼儿在兴趣爱好和能力上均有差异，可能在感知能力、注意力和记忆力等认知能力方面呈现出不同水平。教养人要重视婴幼儿身心发展和学习特点，关注个别差异，促进每位婴幼儿有个性地发展。只有真正了解每位婴幼儿的个性特点和潜在才智，因材施教，个性化培养和教育，才能更好地搭建婴幼儿个性发展的桥梁。

3.提供符合"最近发展区"的保育与教育内容

维果茨基的"最近发展区"理论说明，婴幼儿保育与教育必须着眼于他们的"最近发展区"，教养人应该对此了解，并采取与之相对应的保育与教育的内容和方法。教养人应保持自然平和的心态对待婴幼儿的成长，保教内容的选择应确保婴幼儿稍做努力即可达到，切忌揠苗助长，否则不仅不能达到教育目的，还可能给婴幼儿造成人为压力，使之产生挫折感。不良的情绪反应会抑制婴幼儿的积极性，影响保育与教育效果。

（三）适时性原则

适时性原则指保育与教育工作应抓住婴幼儿发展的关键时期，包括适当的时间、适当的心理状态，有针对性地加以引导和培养，从而取得事半功倍的教育效果。为把握适时性原则，教养人应做到以下3点。

1.遵循儿童身心发展的规律

教养人开展保育与教育活动时既要抓住婴幼儿发展的关键时期，也不能忽略儿童自身发展"大纲"，保育与教育要做到既不超前，也不滞后。

2.运用0—3岁婴幼儿发展的敏感期

意大利幼儿教育家蒙台梭利提出了儿童发展的敏感期。所谓敏感期是指儿童成长过程中受内在生命力的驱使，在某个时间段内，反复操作某一动作或反复学习某一项能力，并且学习能力特别强的时期，也是影响儿童心灵、人格发展的关键时期。

在敏感期内，婴幼儿受内在生命力的驱使，对形成某些能力和行为的环境影响特别敏感，这段时期成为特定能力和行为发展的最佳时期。这一时期是婴幼儿学习效果最佳的时期，同时，既是婴幼儿学习的关键期，也是影响其性格、思想的发展的最好时期。因此，教养人首先要结合婴幼儿身心的发展规律，巧妙地运用敏感期带来的宝贵发展动力，全面促进婴幼儿的发展；其次要根据婴幼儿个体发展的差异性，以及每个婴幼儿的敏感期各不相同，发展程度的差异，从而采取不同的教育形式；最后针对婴幼儿的各种能力与其对应的敏感期，抓住机会开展保育与教育工作，全面发展婴幼儿的各种能力，做到循序渐进，最终达到"润物细无声"的教育效果。

3.坚持婴幼儿的全面、持续发展

持续性教育要求对婴幼儿进行全面、持续的教育，全面发展并非泾渭分明、互不联系，而是相互交织的。

（四）趣味性原则

0—3岁婴幼儿年龄小，注意力极易分散，婴幼儿保育与教育必须贯彻趣味性原则，以有效吸引婴幼儿的注意力。趣味性原则指教养人通过各种方式激发幼儿学习兴趣。趣味性主要体现在以下3个方面。

1.内容的趣味性

为达到保育与教育目的而实施的各种富于趣味性活动，以引起婴幼儿的兴趣，使其产生探究欲望。

2.方法的趣味性

通过选择富于趣味性的方法，使婴幼儿保育与教育达到事半功倍的效果，如用做游戏、讲故事等婴幼儿感兴趣的方法进行保育与教育，寓教于乐。

3.手段的趣味性

保育与教育手段是教养人对婴幼儿开展保育与教育所选择的内容和各种教育的方式的总和。例如，教育场所的选择体现生活性，如选择家庭、小区等场所；充分调动婴幼儿多种感官的参与探索，以便有效引起婴幼儿的注意。

（五）赏识性原则

赏识性原则指教养人在对婴幼儿保育与教育过程中，侧重给予婴幼儿充分的尊重、理解、信任和赏识，激发其探索发现的兴趣，增强婴幼儿愉快的心理体验，纠正不良行为，形成良好行为习惯。教养人要注意捕捉婴幼儿的优点，及时地鼓励婴幼儿，强化他们的优点，让婴幼儿树立自信心。赏识教育原则应通过以下3个方面实现。

1.尊重理解婴幼儿

婴幼儿虽然身心稚嫩，但每个人都是独立的个体，具有自身的特点与独特的思想，并非是被动接受教养人灌输的"容器"。因此，教养人应与婴幼儿处在平等的位置上，尊重与理解婴幼儿的行为与想法。

2.激励信任婴幼儿

赏识就是让教养人发现婴幼儿的优点，相信每一个婴幼儿都有自身的优点，教养人要顺应婴幼儿的特点，切忌急躁，应及时发现婴幼儿的良好行为，并给以适当的激励。

3.宽容对待婴幼儿

婴幼儿在探索发现的过程中难免会出现错误，教养人在态度上要宽容，要允许他们犯错误，允许学习过程缓慢。宽容的态度有利于婴幼儿获得安全感，激发自身潜能。

（六）榜样性原则

婴幼儿教育的核心在于日常生活的潜在影响与榜样的参照作用。榜样性原则是指在婴幼儿保育与教育过程中，教养人要树立自身的榜样形象，用积极正确的行为、事物引导和教育婴幼儿。一方面，教养人以自身良好的言行做婴幼儿的榜样，身体力行，表里如一。另一方面，教养人也可树立其他正面榜样。教养人应及时肯定婴幼儿的积极行为，也可利用电视、电影、故事书等中艺术人物的榜样力量，使艺术人物的良好品格和行为对婴幼儿产生教育作用。

二、0—3岁婴幼儿保育与教育的作用

0—3岁是婴幼儿身体发育的关键时期，也是婴幼儿多敏感期集中的时期，同时也是大脑

发育最快的时期，这个时期大脑变化最大，可塑性强。如果在这个阶段教养人对婴幼儿的大脑输入丰富的信息，就可以有效刺激大脑发育。如果对婴幼儿的视听感知能力、手眼协调能力、嗅觉感知能力和身体协调能力及时进行锻炼，婴幼儿保育教育的作用就会取得良好的教育效果。作用主要呈现在以下 5 点。

（一）助于 0—3 岁婴幼儿大脑的可塑性发展

婴幼儿的大脑在胎儿时期基本的结构基因发育完毕，但一些脑组织和相应的功能不太完善，需要现实中的刺激给予锻炼完善。同时，大脑的神经细胞具有"一次性完成"的特点，婴幼儿出生的时候其大脑已经具有 130 亿—180 亿个神经细胞，只是还没有形成大脑各区间错综复杂的交织。婴幼儿的大脑在成长过程中，经过周围环境给予大量的刺激，也会逐渐成熟起来。这一过程大约在婴幼儿 1 岁前就会完成，而在 6 岁的时候，大脑发育基本达到成人水平。所以婴幼儿大脑发育的关键时期是 3 岁以前，而 1 岁前更是关键，它是婴幼儿大脑发育飞速发展的时期，也是婴幼儿大脑可塑性最强的时期。

（二）养成 0—3 岁婴幼儿良好的饮食习惯和卫生习惯

教养人在婴幼儿 0—3 岁的不同时期，通过科学喂养，提供充足、均衡的营养，满足婴幼儿发展的营养需求，从而培养其形成良好的饮食习惯。在婴幼儿 0—3 岁时，生活不仅是婴儿的全部，也是他们生理发育的必要途径，因此教养人需为婴幼儿提供良好的睡眠、卫生、运动等生活护理，帮助婴幼儿养成良好的卫生习惯。

（三）促成 0—3 岁婴幼儿动作发展

在婴幼儿期，由于语言能力有限，婴幼儿的心理发展水平更多通过动作反映出来，婴幼儿的动作发展是其活动发展的前提。从时间上看，婴幼儿出生后第 1 年的动作发展取得重大突破，尤其是手的动作并能直立行走；出生后第 2 年动作发展相对稳定；出生后第 3 年又是迅速发展的时期。教养人通过训练婴幼儿大肌肉动作发展、精细动作发展以及日常生活自理动作的发展，最终促成婴幼儿动作的协调发展。

（四）促成 0—3 岁婴幼儿认知发展

认知发展是婴幼儿发展的中心任务，婴幼儿认知发展的主要特点是具体形象性和不随意性占主导地位。婴幼儿认知发展教育中涉及感知、注意、记忆、思维等方面的教育。教养人通过教育培养婴幼儿视觉、听觉、味觉、嗅觉、触觉的发展，在注意力方面促进婴幼儿从无意注意向有意注意发展；在记忆力方面从短时记忆向长时记忆、从再认向再现发展；在思维方面从简单反射向心理表征发展。

（五）促进了 0—3 岁婴幼儿语言的发展

0—3 岁阶段是婴幼儿语言发展的敏感时期，婴幼儿在此阶段逐步完成与教养人的分化语言交际的跨越。教养人对婴幼儿语言的培养促进其语音、词、词组、句子的发展，帮助婴幼儿注意倾听、理解句子、清楚表达、早期阅读等。

三、0—3岁婴幼儿保育与教育的方式

面向0—3岁婴幼儿的教育方式，主要有家庭教育、托儿所教育、托儿班教育及亲子园教育。

（一）家庭教育

不同的研究者对家庭教育有不同的定义和界定。主流认为家庭教育是指父母及其他年长者在家庭中自觉地有意识地对未成年子女或年幼者实施的教育和影响。家庭教育中的教养人主要是父母，还可能有家庭中的其他亲属。家庭教育与家庭环境影响的本质区别在于前者是自觉的有意识的，而后者是自发的无意识的。

家庭教育分为言传、身教和家风影响。言传指的是通过语言（口头语言或书面语言）讲道理、提要求，使婴幼儿懂得该怎么做，为什么要这么做。身教指的是教养人身体力行，给孩子做出榜样，以树立自身的威信，增强教育的效果。家风影响是指婴幼儿的学习成长环境对婴幼儿的潜移默化的作用。

婴幼儿并不是被动的、消极的接受者，教养人与婴幼儿只有做好想法沟通、情感交流和行为相互理解，才能达成家庭教育的双向互动，最终取得教育的良好效果。

（二）托儿所教育

在二十世纪五六十年代，我国开办了一些托儿所，接收对象为3岁以下婴幼儿，托儿所由卫生部门领导，贯彻"以保为主，保教并重"的方针，把保障婴幼儿健康作为托儿所的首要任务。

托儿所按年龄分班，10个月以内为哺乳班，10—18个月为托小班，19—24个月为托中班，2—3岁为托大班；托中班以下的班级人数一般为15—18人，托大班为20—25人。规模较小的托儿所或哺乳室，可将相近的儿童编为混合班，分组活动。婴幼儿与保教人员之比一般为哺乳班、乳儿班、托小班全托为3:1—3.5:1；托中班和托大班全托为4:1—4.5:1，日托为6:1—7:1。

1981年颁发的《三岁前小儿教养大纲（草案）》对托儿所教育工作的任务、教养原则、教育内容和方法做出说明和规定。

20世纪80年代以后，随着计划生育政策的实行以及社会主义市场经济的发展，3岁前婴幼儿教养的方式发生了一些变化。

（1）托儿所受托年龄逐渐提高为1.5—2岁。

（2）幼儿园普遍增开托班，招收2—3岁儿童，面向社会招生。

（3）亲子早教机构、全程班或育婴班出现，接收年龄小于2岁或2岁半的婴幼儿入托。这类机构的特点是规模较小、班级的儿童人数较少，而保教人员的配备比普通托班更全面。

（4）私托站增多，有收费低廉、接送方便等特点。

（三）托儿班教育

改革开放以来，托儿所收生年龄逐渐提高至1—2岁。托儿所由3个年龄班变成1个年龄班，婴幼儿总量减少，机构规模缩小而成为托班。同时，托幼一体化办园模式的推广，使得许多幼儿园开办托班，招收2—3岁的婴幼儿，分流了原托儿所的生源，使一些独立建制的托儿所逐渐萎缩，而举办各种托儿班。为了提高托儿班教育质量，学前教师必须按下列要求来开展工作。

（1）要了解每位婴幼儿的年龄、发育状况和家庭背景。了解婴幼儿在生活、学习、性格和交往方面的表现，以便更有针对性地对每个婴幼儿进行教育，使他们都能得到较好的发展。

（2）关爱每一个婴幼儿，使自己较快地成为每个婴幼儿安全依恋的对象。研究表明，安全型依恋能促进婴幼儿社会性和智力的发展，提高婴幼儿利用学习机会的能力。婴幼儿与教养人之间的情感交流能够增进婴幼儿未来的心理健康。而且有关研究认为，婴幼儿与托幼机构中的学前教师的早期关系日益成为一个重要的预测目标。它可以预测婴幼儿与同伴的关系、婴幼儿的行为问题和日后在学校的学业成绩。

（3）要细心观察、了解婴幼儿的行为，对婴幼儿的表现及时做出回应。

（4）了解婴幼儿的发展进程，对婴幼儿的变化和进步做出积极的反馈，以鼓励他们的学习热情。

（5）要不断地学习、实践、反思，不断总结经验，在与家长和同行的互动中达到自身专业的成长。

婴幼儿早期是一个动作、语言、认知、情感、社会性产生重大变化的时期，这种变化必须有环境的支持。这种支持不仅表现在婴幼儿有机会与促进多种能力发展的物质环境互动，还表现在教养人对婴幼儿需求的敏锐回应，能更有效地促进婴幼儿的学习和发展。

（四）亲子园教育

亲子园最早始于 20 世纪 80 年代末，是我国初期的亲子早教机构。它因为填补了 0—3 岁教育的阶段性空白而受到家长，尤其是 1—2 岁婴幼儿家长的欢迎。

亲子园，顾名思义是家长和 0—3 岁的婴幼儿共同成长的园地。在亲子园里，有适合婴幼儿的活动空间，有适合婴幼儿潜能全面发展的物质环境，有具备教学经验的学前教师。亲子园按年龄段分班，每班约 8—10 人，由家长陪同婴幼儿按照课程教学安排时间来园参加亲子活动，接受学前教师关于早教课程内容的现场指导。教学活动往往以活动的形式来开展，这种动态现场参与和学习，比传统的静态的说教式的学习，更有助于教养人育儿理念的提升和行为的改善。由此可见，亲子园的教育，既是面向婴幼儿的，更是面向教养人的。

当前的亲子园有两大类，一类是兴起于 20 世纪 90 年代的各种类型的商业性早教机构，这类机构可能有基础或许多加盟园，在硬件、班额、课程、师资配备以及灵活性服务方面都力求办出特色。近年来一些有条件的亲子园都开设"全程班""育婴班"，实行亲子分离的全天候教养，收生年龄比托班小。多样化的服务满足有不同要求的家庭，尤其是一些高收费的高档亲子园，受到高收入人群的欢迎。但也因此提高了早教成本，出现了过度教育和超前教育的倾向，使婴幼儿在亲子园的受益面变得有限。

另一类是依托了幼儿园的亲子班，又称园中园。除了每星期有五天为全日制的 3—6 岁学前儿童服务外，每周的双休日还对 0—3 岁婴幼儿开设亲子班。亲子班可以分享全日制幼儿园的师资和物质资源。这种园中园具有优质资源，又有其质优价廉的服务，备受教养人和婴幼儿的喜欢，发展态势良好。

一些经济发达而又重视教育的地区，把对 0—3 岁婴幼儿的教养人进行科学育儿指导的任务落实到社区，尝试以社区、政府和教育行政部门牵头，有领导、有组织地整合各种早教资源，为社区各阶层的 0—3 岁婴幼儿和教养人提供早教服务，并将此列为建构和谐社区的工作内容，还有准妈妈学校、育儿咨询、上门指导、跟踪测评、父母课堂、资料借阅、网上互动等。

任务检测

一、单项选择

1.根据维果茨基的理论，婴幼儿保育与教育必须着眼于他们发展的（　　），教养人应该对此了解，采取与之相对应的保育与教育的内容和方法。

A.最近发展区　　　　　　　　B.敏感期

C.自然时期　　　　　　　　　D.关键时期

2.婴幼儿发展的绝大多数敏感期的开端集中在（　　），如大脑、动作、语言、感知等方面的敏感期，教养人应了解各个敏感期出现的时间，顺应敏感期才能得到良好的保育与教育效果。

A.3岁以前　　　　　　　　　B.4岁以前

C.5岁以前　　　　　　　　　D.6岁以前

3.在婴幼儿期，由于语言能力有限，婴幼儿的心理发展水平更多通过（　　）反映出来。

A.语言　　　　　　　　　　　B.动作

C.神情　　　　　　　　　　　D.感知

二、简答题

简述0—3岁婴幼儿保育与教育的原则。

任务检测答案

任务评价

	"0—3岁婴幼儿保育与教育的原则、作用及方式"评价表				
指标	评价标准	考核者	说明	评分	
预习任务、课后任务的完成情况	完成好或较好为1学习积分，一般为0分，差或较差扣1学习积分	教师+课代表或小组长			
教学过程中的表现	乐于思考、积极主动性强、笔记较好等为1学习积分，一般为0分，差或较差扣1学习积分	教师+课代表	具体评价内容及对应分值以一次具体任务为准		
任务内容学习效果	掌握得好或较好为1学习积分，一般为0分，差或较差扣1学习积分	教师+课代表或小组长			
思政目标达成度	教师教育情怀、师德品质形成达成度较好为1学习积分，一般为0分，差或较差扣1学习积分	教师+课代表+小组长			

注：以学习积分为单位，每位学生有10个学习积分作为基础分，在此基础上加分或减分，考虑到后续可能出现的情况，2个学习积分为1分平时成绩，最后所有积分会折算成平时成绩。

 **项目总结**

```
                        ┌─ 0—3岁婴幼儿保育与教        ┌─ 0—3岁婴幼儿保育与教育的含义
                        │   育的含义与特点            │
                        │                            └─ 0—3岁婴幼儿保育与教育的特点
0—3岁婴幼儿保育与教育概述 ─┤
                        │                            ┌─ 0—3岁婴幼儿保育与教育的原则
                        │   0—3岁婴幼儿保育与教        │
                        └─ 育的原则、作用及方式       ├─ 0—3岁婴幼儿保育与教育的作用
                                                     │
                                                     └─ 0—3岁婴幼儿保育与教育的方式
```

 **项目综合实训**

请根据国务院办公厅《关于促进3岁以下婴幼儿照护服务发展的指导意见》（国办发〔2019〕15号）自行设计一个0—3岁婴幼儿早教活动的方案。

 **课证融通**

一、选择题

1.（2021年育婴师资格考试）（   ）是婴儿教育生理基础。

    A.人的运动发展　　　　　　　　　B.人脑发展

    C.个体发展关键期　　　　　　　　D.人神经系统发展

2.（2021年育婴师资格考试）言语发展早期阶段两个时期是（   ）。

    A.0—2岁言语发生期和2—3岁言语初步发展期

    B.0—3岁言语发生期和3—6岁言语初步发展期

    C.1—2岁言语发生期和2—3岁言语初步发展期

    D.0—1岁言语发生期和1—3岁言语初步发展期

3.（2021年育婴师资格考试）婴儿最基础（   ）活动说明了婴儿活动多样性。

    A.游戏　　　　　　　　　　　　　B.大运动

    C.观察　　　　　　　　　　　　　D.思索

4.（2021年育婴师资格考试）婴儿喜爱反复玩一个玩具，反复做一个游戏，反复听一个故事，表现了（   ）这条原则。

    A.差异性　　　　　　　　　　　　B.活动性，游戏性

    C.反复性　　　　　　　　　　　　D.整体教育思想

5.（2021年育婴师资格考试）观察评价是以（   ）为依据。

    A.婴儿认知能力

    B.婴儿身体情况

    C.评价人员经验

    D.不一样年龄段婴儿有不一样行为表现规律，对照各领域发展情况，评定婴儿发展水平

二、简答题

1.（幼儿教师资格考试《保教知识与能力》2021上）婴幼儿调节负面情绪的主要策略有哪些？

2.（2021年育婴师资格考试）婴幼儿生长发育的一般规律是什么？

课证融通答案

拓展阅读

微课呈现

项目五　家庭教育及其指导

　　家庭教育是家长有意识地通过自己的言传身教和家庭生活实践，对婴幼儿施以一定教育影响的社会活动，亲子教育是"亲"与"子"两者都应该受到教育，使婴幼儿得到良好的发展，使家长成为合格的教养人，是家庭教育的深化和发展。本项目任务一概述了家庭教育的含义与意义；归纳了家庭教育的原则与方法；阐述了教师指导家长进行家庭教育的含义；针对家长进行家庭教育指导的相关内容，指出当今教师在引导家长进行家庭教育存在的问题，并提出教师对家长进行家庭教育指导应遵循的原则与要求；总结归纳了家庭教育指导家长的任务与方法。亲子教育是家庭教育的重要组成部分，任务二进一步阐述了亲子教育的含义、意义及形式；归纳总结了亲子教育的特点与内容；指出亲子教育存在的问题并提出建议；简单概述了亲子教育活动的设计与指导。

项目目标

知识目标

1.明确家庭教育含义、特点、原则及方法。

2.了解家庭教育指导的要求、意义、原则和任务。

3.了解亲子教育的含义、意义、形式、特点及内容。

4.明确亲子教育存在的问题。

技能目标

1.掌握家庭教育指导方法。

2.根据家庭教育指导要求，提升自身指导能力。

3.能够设计一个完整的亲子教育活动。

情感目标

意识到家庭教育和亲子教育在婴幼儿发展过程中的重要意义。

思政目标

树立科学的家庭教育和亲子教育观。

任务一　家庭教育概述及对家长的指导

⚙ 任务描述

家庭教育有广义与狭义之分，广义的家庭教育是指家庭中各成员之间的教育与相互影响；狭义的家庭教育指家长对婴幼儿实施的教育，这也是传统意义上的家庭教育。学生应明确家庭教育的概念、意义、原则及方法、掌握家庭教育指导的含义与意义、明晰当前家庭教育指导存在的问题，用正确的家庭教育的方法指导家庭教育实践。

🔗 任务准备

理论准备：学生对家庭教育含义、意义及方法有一定的理解。

物质准备：做好疫情防控准备工作；智慧教室、仿真教室。

☰ 任务实施

一、家庭教育概述

（一）家庭教育的含义

家庭在婴幼儿的发展中扮演着至关重要的角色，承担着为社会造就人才的任务。家庭是由婚姻、血缘或收养关系组成的社会生活的基本单位。

家庭教育是人类全部教育活动的重要组成部分，在整个教育体系中它与学校教育和社会教育同样占据着举足轻重的位置。学者们从不同的角度出发，对家庭教育的界定不同。顾明远教授在《现代教育大辞典》中将家庭教育界定为家庭成员之间的相互教育，通常多指父母或其他年长者对儿女辈进行的教育；赵忠心先生认为，家庭教育主要是指在家庭里，不论是父母对子女、长者对幼者、幼者对长者，一切有目的、有意识施加的影响都是家庭教育；杨宝忠教授认为，家庭教育是指在人类社会家庭生活中，家庭构成人员之间的终身持续不断的一种教育和影响活动，它既包括家庭成员之间自觉的或非自觉的、经验的或意识的、有形的或无形的多重水平上的影响，又包括家庭的社会背景、家庭的生活方式和家庭环境因素对其成员产生的主体影响。在家庭生活的不同时期，这种影响的侧重点不同。

综合各方观点可以发现，家庭教育的概念主要有广义与狭义之分，广义的家庭教育是指家庭中各成员之间的教育与相互影响；狭义的家庭教育指一个家庭的长辈对晚辈实施的教育，这也是传统意义上的家庭教育。

0—3岁是个体成长发展的开端，家庭是0—3岁婴幼儿早期教育与养育的主要场所，是婴幼儿的第一所学校，家长是婴幼儿的第一任老师，是婴幼儿身心发展、健康成长的根本保障。

0—3岁婴幼儿家庭教育是指在家庭生活中，主要由家长根据0—3岁婴幼儿身心发展特点进行的养育和施加的教育影响，是一个人终身教育的组成部分，是婴幼儿最早接触的一种非正规教育。教育的实施者主要是父母或其他亲属，教育的内容一般包括保育与教育。

（二）家庭教育的意义

对于0—3岁婴幼儿来说，家庭是其生活与学习的主要场所，0—3岁婴幼儿要在家庭这一环境中实现身体、心理及社会性的早期发展，为后期的生活与学习做准备。由此，早期的家庭教育对0—3岁婴幼儿发展具有重要意义。

1.保障婴幼儿机体正常发育

0—3岁早期的家庭教育体现在婴幼儿早期的保育和教育上。婴幼儿还在子宫中就开始受到家长的影响，孕妇的身体健康、情绪状态影响胎儿的发育，孕妇在怀孕期间为胎儿的正常发育提供营养物质。此外，适宜的胎教能够促进胎儿更好的发育，例如听音乐、与宝宝说话或者隔着腹腔抚摸胎儿，都能够给胎儿带来良好的体验，从而促进胎儿在母体中的健康成长。

当胎儿与母体分离之后，以个体的形式成为家庭中的一员，但并不意味着他能脱离父母的照顾，家长继续给婴幼儿提供满足机体发育的营养物质。此外，家长还要陪伴婴幼儿，帮助婴幼儿进行一些简单的、轻微的运动，从而促进婴幼儿感官的灵敏度和肢体的协调性发展。

2.促进婴幼儿智力的发展

婴幼儿智力的发展具有关键期，在不同的年龄阶段，各种智力因素成长的速度不同，对婴幼儿的影响也不同。研究表明，6—9个月左右是婴幼儿形状和大小辨别能力发展的关键期；1—3岁是婴幼儿计数能力发展的关键期，也是口头语言发展的关键期；4—5岁是婴幼儿发展阅读能力的关键期。因此，适宜的早期家庭教育能促进婴幼儿智力的最大程度开发，取得事半功倍的教育效果。

3.促进婴幼儿的社会化进程

家庭不仅为社会生产人，并为社会培养具有社会性的人。在家庭环境中，婴幼儿首先完成了对亲人及家庭环境的认识，掌握基本的社会关系，例如亲子关系、同伴关系等，还能够根据家长的言行举止，对社会行为规则有初步了解。婴幼儿早期对社会规则的掌握主要来自家庭，社会规则、行为规范和道德意识主要通过家庭的方式折射到婴幼儿的内心世界。

（三）家庭教育的原则

1.教育一致原则

教育一致性原则是指在家庭教育过程中，家庭成员之间应经常沟通、相互配合、协调一致，家庭内部教育观念要统一，教育目标要一致。此外，家长的行为与言语应前后一致，即身传与言教一致，更有利于婴幼儿良好行为习惯及品德的养成。

2.因材施教原则

家庭教育应根据婴幼儿的具体情况，例如年龄特征、能力、性格和兴趣爱好等，选取适合当前婴幼儿发展特点的教育内容，采用适当的方法，因材施教。因此，在日常的养育过程中，家长应多多观察婴幼儿，深入地了解他们。

3.严慈相济原则

父母爱孩子是天性，但也不能过度地溺爱婴幼儿。在家庭教育中，要遵循严慈相济的原则，当婴幼儿犯错时，应该给予相应惩罚，但也不能过度地责罚，当婴幼儿取得进步时，要适当鼓励。不论是惩罚还是奖励，都应当讲究适度原则，坚持奖惩并用、奖惩分明、奖惩适度。

4.平等尊重原则

自尊是给婴幼儿最好的礼物，在家庭环境中营造一种自由、平等和民主的家庭氛围，对教育能起到积极的作用。家长只有尊重婴幼儿，才能获得婴幼儿的尊重；只有充分地理解婴幼儿，才能被婴幼儿所理解。平等和相互尊重的家庭环境更能培养婴幼儿的自信心，丰富婴幼儿的想象力，培养婴幼儿的创造力。

5.循序渐进原则

婴幼儿早期处于身体发展与心理发展的初级阶段，各方面发展迅速但发育并不成熟，家长可以了解婴幼儿身心发展特点，遵循其发展的阶段性和顺序性，但并不能违背和超越婴幼儿身心发展规律。家长要循序渐进地启发教育婴幼儿，一味地揠苗助长，只按自己的意愿强行塑造婴幼儿的做法，只会事与愿违。

（四）家庭教育的方法

1.家风熏陶

家风熏陶是指在家庭教育中，家长有意识地创设精神和物质都健康和谐的家庭生活环境，使婴幼儿受到潜移默化的影响，从而培养婴幼儿良好的生活习惯和行为品质。家长可以通过组织家庭活动，建立融洽的家庭关系，利用环境作用，给婴幼儿营造一个良好的身心发展空间。

2.榜样示范

榜样示范是指在家庭教育中，家长以自己的或其他好思想、好言语、好行为，形象生动地长期影响婴幼儿的一种方法，包括有意识的和无意识的。婴幼儿往往会模仿父母的行为，婴幼儿没有辨别行为言语正误的能力，因此在运用榜样示范法时家长首先要以自身树立榜样，其次可以借助婴幼儿喜欢的文学作品中的正面形象为婴幼儿树立榜样。

3.实际锻炼

实际锻炼是指在家庭教育过程中，家长给婴幼儿提供各种各样的活动，让婴幼儿在活动中独立探索、实际操练，培养婴幼儿克服困难的意志并从活动中获得某些技能的一种方法。家庭教育不应只是对婴幼儿进行灌输教育，还应涉及一些婴幼儿亲身经历、亲自体验的体育活动或游戏活动等。

二、家庭教育指导的含义与意义

（一）家庭教育指导的含义

20 世纪 90 年代初，政府部门开始重视对家长进行家庭教育的指导工作，并提出了规划，做出了部署。1992 年国务院颁布的《九十年代中国儿童发展规划纲要》规定了家庭教育指导工作的目标是 90%的儿童（14 岁以下）的家长不同程度地掌握保育、教育儿童的知识。

本任务中所提到的家庭教育指导特指 0—3 岁婴幼儿家庭教育指导（以下简称家庭教育指导），是指社会和 0—3 岁婴幼儿早期教养机构，根据家庭教育过程中存在的问题及家长的困惑，向家长提供帮助的过程。这个过程旨在帮助家长了解科学的育儿知识，掌握有效的养育技能。

（二）家庭教育指导的意义

1.协调多方面力量实现婴幼儿全面发展

家庭教育指导涉及多方主体，主要包括指导教师、家长和婴幼儿，指导教师往往来自专门的教育机构，具备专业的育儿知识和技能，通过家庭教育指导，能够实现社会教育资源与家庭教育资源的融合，丰富家庭教育内容，实现婴幼儿的全面发展。

2.提高家长的教育水平，进而提高整体国民素质

家庭教育指导的主要对象是婴幼儿家长。通过家庭教育指导，可以帮助婴幼儿家长梳理科学的育儿观念，了解婴幼儿身心发展特点及兴趣爱好，掌握育儿技能及方法，提高家长的教育能力，从而更好地帮助婴幼儿成长。

3.推进现代家庭教育理论体系建设

通过家庭教育指导提高家长的教育水平，是推动家庭教育发展的关键。家庭教育的发展不能仅仅依靠家长独自摸索，还需要专业人员、专业机构的帮助。同时，家长对家庭教育指导的需求也使得社会上出现了越来越多能够提供家庭教育指导的机构，家庭教育指导推动着家庭教育理论体系的建设。

三、家庭教育指导存在的问题

从指导教师的角度出发，如今家庭教育指导存在指导意识薄弱、指导能力不足、指导形式单一和指导目标片面等问题。

（一）指导意识薄弱

部分家庭教育指导浮于表面、敷衍了事，部分指导教师只追求指导形式，而忽视了家长和婴幼儿的需求，针对不同家长、不同婴幼儿的不同特点，指导教师并未做出相应的调整，而是将同样的指导模式运用到不同的家庭之中。重形式，轻内容，家长和指导教师对提高家长教育能力和方法水平过度关注，忽略了家长教育观念、教养态度的培养和改善。

（二）指导能力不足

现今有许多社会机构能够提供家庭教育指导服务，家庭教育指导市场鱼龙混杂，指导质量参差不齐。私立盈利性质的家庭教育指导机构的指导教师往往匆匆上岗，缺乏足够的职前教育培训。幼儿园中进行的家庭教育指导教师大多数来自学前教育专业，在学校学习期间涉及家庭教育的专业知识较少，既缺乏理论知识的学习，又缺乏实践经验。

（三）指导形式单一

由于"家长学校""家长论坛""家庭教育知识竞赛""家长委员会""家长沙龙"等家庭教育指导形式比较费时费力，同时对相关机构、指导教师和组织人员的要求较高，因此，目前对家长的指导方式主要以电话沟通、家长会等方式为主，指导形式主要还是集体指导和个别指导两种形式，缺乏个性化指导。

（四）指导目标片面

指导目标片面化主要涉及两个方面，一方面是家庭教育指导主要集中于顺应家长不科学的育儿目的，例如，当家长着重希望发展婴幼儿智力时，指导的目标就集中于开发婴幼儿的智力而忽略婴幼儿德育、美育、体育及劳动教育的发展；另一方面，虽然家庭教育指导的对象主要是婴幼儿家长，但从社会发展的长远角度来看，指导目标不宜过于片面，还需要加强对婴幼儿周围的人、环境（社区和学校）进行家庭教育指导，实现全方位共同育儿。

四、家庭教育指导的原则与要求

（一）家庭教育指导的原则

1.以婴幼儿为本

家庭教育指导的对象是家长，但指导的目的是为了婴幼儿的健康发展、茁壮成长。家庭教育指导应该从婴幼儿出发，尊重婴幼儿身心发展规律，满足婴幼儿发展的需要，考虑婴幼儿的行为习惯及兴趣爱好，保护婴幼儿的合法权益，尊重婴幼儿，并为婴幼儿创设成长的条件和环境。

2.以家长为主体

家庭教育指导的主体对象是婴幼儿家长，指导教师应该与家长进行沟通，了解家长的育儿需求，与家长建立良好的合作关系，明确家庭教育指导的目的。在家庭教育指导活动中重视发挥家长的作用，调动家长的参与性，帮助家长树立终身学习的意识，促进婴幼儿全面发展。

3.注重多向互动

家庭教育指导过程中要注意指导教师与家长的互动、家长与婴幼儿的互动以及指导教师与婴幼儿之间的互动，同时注意还有可能存在的家长与家长之间、婴幼儿与婴幼儿之间的互动，营造一个多向互动、相互学习、相互尊重、相互促进的环境氛围。

4.注重理论实践相结合

家庭教育指导要注重理论与实践相结合，不能仅仅依靠口头或书面的方式向家长传授保育或教育方法，家长既要有理论知识的学习，也要有实际操作的能力。

5.强调相互尊重

指导教师不能因为自身具有专业育儿知识与技能储备，而在家庭教育指导过程中以一种居高临下的态度对待家长，更不能不考虑家庭环境因素，例如家长的文化程度、家庭结构等。指导教师采用不当的表达与沟通方式，容易引起家长的排斥。同样，家长应该尊重指导教师。

（二）家庭教育指导的要求

1.考虑家长的能力及水平

每位家长都是具有差异的个体。家长们的教育观念、身体状况、时间和精力、与婴幼儿的互动及亲子关系、对婴幼儿的需求和理解的掌握情况等都有所不同。因此，为了婴幼儿有更好的发展，指导教师应该在家长指导工作中对每位家长的能力和水平给予充分的关注和考虑，针对其不同的需求提供不同的指导内容，根据其不同的接受能力提供不同层次的指导。

2.为指导创设条件和环境

有效指导的前提是要为家庭教育指导创设条件和环境。指导教师应为婴幼儿创设一个安全的活动环境，为婴幼儿提供一些可以安静操作的动手材料或有趣的玩具，只有婴幼儿处于安全且被活动材料或内容吸引的状态下，家长才能够有更多的时间与指导教师沟通交流。

3.处理好与家长的关系

指导教师与家长的关系不是单向的指导与被指导的关系，单方面对家长下命令、下指示，不考虑家长的意见和想法，忽略家长的感受是不可取的。指导家长时，指导教师应采用辩证、双向、多角度的方式来思考与家长的关系，指导教师与家长应相互尊重、相互理解和相互合作，这是家庭教育指导顺利进行的关键，双方应互相指导与接受指导。

4.注意自身知识经验的积累

家庭教育指导对指导教师素质要求极高，指导教师应具备一定的专业素养，应系统掌握婴幼儿各个领域发展知识与技能，具备组织婴幼儿以及家长活动的能力，能够调动家长积极参与活动。同时在集体指导活动中，指导教师既要顾全大局，又要兼顾个体。

五、家庭教育指导的任务与方法

（一）家庭教育指导的任务

1.帮助家长树立正确的育儿理念

家庭教育指导应帮助婴幼儿家长树立正确的儿童观、成才观等。家长的儿童观即家长对婴幼儿的看法及观点，正确的儿童观应该以婴幼儿为主体，尊重婴幼儿，发展婴幼儿的独立自主性，并承认其发展的可能性。成才观是指家长对婴幼儿成才的期望，家长希望婴幼儿成为什么样的人，很容易影响教育目标的确立和教育内容的选择。

2.指导家长积累科学的育儿知识

家庭教育指导应该帮助家长积累科学的育儿知识，包括了解婴幼儿卫生保健知识，掌握婴幼儿身心发展规律及年龄特点，明晰身体健康、智力、道德品质和情绪情感等发展趋势，同时还应帮助家长积累各年龄阶段婴幼儿易发问题的解决方法，并根据家庭特点，帮助家长做好个别特殊问题的处理预案。

3.协助家长改变不合理的育儿行为

家庭教育指导应协助家长改变不合理的育儿行为，针对婴幼儿所处年龄段在学习、生活和成长中易出现的问题和家长在家庭教育中容易产生的困惑，提出供家长参考的处理意见和建议。不同的家庭中，家长不合理的育儿行为往往不同，指导教师要具体问题具体分析。指导教师帮助家长改变不合理的育儿行为的过程也是帮助家长强化正确的育儿理念与知识的过程。

（二）家庭教育指导的方法

1.个别指导

（1）家庭访问。家庭访问是指导教师直接到婴幼儿家庭中去对家长进行指导的一种方式，入户指导是家庭访问的一种重要方法，是家庭教育指导的重要途径。入户指导的一般步骤是家庭教育指导教师受家长的邀请直接到家庭中，了解婴幼儿年龄段、生长发育情况及家庭结构，观察家长和婴幼儿在家庭教育活动中的行为及情绪表现，诊断家庭教育问题并根据问题提出有针对性的建议。

（2）个别咨询。个别咨询是指导教师和婴幼儿家庭建立一对一的指导方式，既有网络指导也有直接指导，例如家长可以通过电话、微信、邮件或面谈等方式向家庭教育指导教师咨询家庭教育问题。

指导教师可以根据指导内容建立家庭教育个别指导档案，以弥补集体指导活动不能兼顾各个家庭进行教育指导的缺陷。

2.集体指导

（1）教育讲座。教育讲座是由专人组织，教育机构承办，不定期地邀请不同领域婴幼儿教养的专业人士，如婴幼儿保教专家、经验丰富的早教教师或教育专家等，以专题讲座或者面对面咨询的形式，选择相应的教养内容，与家长们进行集中交流的一种集体性质的家庭教育指导形式。

⟨⋯⟩ 活动设计

建立良好亲子关系，养成儿童快乐情绪

【设计意图】建立良好亲子关系，培养儿童快乐情绪

【指导对象】0—3岁婴幼儿家长

【活动形式】教育讲座

【指导人员】早教指导教师、育婴师

【活动目的】

（1）通过集体指导帮助家长认识良好的亲子关系。

（2）通过案例分享，帮助家长了解亲子沟通的方法，促进家庭中婴幼儿良好情绪的培养，从而建立良好亲子关系。

教育讲座注意事项包括以下3个方面：

①要提前告知家长讲座的时间、地点及主要内容，要向家长公布详细的讲座计划。讲座时间和地点的选择要考虑家长的生活安排及实际情况，以便更多的家长能够参与其中。讲座的内容要贴近生活，贴合家长需求。通过倾听讲座达到能够帮助家长解决相关问题、普及育儿知识、宣传政策文件的效果。

②讲座中要注意把握讲座的各个环节，确保讲座顺利进行。讲解方式要深入浅出，注意理论联系实际，易于家长接受。

③讲座后，可以通过各种方式，例如发放调查表，获取讲座的反馈信息，由此评价教育讲座的效果，从而不断提高讲座质量。

（2）家长俱乐部和沙龙。家长俱乐部和沙龙是指由指导教师将家长组织起来，围绕感兴趣的话题或是教养活动中遇到的教养问题准备研讨素材，展开集体讨论的活动形式，是为解决某个教养困惑或问题而开展的共同商议和探讨活动，其优点在于能发挥家长的主动性、积极性，群策群力。

 活动设计

玩具伴随婴幼儿成长

【适用人群】 0—3岁婴幼儿家长

【指导教师要求】 具有丰富的指导经验，注重调动家长与婴幼儿之间的合作交流，理论与实践相结合，让家长关注玩具对婴幼儿成长的意义，体验自制玩具的乐趣。

【活动准备】

发邀请函，告知家长沙龙主题，并让家长带一样婴幼儿最喜欢的玩具参加活动。做好活动相关准备。

【活动过程】

一、活动导入

（1）答谢家长。

（2）引入主题：玩具伴随婴幼儿成长。

二、活动开展

（一）观摩交流玩具

（1）观察玩具的颜色。

（2）触摸感受玩具的材质。

（3）讨论交流玩具的价格。

（二）集体讨论

（1）玩具的量要适宜。

（2）要注意玩具的多样性。

（3）通过玩具开发婴幼儿动手动脑能力。

（三）玩具DIY

开展玩具半成品制作。材料：塑料瓶、纸壳、绳子、剪子、袜子、纽扣等。

三、沙龙小结

家长分享自制玩具，并说出推荐理由。指导教师小结："小玩具，大学问，玩具的选择影响着宝宝游戏的质量。我们应根据不同年龄段婴幼儿的身心发展特点提供不同的玩具，这样不仅能够促进婴幼儿感知觉的发展，还有助于诱发婴幼儿探索性行为的发生，从而促进婴幼儿心智与身体的全面发展，玩具伴随婴幼儿快乐成长。"

开展家长俱乐部和沙龙活动应该注意调动家长参与活动、踊跃发言的积极性，鼓励家长分享成功的育儿经验，搭建家长与家长间沟通的桥梁，帮助家长群策群力，凝聚各方力量，在探索中共同解决育儿难题。

（3）家长会。家长会一般在学期初、中、末等固定时间开展，也可以在需要时随时举行。通过与婴幼儿家长集中讨论，帮助家长答疑解惑，增进指导教师和婴幼儿家长间的信任感，促成学校教育与家庭教育相结合。

家长会前指导教师应提前了解婴幼儿发展情况，明确每个婴幼儿的不足与优点，积极动员家长参与，创设一个轻松、愉悦的家长会氛围，耐心地为家长答疑解惑，鼓励家长在家长会上发言。

3.文字音像媒介指导

除了面对面的家庭教育指导外，政府、社区及早教机构、家庭教育指导机构还可以通过书籍、杂志、报纸、公众号、电视节目等以文字或影像为婴幼儿家长传播早期教育的科学知识和有效策略，普及一些基础的科学育儿知识。

任务检测

一、单项选择题

1.下列不属于家庭教育方法的是（　　）。

　　A.环境熏陶　　　　B.榜样示范　　　　　　C.实际锻炼　　　　　　D.实习作业

2.家庭教育指导涉及的主体不包括（　　）。

　　A.婴幼儿　　　　B.家长　　　　　　　　C.社区　　　　　　　　D.指导教师

3.下列选项属于个别指导的是（　　）。

　　A.个别咨询　　　　　　　　　　　B.教育讲座

　　C.家长俱乐部　　　　　　　　　　D.家长会

二、简答题

1.简述家庭教育的原则。

2.简述家庭教育指导的原则。

任务检测答案

任务评价

指标	评价标准	考核者	说明	评分
"家庭教育概述及对家长的指导"评价表				
预习任务、课后任务的完成情况	完成好或较好为1学习积分，一般为0分，差或较差扣1学习积分	教师+课代表或小组长	具体评价内容及对应分值以一次具体任务为准	
教学过程中的表现	乐于思考、积极主动性强、笔记较好等为1学习积分，一般为0分，差或较差扣1学习积分	教师+课代表		
任务内容学习效果	掌握得好或较好为1学习积分，一般为0分，差或较差扣1学习积分	教师+课代表+小组长		
思政目标达成度	科学的家庭教育观达成度较好为1学习积分，一般为0分，差或较差扣1学习积分	教师+课代表+小组长		

注：以学习积分为单位，每位学生有10个学习积分作为基础分，在此基础上加分或减分，考虑到后续可能出现的情况，2个学习积分为1分平时成绩，最后所有积分会折算成平时成绩。

任务二　亲子教育的指导

⚙ 任务描述

　　这里的亲子教育特指0—3岁婴幼儿的亲子教育，以婴幼儿与家长的互动为核心内容，以建立和谐的亲子关系，促进婴幼儿身心健康，开发婴幼儿潜能，培养婴幼儿个性的一种特殊形态的早期教育。良好的亲子教育对婴幼儿的健康成长具有重要作用，学生应了解亲子教育的含义、意义、形式、特点及内容，明晰当前亲子教育存在的问题，在基本掌握亲子教育相关内容的基础上设计、指导亲子教育活动，保证活动的质量，促进婴幼儿的发展。

🔗 任务准备

　　理论准备：学生已经掌握0—3岁婴幼儿保育与教育相关内容，对0—3岁婴幼儿保育与教育有一定的了解。

　　物质准备：做好疫情防控准备工作；智慧教室、仿真教室。

☰ 任务实施

一、亲子教育的含义与意义

（一）亲子教育的含义

　　亲子教育是20世纪末期在美国、日本和中国台湾地区等地兴起的一种新兴的教育模式。

　　1815年美国率先出现了培训家长教养态度与技能的心理教育团体，到20世纪90年代末，我国才出现最早一批亲子教育机构，它们的出现，顺应了时代发展的需要，满足了家长的需求，打开了婴幼儿早期教育的新局势。

　　关于亲子教育的概念至今没有统一的界定。关于亲子教育最早的理解是《好孩子亲子学苑教材》序言中所提到的：亲子教育是一种国际最新发展趋势，它是一种新兴事业，也是一个过程，需要课程和教材，也需要一支负责指导的工作者队伍。

　　不同学者对亲子教育的界定不同，胡育指出，亲子教育是家庭教育和早期教育的深化和发展，主要包含亲职教育和亲情教育，一方面是知道"如何做父母"的亲职教育，另一方面是知道"如何与婴幼儿建立正向的亲子关系"的亲情教育。

　　吴伟俊认为，亲子教育是以亲缘关系为主要维系基础，以婴幼儿与家长的互动为核心内容，以建立和谐的亲子关系，促进婴幼儿身心健康，开发潜能，培养个性，使新生人口的整体素质得到不断提高为宗旨的一种特殊形态的早期教育。

　　谭峰对亲子教育的概念做了一个简单的总结，他认为亲子教育是强调以亲缘关系为基础展开的，以提高家长养育能力和促进婴幼儿健康发展为目的的教育，是关注家长和婴幼儿的双方学习。

　　赵晶认为亲子教育是以负有教养责任的成人为对象，以增进家长和子女关系为目标，进行教养效能、教养理论和技能教育的终身学习课程。

综合各方观点得出，本书中亲子教育主要指 0—3 岁婴幼儿亲子教育（以下简称"亲子教育"），是以亲缘关系为主要维系基础，以婴幼儿与家长的互动为核心内容，以建立和谐的亲子关系，促进婴幼儿身心健康，开发婴幼儿潜能，培养婴幼儿个性的一种特殊形态的早期教育，既包括家长对婴幼儿施加的教育影响，也包括家长在育儿过程中积累育儿知识。

（二）亲子教育的意义

亲子教育作为婴幼儿早期教育的重要形式以及家庭教育的重要组成部分，在帮助家长提升育儿知识，促进婴幼儿健康成长，建立良好亲子关系上具有重要意义。

1.帮助家长自我教育及成长，提高家长教养能力

在亲子教育活动中，家长为了促进婴幼儿的健康成长，在面对婴幼儿成长中出现的各种问题时，可以通过查阅亲子教育相关书籍，或是向早教机构中专业的亲子教育指导教师寻求帮助，或是与有经验的家长讨论，寻找解决问题的方法，从而帮助家长掌握育儿技能，提升教育素质，达到育人育己的效果。

2.帮助婴幼儿健康成长，促进婴幼儿身心健康全面发展

在 0—3 岁时期，涉及发展的许多关键期、敏感期。例如，0—1 岁是训练运动技能的关键期；2—3 岁是语言发展的关键期，在这一阶段开展亲子教育活动，抓住婴幼儿发展的关键期、敏感期，能够增强婴幼儿体力，发展智力，提升能力，培养个性，促进婴幼儿社会性发展，一旦错过婴幼儿发展的关键期，对婴幼儿后期的健康成长会造成不可预估的影响。

3.帮助家长和婴幼儿之间建立良好的亲子关系

亲子关系是婴幼儿与其主要抚养人之间（主要指父母）通过交往所产生的一种关系，是婴幼儿与社会形成的第一种人际关系，亲子交往的类型通常分为民主型、专制型、放任型和忽视型。亲子教育的目的不仅是为了帮助家长提升育儿知识、促进婴幼儿成长，帮助婴幼儿与家长形成良性依恋，增进亲子关系，建立和谐家庭同样是亲子教育的目的。良好亲子关系的建立是婴幼儿其他社会关系良性发展的基础，例如同伴关系和师幼关系等。

（三）亲子教育的形式

亲子教育主要以活动的形式展开，可以分为以家庭教育为主的亲子教育活动和以早教机构为依托的亲子教育活动。

1.以家庭教育为主的亲子教育活动

家庭教育为主的亲子教育活动以日常教育活动为主。家长是活动的组织者、引导者和参与者；婴幼儿是活动的参与者与学习者。以家庭教育为主的亲子教育活动的目的、内容与形式更具随意性。

2.以早教机构为依托的亲子教育活动

以早教机构为依托的亲子教育活动主要指在专门的早教机构中开展，在专业教师指导下进行的，有目的、有计划的，由家长、婴幼儿和学前教师及所在机构的家长和婴幼儿共同参与的亲子活动。一般在公立性质的亲子园、幼儿园附属亲子班或是私立性质的早教连锁机构中展开。

依据活动的组织方式，又可以分为分散自由的个别活动和集体亲子活动。

（1）分散自由的个别活动。个别活动又称为活动区活动或区域活动。这种亲子活动主要是由学前教师根据婴幼儿的发展需求，创设一些趣味活动区域。每次来到早教机构或亲子园时，家长可以根据婴幼儿的兴趣、爱好和发展需求，带他们进入各区域，独自开展个别亲子活动。

（2）集体亲子活动。集体亲子活动又分为小型集体亲子活动和大型集体亲子活动两类，小型集体亲子活动因面对的对象和教育模式的不同，一般每次活动不超过12对（以8—10对为宜）婴幼儿和家长参加，年龄相差不超过6个月（以相差3个月为宜），时间半小时左右。除了小集体亲子活动以外，亲子园、早教机构或幼儿园等还会根据当地的风俗习惯、地域文化、社区活动、节假日等，每学期开展两三次大型的、全园性的集体亲子活动。

二、亲子教育的特点与内容

（一）亲子教育的特点

1.双重目的性

亲子教育既是家长了解婴幼儿发展特点、学习科学的育儿知识、掌握专业育儿技巧，从而提升养育能力的活动。同时，还是促进0—3岁婴幼儿身心健康发展、开发潜能的活动。它既包括亲情教育，又包括亲职教育，既是家长学习育儿的活动，又是婴幼儿游戏和学习的活动，由此，体现了亲子教育活动目的的双重性。

2.多主体参与性

在亲子教育活动中主要涉及多方主体，以家庭教育为主的亲子教育活动的主体主要是家长和婴幼儿，以早教机构为依托的亲子教育活动主要涉及三方主体：学前教师、家长和婴幼儿。学前教师是活动的组织者、实施者与指导者；家长既是活动的参与者、协作者，也是活动的学习者；婴幼儿是活动的参与者与学习者。

3.多向互动性

以家庭教育为主的亲子教育活动具有亲密的互动性，主要表现为家长与婴幼儿之间的互动。而在亲子教育机构里的亲子教育活动，在交往模式上表现出来的互动性更为多向和复杂，不仅有师幼间、亲子间、学前教师与家长间的积极交流与互动，还有婴幼儿间的互动，即同伴互动，还有家长与家长间的互动，充分体现了亲子教育活动互动的多向性。

4.游戏性

婴幼儿在游戏过程中能够感受到积极的情绪情感，满足身心发展的需要。轻松愉快的游戏可以激发婴幼儿的兴趣、增进亲子间的感情，可以有效地满足婴幼儿的各种需要。婴幼儿身心发展特点及规律决定了游戏是婴幼儿最喜欢的活动方式，婴幼儿早期的活动要以游戏形式展开。

（二）亲子教育的内容

1.身体动作教育

身体动作方面主要为身体粗大动作、精细动作、动作技能和身体平衡练习。身体粗大动作主要指头部、颈部、躯干和四肢的发展，包括0—1岁婴幼儿早期的抬头、翻身、坐、爬、站、走和简单的跑，以及2—3岁左右发展的跑和跳，等等。身体精细动作主要指婴幼儿手部动作的发展，包括抓、握、托、拧、扭、旋、撕、揭、贴、推、刮、拔、压、挖、弹、夹、穿、拍、摇等。动作技能练习主要包括早期婴幼儿翻书、搭积木、端碗、拿勺吃饭等，到后期逐渐涉及帮助婴幼儿学习穿脱衣服、洗手、刷牙、拿蜡笔或彩笔涂鸦等。身体平衡练习主要包括攀爬、滑行、钻、摇摆、平衡等。

◈ 活动设计

发展婴幼儿粗大动作的游戏：青蛙跳一跳（适合19—24个月婴幼儿）

【设计意图】

引导家长关注婴幼儿的跳跃能力，在游戏中锻炼婴幼儿的腿部力量，提高婴幼儿身体的协调性。

【活动目标】

（1）锻炼婴幼儿腿部力量，提高婴幼儿身体协调性。

（2）培养婴幼儿的运动兴趣，调动婴幼儿参与活动的积极性。

【活动准备】

跳袋、塑圈、青蛙头饰、儿歌、小礼物等。

【活动过程】

（1）听儿歌，家长和婴幼儿一人一个跳袋，学习青蛙跳。

（2）小青蛙找礼物。根据婴幼儿的特点设计障碍，例如"小河""山丘"等，增加婴幼儿跳跃的难度；婴幼儿跳到家长身边时，给婴幼儿奖励。

（3）亲子游戏——运礼物。婴幼儿按照家长规划的路径，把礼物送到家。

【活动延伸】

家长创设情境，可以让婴幼儿玩小青蛙捉害虫的游戏，锻炼婴幼儿跳跃的能力。

2.语言教育

语言方面的亲子教育主要包括婴幼儿发音、词汇和语法的发展；帮助婴幼儿掌握当地的语言，学会说普通话；学习常用的词汇和基本的生活用语；给婴幼儿念童谣，唱简单的儿歌，听简短的故事；帮助婴幼儿逐步学习用语言与他人沟通、交流，使用对话言语、情境言语、不连贯言语进行请求、回答、提问的言语交际；帮助婴幼儿学习由简单到复杂的句子，用语言表达自己的想法。

◈ 活动设计

自我介绍（适合24—36个月左右的婴幼儿）

【活动目标】

（1）训练婴幼儿语言的表达与组织能力。

（2）促进母子关系和谐发展。

【活动准备】

布娃娃等。

【活动过程】

（1）妈妈拿着布娃娃，给布娃娃配音，假装布娃娃在进行自我介绍。

大家好！我叫小布，这是我的妈妈×××，我今年2岁了，我喜欢红色。

（2）妈妈进行自我介绍。

大家好！我叫×××，我是×××的妈妈，我今年××岁了，我最喜欢××。

（3）最后让婴幼儿进行自我介绍。

我是×××，我的妈妈是×××，我今年××岁了，我最喜欢××。

【活动延伸】

妈妈可以适当帮助婴幼儿增加自我介绍内容，例如"我是男生/女生"，鼓励幼儿向其他家庭成员介绍自己。

3.认知教育

认知方面亲子教育的内容包括发展婴幼儿的感知觉、注意力、记忆力、想象力和思维能力，如视觉、听觉、触觉、嗅觉、味觉等，以及学会判断方位、距离、形状、大小、时间等，婴幼儿的无意注意、形象记忆以及初步的想象与创造的发展，等等。此外，还包括婴幼儿对自己、对周围人和环境的认识等。例如认识五官和身体部位，认识父母及家庭成员，了解家庭环境，认识家庭中常见的物品及其简单的用途等。

 活动设计

打电话（适合13—18个月婴幼儿）

【活动目标】

训练婴幼儿听觉能力。

【活动准备】

电话等。

【活动过程】

家长和婴幼儿打电话，鼓励婴幼儿通过电话和家长交流，也可以鼓励婴幼儿与其他小动物、同伴打电话。

【活动延伸】

听妈妈说悄悄话。营造一个安静的环境氛围，妈妈轻轻地、悄悄地、温柔地跟婴幼儿说话，伴随温柔的抚摸，锻炼婴幼儿的听觉能力，增强母子亲密性。

4.情绪情感教育

情绪情感教育主要包括情绪情感体验和控制以及建立良好的亲子关系。如让婴幼儿体验高兴、快乐等情绪并学会表达。此外家长还需要帮助婴幼儿学习控制、调节情绪，学习同情他人或小动物等。建立良好的亲子关系能帮助婴幼儿与家长之间形成安全型依恋。

⟨•••⟩ 活动设计

我的好妈妈(适合13—18个月婴幼儿)

【设计意图】

激发婴幼儿运用简单的肢体动作、语言和礼物表达对妈妈的爱，引导婴幼儿表达爱的情绪，诱发宝宝的模仿学习。

【活动目标】

(1)培养婴幼儿表达爱的能力。

(2)激发婴幼儿对妈妈的爱。

【活动准备】

儿歌《我的好妈妈》、小礼物。

【活动过程】

(1)亲亲抱抱。听儿歌《我的好妈妈》，妈妈用夸张愉快的动作、表情及语言传递、表达对自己妈妈(孩子姥姥、奶奶)的爱。感染婴幼儿，调动他们模仿学习的情绪，亲亲妈妈。

(2)送礼物。伴随儿歌，妈妈、奶奶和姥姥互送礼物，妈妈帮助奶奶、姥姥装饰衣服、修饰头发，表达自己对妈妈们的爱，引导婴幼儿用同样的方式表达自己对妈妈的爱。

【活动延伸】

在日常生活中引导婴幼儿向爸爸、爷爷表达爱。

5.社会性教育

社会性方面的亲子教育主要包括人际交往和社会学习。人际交往，包括亲子交往，例如感受和体会父母和亲人对自己的爱；同伴交往，如参加集体活动，与同伴一起玩耍。还包括学习基本的社会规则，如排队、等待、爱护玩具等。

⟨•••⟩ 活动设计

送玩具回家(适合24—36个月婴幼儿)

【活动目标】

(1)让婴幼儿养成玩完玩具后要把玩具放回原位的好习惯。

(2)培养婴幼儿爱护玩具。

【活动准备】

故事《小猫的玩具》、小猫玩偶、玩具、收纳盒等。

【活动过程】

(1)讲故事《小猫的玩具》。小猫想请小鸡、小鸭玩玩具，可是怎么也找不到自己的玩具，小猫急哭了。

(2)找玩具。请婴幼儿帮助小猫找出玩具。

(3)收玩具。为了帮助小猫下一次能快速找到自己的玩具，为婴幼儿提供收纳盒，引导婴幼儿将玩具放入收纳盒中。给玩具找"家"，将玩具送回"家"中。

【活动延伸】

婴幼儿后期玩玩具时注意关注婴幼儿能否在玩完玩具后将玩具收好，送回原处，并进行适当引导。

6.行为习惯培养

行为习惯培养主要包括健康的睡眠、饮食、卫生习惯。如勤洗手、早晚刷牙与洗脸、饭后漱口的习惯，不挑食、不厌食的习惯，少吃零食、主动饮水的习惯，不乱扔果皮纸屑的习惯，主动收拾活动用具的习惯，主动、专注做事的习惯，等等。

⟨···⟩ 活动设计

培养婴幼儿大小便的良好习惯（适合19—24个月婴幼儿）

【设计意图】

引导婴幼儿感知大小便前、中、后的身体讯号，学会自己脱裤子、提裤子、擦屁屁等，激发婴幼儿自我服务的兴趣。

【活动目标】

（1）婴幼儿学会自己脱裤子、提裤子、擦屁股。

（2）激发婴幼儿自我服务的兴趣。

【活动准备】

玩具马桶、便池、小娃娃，等等。

【活动过程】

（1）故事《拉粑粑》。家长向孩子讲《拉粑粑》故事。

（2）娃娃大小便。家长向婴幼儿展示如何正确地脱裤子、拉粑粑、提裤子、擦屁股，等等。婴幼儿学着家长的样子做，家长帮助婴幼儿完成正常的大小便流程。

（3）游戏——开火车提拉小裤子。家长鼓励婴幼儿自己在裤子上贴小火车贴纸，玩开火车提拉裤子的游戏。

【活动延伸】

在日常生活中为婴幼儿创设自我服务的机会，激发婴幼儿自我服务的乐趣。

上述6个方面的亲子教育内容是紧密联系、密不可分的。亲子教育内容的各方面要相互渗透、互相支持，才能促进婴幼儿全面发展。

三、亲子教育的问题与建议

（一）亲子教育存在的问题

从家庭教育的角度出发，亲子教育主要存在以下3个方面的问题。

1.家长对亲子教育的理念认识不清

亲子教育在国内发展时间较短，实践先于理论，部分家长对亲子教育内涵理解还不够准确，在亲子教育的过程中，家长往往过分强调成人对婴幼儿的教育影响，常常把自己置于权威地位，不考虑幼儿身心发展特点、想法及意愿，重视亲情教育的同时忽略了亲子教育的亲职教育功能，常把亲子教育理解为父母对婴幼儿单方面的教育，忽视亲子教育的双向教育功能。

2. 亲子教育内容片面

虽然亲子教育的内容涉及多个方面，但目前仍有许多家长把识字、背诗、算数、学拼音、学外语等智力学习活动当作婴幼儿亲子教育的主要内容，而忽视了对婴幼儿的品德、意志、兴趣、性格等非智力因素的培养，他们一味强调婴幼儿智力开发，忽略婴幼儿身体动作、情绪情感、意志力与社会性的培养与发展，亲子教育活动内容片面，没有考虑到婴幼儿全面发展的需要。

3. 家长参与度低

部分家长已经认识到婴幼儿早期教育的重要性，但因忙于工作和生活，很少有时间在家中与婴幼儿一起开展亲子教育活动，更没有时间亲自带婴幼儿参加教育机构组织的亲子教育活动。还有一部分家长并未认识到早期教育的重要性，认为只要给婴幼儿吃饱穿暖即可，而且家中老人有照顾孩子的育儿经验，如果遇到教养难题，没必要学习专门的育儿知识与技能，认为专业人士的帮助指导意义不大。

（二）亲子教育的建议

1. 树立正确的亲子教育理念

科学的亲子教育理念是顺利且有效开展亲子教育的前提。亲子教育的内涵，不仅包括对婴幼儿的教育，而且包括对父母的教育；不仅是亲情教育，而且是亲职教育。家长应尊重婴幼儿的人格、权利和选择，关注婴幼儿的物质及情感需要，将婴幼儿看作独立的个体，与婴幼儿平等相处。

2. 完善亲子教育内容

首先，亲子教育内容的选择要符合婴幼儿学习特点，遵循婴幼儿身心发展规律。活动内容应与婴幼儿实际生活密切相关。其次，亲子教育内容要具有趣味性，才能够吸引婴幼儿参与到活动中，并使婴幼儿在活动中获得积极愉悦的情绪情感体验。最后，亲子教育的内容要全面，应包含婴幼儿发展的方方面面，不能一味追寻婴幼儿智力发展。

3. 提升家长参与度

家长应积极地参与亲子教育活动，对婴幼儿的成长漠不关心则对婴幼儿的发展十分不利。家长应尽量抽出时间，与婴幼儿在家中或其他场所开展多种多样的亲子活动，例如在每天下班回家后与婴幼儿进行亲子游戏，在每晚睡觉前与婴幼儿进行亲子共读，在周末组织亲子旅行或是带婴幼儿一起去亲子教育机构展开亲子活动，等等。通过沟通与互动，家长与婴幼儿一并体会并享受亲子之爱。

4. 创设亲子教育环境

家长应该注意为婴幼儿创设亲子教育环境，既包括物质环境的创设还包括精神环境的创设。

物质环境的创设需要家长为婴幼儿创设足够的亲子活动空间，尽可能为婴幼儿提供更大的玩耍空间，为婴幼儿建立属于自己的空间，结合婴幼儿的兴趣爱好，布置成能够使他们自由探索的小天地。此外，家长还应提供丰富适宜的玩具，激发婴幼儿活动的愿望。但过多的玩具会分散婴幼儿的注意力，也会使其产生不爱惜玩具的坏习惯，所以提供玩具的数量要适度，还要有层次性。

精神环境的创设需要家长建构良好的家庭氛围，家庭成员相互敬爱。和谐的家庭关系是平等、和谐、宽容的，家长应加强自身的思想、品德、文化修养，努力学习婴幼儿教育的专业知识，言传身教。

四、亲子教育活动设计指导概述

（一）亲子教育活动设计

1.亲子教育活动设计的原则

（1）适宜性原则。亲子教育必须遵循婴幼儿身心发展规律，考虑婴幼儿学习特点。在制订目标、选择活动内容时，家长应适当控制亲子教育活动目标的难易程度。活动内容要贴近婴幼儿生活，既要考虑婴幼儿的个体差异，还要考虑婴幼儿的群体差异，这样设计出的亲子教育活动更具普适性。亲子教育活动的开展必须建立在婴幼儿原有的发展水平之上，既要有挑战，又不能过度拔高。此外，亲子教育活动设计还要掌握适度原则，适度适量地安排活动的内容，控制活动的时间，既不能让婴幼儿过度疲劳，也不能让婴幼儿活动的量不够。

（2）互动性原则。互动性原则是指在亲子教育活动设计中，要考虑家长与婴幼儿、婴幼儿与婴幼儿、学前教师与婴幼儿、学前教师与家长、家长与家长之间的多向互动。亲子教育活动设计要充分体现互动性，家长和婴幼儿在亲子教育活动中可以采取言语上的积极沟通和行为上的交互反应等方式来实现互动。如你问我答、互相倾听、赞美、拥抱等。婴幼儿与婴幼儿的互动有利于培养婴幼儿与同伴交往的技能。学前教师与婴幼儿的互动能够促进亲子教育活动的有效进行。学前教师与家长的互动能够辅助家长展开育儿活动，帮助家长解决育儿难题。家长与家长间的互动能够相互分享育儿经验。

（3）趣味性原则。亲子教育活动的设计要遵循趣味性原则，这是由婴幼儿身心发展特点决定的，例如幼儿期婴幼儿的注意处于无意注意占优势、有意注意逐渐发展的状态，因此，想要吸引婴幼儿的注意，将婴幼儿引入到活动中，亲子教育活动的内容和活动方式就要有趣。常见的各种亲子教育活动的组织主要以亲子游戏为主，婴幼儿往往在游戏中能够感受到乐趣，并能够通过游戏发展体力智力。

（4）全面性原则。亲子教育的目的除了提升家长育儿能力，建立和谐的亲子关系以外，最核心的目的是促进婴幼儿身心健康、和谐发展。在0—3岁时期，婴幼儿各方面机能发展速度快，发展潜能大，可塑性强。以婴幼儿脑体积的变化程度为例，出生6个月左右的婴幼儿的大脑体积大概相当于正常成人脑体积的50%，3岁时达到成人脑体积的70%左右，大脑的发育为婴幼儿身体机能、认知能力、情绪情感和社会交往各方面的发展带来可能，因此，早期亲子教育并不只是对婴幼儿进行简单的灌输，亲子教育活动设计要考虑婴幼儿身体、语言、认知、情感、社会性和行为习惯各方面的发展。

（5）延伸性原则。亲子教育活动的设计要遵循延伸性原则，活动开展的内容与内容、场所与场所之间，应该具有延续与延伸，从而达到亲子教育活动设计的全面性。每次活动设计的内容可以有所侧重，但是综合各个活动，要达到促进婴幼儿全面发展的效果，活动的内容与内容之间要有连续性与延伸性。

2.亲子教育活动目标的制定

（1）活动目标的制定要考虑婴幼儿发展。亲子教育活动目标的制定既要考虑婴幼儿各方面的发展水平，还要结合所选择的亲子教育活动内容，考虑婴幼儿已有经验，既保证活动过程顺利进行，又保证婴幼儿在活动中有所发展。

（2）活动目标的制定要注意全面性、整合性。活动目标根据内容要有所侧重，多次活动应该考虑婴幼儿身体、语言、认知、情感、社会性和行为习惯各方面的发展，以促进婴幼儿全面、和谐发展。

（3）活动目标的制定要具有可行性。活动目标的制定要考虑婴幼儿的自身条件，目标设置过高，婴幼儿难以达到；目标设置过低，婴幼儿在活动过程中得不到应有的锻炼。活动目标的制定还要考虑外在条件，现实条件能否支撑活动目标的实现直接影响亲子教育活动的有效性。此外，亲子教育活动目标不能够过于宽泛和空洞。

3.亲子教育活动内容的选择

亲子教育活动内容选择要注意以下4点。

（1）与婴幼儿生活实际密切相连。亲子教育内容应与婴幼儿生活实际密切相连，一方面有助于婴幼儿理解和接受活动内容；另一方面，活动目标往往与婴幼儿需掌握的生活经验密切相关。

（2）与婴幼儿的兴趣、需求相关。亲子教育内容的选择应该与婴幼儿的兴趣与需求有关，兴趣是最好的老师，婴幼儿在自己感兴趣的活动中往往表现积极，从而达到更好的教育效果。

（3）遵循婴幼儿身心发展规律。婴幼儿的身体动作、认知、语言、情绪情感和社会性发展都具有一定的顺序性、阶段性和连续性。婴幼儿的发展的主要特点一般都是由表及里、由易到难、由简到繁。因此，亲子教育内容的选择要注意循序渐进，逐步深化。

（4）体现整合性理念。婴幼儿的发展是方方面面的，各要素发展相互促进又相互制约。因此，在选择亲子教育的内容时要注意有所整合，亲子教育活动内容既要体现出不同发展方面，也要由不同发展方面的内容组成。

（二）亲子教育活动指导的方法

亲子教育活动指导的方式多种多样，主要包括直接示范、口头指导和网络指导3种形式。

（1）直接示范。示范指导是指指导教师亲自和婴幼儿共同游戏、活动，向家长示范如何引导婴幼儿活动、如何与婴幼儿互动。直接示范的优点在于指导效果比较明显，有立竿见影的成效。指导教师在向家长示范与婴幼儿的游戏、活动、互动方法后，可以在亲子活动中更直观发现家长有没有把握示范要点，有没有运用到自己对婴幼儿的引导和与婴幼儿的互动中。家长接受了示范指导后，容易把同样的内容二次传达给婴幼儿。

（2）口头指导。口头指导是指教师在亲子教育活动中通过口头交流的方式，向家长传递教育理念，解释教育方法背后的道理，了解婴幼儿的平时表现和家庭的教养特点，从而实现对婴幼儿家长的指导。常用的口头指导有 5 种形式，分别为说明、建议、暗示、解释和引导。

（3）网络指导。网络指导是指导教师以互联网为基础和手段，与家长建立无形的信息互通渠道，设立虚拟的家长指导平台。网络的便捷、迅速的特点，缩短了家长与指导教师的距离，增加了指导教师对家长的指导力度，突破了时空。

任务检测

一、单项选择题

1. 下列不属于行为习惯培养的是（　　　）。

   A. 听觉　　　　　　　　　　　　B. 洗手

   C. 饮食　　　　　　　　　　　　D. 睡眠

2. 下列不属于亲子教育活动指导目标定位的是（　　　）。

   A. 提高家长素质　　　　　　　　B. 促进婴幼儿发展

   C. 建立良好亲子关系　　　　　　D. 增强婴幼儿体质

3. 亲子教育活动的指导方法包括直接示范、口头指导和（　　　）。

   A. 实习作业　　　　　　　　　　B. 实验法

   C. 网络指导　　　　　　　　　　D. 观察法

二、简答题

1. 简述亲子教育的特点。

2. 简述亲子教育的内容。

3. 简述亲子教育活动设计的原则。

任务检测答案

任务评价

指标	评价标准	考核者	说明	评分
"亲子教育的指导"评价表				
预习任务、课后任务的完成情况	完成好或较好为 1 学习积分，一般为 0 分，差或较差扣 1 学习积分	教师+课代表或小组长	具体评价内容及对应分值以一次具体任务为准	
教学过程中的表现	乐于思考、积极主动性强、笔记较好等为 1 学习积分，一般为 0 分，差或较差扣 1 学习积分	教师+课代表		
任务内容学习效果	掌握得好或较好为 1 学习积分，一般为 0 分，差或较差扣 1 学习积分	教师+课代表+小组长		
思政目标达成度	科学的亲子教育观达成度较好为 1 学习积分，一般为 0 分，差或较差扣 1 学习积分	教师+课代表+小组长		

注：以学习积分为单位，每位学生有 10 个学习积分作为基础分，在此基础上加分或减分，考虑到后续可能出现的情况，2 个学习积分为 1 分平时成绩，最后所有积分会折算成平时成绩。

项目总结

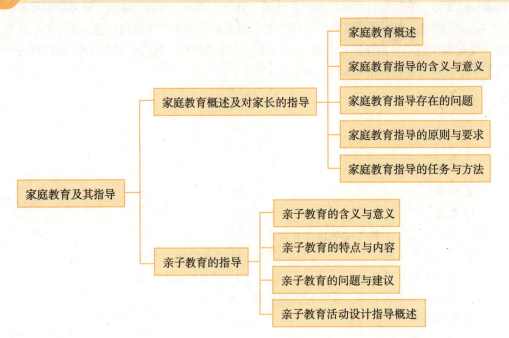

家庭教育及其指导
- 家庭教育概述及对家长的指导
  - 家庭教育概述
  - 家庭教育指导的含义与意义
  - 家庭教育指导存在的问题
  - 家庭教育指导的原则与要求
  - 家庭教育指导的任务与方法
- 亲子教育的指导
  - 亲子教育的含义与意义
  - 亲子教育的特点与内容
  - 亲子教育的问题与建议
  - 亲子教育活动设计指导概述

项目综合实训

1. 谈谈亲子教育、家庭教育及学校教育之间的关系。
2. 谈谈婴幼儿家庭教育与婴幼儿家庭教育指导的区别。

课证融通

一、单项选择题

1.（2019年初级育婴师考试真题）大动作训练要做到（　　）。
　　A.时间短，次数少
　　B.时间长，次数少
　　C.时间长，次数多
　　D.时间短，次数多

2.（2022年中级育婴师考试真题）（　　）等是婴儿精细动作训练时的注意事项。
　　A.强调手指的屈伸训练
　　B.结合日常生活，做到生活化、具体化
　　C.要注意手指左右的运动
　　D.强调双手对捏和鼓掌的训练

3.（2022年中级育婴师考试真题）育婴师在实施个别化教学中需（　　）。
　　A.设计与指导并重
　　B.教师任意的设定教学计划

    C.以最低的标准设定教学计划

    D.教学计划越是简单越好

二、简答题

1.（2021年育婴师资格考试真题）婴幼儿家长指导工作应遵照哪些标准？

2.（2020年育婴师资格考试真题）简述家庭教养指导的形式。

    课证融通答案   拓展阅读   微课呈现

项目六　早教机构的保育与教育

★ 项目导读

　　本项目内容主要包括早教机构的保育与教育、早教机构保教的方式与实施两个部分。早教机构的保教对婴幼儿的成长，对家庭育儿都具有重要的意义。对于早教机构保教的内容首先要了解其保教的任务及要领，在此基础上重点理解和把握早教机构的课程设置。早教机构保教的方式包括原则、方法和策略3个方面，其中保教的方法要重点掌握。掌握了早教机构保教要"做什么""怎么做"之后，还需要评估其"做得怎么样"，也就是早教机构保教实施的现状及其存在的问题，并在此基础上对早教机构的发展趋势进行思考。

◎ 项目目标

知识目标

1.掌握早教机构保教的内容。

2.掌握早教机构保教的方法。

技能目标

1.具有在早教机构对婴幼儿进行保教的基本能力。

2.能够对早教机构的保育和教育进行正确的评价。

情感目标

了解我国早教机构的发展，树立为我国早教事业做贡献的理想。

思政目标

树立科学的早教机构保教观念。

任务一　早教机构保教的意义与内容

⚙ 任务描述

　　早教机构作为婴幼儿保教的专业场所，拥有较为专业的婴幼儿保教人员，较为丰富的婴幼儿活动材料，其专业化的保育与教育有助于促进婴幼儿身心的生长发育，增进亲子间的感情。本任务阐述了早教机构保教的意义、任务、要领、课程设置等。

任务准备

> 理论准备：学生已经掌握 0—3 岁婴幼儿家庭教育及其指导。
> 物质准备：做好疫情防控准备工作；智慧教室。

任务实施

家庭是 3 岁前婴幼儿接受教育的主要场所。多数家长认可早期教育的重要性，但缺少足够的时间和精力投入到婴幼儿的保教之中，同时针对婴幼儿进行保教的知识与技能也有所短缺。因此，早教机构一方面补全了我国教育机构设置在 0—3 岁年龄阶段的空缺，同时也满足了社会和家长对这一年龄段教育的渴望和需求。

我国的早期教育机构的发展大致经历了 3 个阶段，第一阶段是二十世纪五六十年代，福利性的托儿所占据绝对的主导地位；第二阶段是 20 世纪 80 年代到 20 世纪末，以市场化的早教中心、亲子早教机构为主；第三阶段是 20 世纪末至今，市场化早教机构蓬勃发展，公共服务型早教机构全面、快速地建立。早教机构最初在我国主要是以托儿所的形式存在，托儿所主要由卫生部门领导，秉承"以保为主，保教并重"的开办方针，其首要任务在于保障婴幼儿的健康。这一时期的托儿所是以员工福利的形式存在的。20 世纪 80 年代之后，随着社会主义市场经济的发展，大量以福利性为主的托儿所进行了市场化，由公立走向了私立，由福利走向了盈利。这一时期的早教机构主要以亲子早教机构、托儿班的形式存在。20 世纪末以来，随着生活条件的提升，人们对婴幼儿的教育重视程度愈来愈高，早教市场的发展迎来了机会，与此同时早教行业过度市场化所带来的弊端也日益显现，因此政府出台了多项相关的政策，对早教市场加强了指导与监管，并大力发展以提供公共服务为主的、具有福利性质的社区早教机构。

一、早教机构保教的意义

（一）对婴幼儿的意义

3 岁前是婴幼儿体格、神经、心理生长发育的重要时期，早教机构作为婴幼儿保教的专业场所，拥有较为专业的婴幼儿保教人员，较为丰富的婴幼儿活动材料，其专业化的保育与教育有助于促进婴幼儿身心的生长发育。具体而言，早教机构能够通过对婴幼儿身体的照护、身体的活动以及动作的练习发展婴幼儿的基本动作，增强其抵抗力，提高其健康水平；通过语言的训练、多感官通道的刺激发展婴幼儿模仿、理解和运用语言的能力，增进其对周围环境和食物的认识，促进其智力发展；通过与其他婴幼儿的交往、早教教师的支持与指导，培养婴幼儿诚信、友爱、文明礼貌的品德，并促进其社会性的发展。

（二）对家庭的意义

首先，早教机构能够增进亲子间的感情。在亲子教育活动中，家长通过与婴幼儿互动，可以增进亲子间的情感交流及合作，增强亲子之间的情感联结，有助于婴幼儿良好依恋关系的建立。其次，早教机构有助于家长育儿水平的提升。在早教机构之中，家长对于婴幼儿在集体中的表现有更为清晰的认识，这有助于正确评价婴幼儿的发展水平，而且家长亲自参与早教机构的教育活动，对早教机构教育的目标、内容、方法等会有更准确的把握，在家庭教育中会更加有的放矢。最后，早教机构对家庭育儿的指导有助于提升家长的教养效能感，减轻家庭的教养压力。

二、早教机构保教的内容

（一）早教机构保教的任务

1.保障婴幼儿的健康

保障婴幼儿的健康是早教机构的首要任务。主要体现在3个方面：一是预防和控制婴幼儿感染传染病，降低常见病的发病率；二是对婴幼儿进行适当的体格锻炼，增强其抵抗力，提高其健康水平；三是发展婴幼儿的基本动作，促进其身心正常发展。

2.培养婴幼儿各方面的良好习惯

良好的习惯需要从婴幼儿出生后就开始培养，包括生活习惯，如能够按时起居、定时进餐、独立穿衣与盥洗等；人际交往习惯，如能够礼貌待人、尊重他人等。

3.发展婴幼儿的智力

0—3岁是大脑神经系统发育最快的时期，应通过语言的习得与应用，对周围环境的认识，简单知识的获得，以及身体动作尤其是手部动作的训练等多种方式，促进婴幼儿智力的发展。

4.进行良好的品德教育

0—3岁是培养良好道德意识和道德行为的重要时期。这一时期的道德养成教育，对婴幼儿品德的形成和巩固起着重要的作用。早教机构能够通过一系列的保育与教育活动使婴幼儿初步树立友爱、礼貌、勇敢、诚信、勤俭等方面的道德认知与道德情感。

5.开展适宜的艺术教育

艺术启蒙能够造就出富有适应力和创造力的人。适宜的艺术教育不仅能够陶冶婴幼儿的性情与品格，调节其情绪情感，还能够促进婴幼儿听觉与智力的发展。早教机构应以适宜的艺术形式萌发婴幼儿初步的美感和美的情趣。

6.对婴幼儿家庭育儿进行指导

早教机构不仅是对婴幼儿进行保护与教育，还应对婴幼儿的家庭进行育儿指导。帮助家长树立正确的育儿观念，习得科学的育儿技能，进而实现早教机构与家庭在婴幼儿的保育和教育上的协调一致。

（二）早教机构保教的要领

1.睡眠

早教机构应根据婴幼儿的生理特点，创建适宜的睡眠环境，科学合理地安排其睡眠的次数，保证婴幼儿睡眠的充足。同时还要注重婴幼儿良好睡眠习惯的培养，如能够主动入睡、按时入睡。

2.饮食

根据婴幼儿的年龄特点培养其按时饮食的习惯，确保婴幼儿能够在饮食中获得充足的营养。同时注重良好饮食习惯的养成，不挑食、偏食，能够专心吃饭，并逐步培养独立吃饭、正确使用餐具的能力。

3.卫生习惯

良好卫生习惯包括早晚刷牙、饭前便后洗手、饭后漱口、剪指甲和保持衣物整洁等个人卫生习惯，以及不乱丢垃圾、不随地大小便等公共卫生习惯。对于婴幼儿来说，培养其良好的个人卫生习惯是首要的。

4.语言发展

婴幼儿的语言发展首先是要掌握正确的发音，能够对他人的语言做出一定的反应；其次是能够初步理解他人的语言，掌握一定量的简单词汇；再次是掌握基本的语法结构，可以表达自己的想法和需求；最后是能够与他人进行基本的语言交流。早教机构对婴幼儿进行语言教育时，还要关注其注意、观察、思维和记忆等方面的发展情况。

5.动作发展

早教机构对于婴幼儿动作发展要领包括以下4个方面。

（1）发展婴幼儿的基本动作，如抬头、翻身、爬、坐、站、走、跑、跳等。

（2）发展婴幼儿手部的精细动作，并使其手部动作逐渐灵敏和协调。

（3）通过动作发展，增强婴幼儿的身体活动能力，培养其独立生活能力。

（4）通过身体动作练习、适宜的体育活动，培养婴幼儿活泼、勇敢、爱探索的品行。

6.认识能力发展

认识能力是学习和认识事物的能力，包括注意、观察、感知、记忆、想象等，婴幼儿的认识能力其实质是一种对周边环境和物质世界的适应能力。3岁前婴幼儿的认知能力是其他能力，如技能、情感、行为习惯等发展的基础。早教机构对于婴幼儿认识能力的发展应做到：第一，保护婴幼儿的好奇心，培养其主动学习的兴趣和习惯，鼓励他们自由探索、独立解决问题；第二，注重婴幼儿感知能力的训练，利用多种感官的刺激开启婴幼儿的感官世界，丰富他们的感官经验；第三，采用直观形象的教学方法，如以游戏的组织形式发展婴幼儿的认知能力。

7.情感与社会性发展

婴幼儿从出生起便是一个社会的个体，被包围在各种社会物体和社会刺激之中，从中逐渐形成基本的情绪情感和社会行为，并不断丰富化。早教机构要促进婴幼儿情感与社会性的发展，首先是培养其良好的情绪，以正面情绪为主，能够合理地表达情绪；其次是通过各种亲子活动增进婴幼儿与家庭成员的亲密情感，帮助婴幼儿建立稳固的依恋关系；最后是使婴幼儿具有初步的社会交往能力，能够和其他婴幼儿良好相处。

（三）早教机构的课程设置

课程是早教机构的核心，是早教机构促进婴幼儿身心全面发展的主要媒介和载体，是婴幼儿与社会相联系的桥梁。早教课程的科学性、合理性、适龄性与婴幼儿的成长直接相关。在

0—3岁的早期教育中，早教机构只有关注课程设置的有效性，才能有效地促进婴幼儿身心的良性发展，才能获得家长和婴幼儿的认可。

1. 课程设置的理论基础

精神分析学派强调婴幼儿时期的生活经验和早期教育会对他们的心理和人格产生终身的影响，这为早期课程提供了理论支持。精神分析学派的创始人弗洛伊德认为婴幼儿时期的发展不完全，会对后续发展产生重大影响。他提出"潜意识"理论，以此为基础构建了潜意识、前意识、意识的3层面人格结构学说，并将其发展为本我、自我、超我的人格机构学说，从而深入诠释了婴幼儿身心发展的内在动力。埃里克森提出了心理社会发展的阶段理论，人的发展历经8个阶段，每个阶段有相应的核心任务，当任务得到恰当的解决，就会获得较为完整的同一性，婴儿期（0—1.5岁）是基本信任与不信任的心理冲突，儿童期（1.5—3岁）是自主与害羞的冲突，核心冲突的处理结果会影响人的一生。精神分析学派提出婴幼儿时期身心发展特点和教育不当可能导致的人格障碍，引导人们关注婴幼儿时期，关注早期教育，同时在早期教育课程的设置上，注重婴幼儿的情绪情感、核心冲突的应对。

认知发展阶段理论认为婴幼儿的认知发展是有阶段的，这为早期教育的课程提供了理论依据。认知学派的代表人物皮亚杰认为婴幼儿心理发展的实质是在先天认知结构基础之上，通过同化、顺应和平衡，不断由低级向高级发展的过程。皮亚杰将婴幼儿的认知发展分为4个阶段：感知运动阶段（0—2岁），前运算阶段（2—7岁）、具体运算阶段（7—11岁、12岁）、形式运算阶段（11、12岁之后）。其中0—2岁的感知运动阶段，是婴幼儿思维的萌芽期，婴幼儿的认知活动依靠探索感知觉与运动间的关系获得动作经验。基于认知学派的理论，早期教育的课程设置要符合婴幼儿的认知发展水平，有助于婴幼儿的心理建构。

除了以上理论，有关婴幼儿早期发展的还有加德纳提出的多元智能理论、蒙台梭利的关键期理论、生态系统理论等，这些理论都是以婴幼儿自身的发展为根本点，为早期教育机构的课程设置提供了理论支撑。

2. 课程目标

美国幼儿教育协会在1984年颁布《高质量的托幼机构认证标准》，其中规定早教机构的课程目标是：满足婴幼儿以及所有机构的成人（包括工作人员、管理人员及家长）的身体需要、社会性需要、情感需要和认知需要，培养婴幼儿成为一名健康、聪慧、有贡献的社会成员。英国政府在2004年颁布"儿童保育十年战略"，该战略指出早期教育不仅要确保每个婴幼儿拥有最好的人生开端，还应为父母和家庭提供支持，帮助父母实现工作与家庭的平衡。澳大利亚政府2009年颁布了全国统一性的婴幼儿早期学习大纲，并制定早教课程的五大目标：第一，让婴幼儿感受到被保护和被支持，拥有强烈的身份认同感，同时发挥主观能动性，发展同情心，积极与他人互动；第二，让婴幼儿积极融入环境，学习互助、合作和分享，不怕困难，有责任感；第三，让婴幼儿感到幸福，发展较好的社会性和情感，注重身心健康；第四，让婴幼儿对周围的人事物感兴趣，积极动手动脑，探究解决问题的方法；第五，让婴幼儿乐意与人交谈，学会倾听，能用自己喜欢的方式表达自己的意思。

2019年国务院办公厅印发《关于促进3岁以下婴幼儿照护服务发展的指导意见》指出，"发展婴幼儿照护服务的重点是为家庭提供科学养育指导，并对确有照护困难的家庭或婴幼儿提供必要的服务……按照儿童优先的原则，最大限度地保护婴幼儿，确保婴幼儿的安全和健康。遵循婴幼儿成长特点和规律，促进婴幼儿在身体发育、动作、语言、认知、情感与社会性等方面的全面发展"。

综上，我国早教机构课程的目标应包括两个方面：一方面是确保婴幼儿的安全与健康，并促进其在身体发育、动作、语言、认知、情感与社会性等方面的全面发展；另一方面是为家庭提供科学养育的指导，提升家长的育儿能力，减轻家庭的育儿压力。

3.课程设置的原则

（1）课程内容全面、多元。婴幼儿的发展应该是全面的发展，包括生理上的发展及心理上的发展，涉及身体养护和运动、语言、认知、情感、社会交往以及美育等多个领域。因此早教机构对婴幼儿的教育与指导内容也要具有全面性，既要关注婴幼儿的动作、感知觉能力、语言、思维的发展，也要关注婴幼儿的情绪情感、个性和社会性等方面的发展。

同时早教机构提供的服务应该是多元的。国际儿童教育协会的幼儿教育与教育机构评估包含环境与空间、课程内容与教学法、幼儿教师与保育人员、托幼园所与家庭和社区的伙伴关系、有特殊需要的幼儿等5个领域。早教机构的课程既要关注婴幼儿的发展，也要关注对于家庭育儿的指导；既能够建立与家庭的联系，也能够融入社区之中；既遵循婴幼儿发展的普遍规律，也考虑到婴幼儿的个别差异。

（2）符合婴幼儿的年龄特点。0—3岁这一阶段婴幼儿的学习主要包括大动作、精细动作、认知、情感、社会性训练等内容，学习中以无意注意为主，主要依赖于早教教师的教导，因此在婴幼儿的保教中可以采用游戏和亲子互动的形式，增强婴幼儿的参与度，增强亲子间、师幼间的高效互动。

早教机构在研发课程的时候应充分考虑婴幼儿的年龄特点，科学设计，合理分层。充分利用婴幼儿大脑的再认功能，充分利用与婴幼儿有关的、婴幼儿熟悉的或了解的生活经验和已有知识，课堂中所设计的活动内容要从婴幼儿生活中来，并运用到婴幼儿的生活中去，使新的信息和内容与婴幼儿已有经验有所联系，从而实现发展的目的。同时课程内容的制订还需尽可能简单，考虑家长的可操作性，因为早期教育是一个反复延续的过程，需要早教机构与家庭间的密切配合。

（3）注重对家长的指导。在早教机构的保育与教育中，家长不只是陪同婴幼儿参加活动，同时也是在亲子活动的过程中学习育儿知识，学习如何与婴幼儿互动。早教机构对家长的指导也应具有全方位性，要指导家长全面了解婴幼儿身心发展的特点，从而科学地发展婴幼儿的运动、认知、情感、交往能力。指导内容还应涉及有关婴幼儿饮食起居、科学喂养及生活作息、习惯养成等方面。要强调生活指导，使家长能够在日常生活细节中对婴幼儿实施教育，帮助家长实现"养中带教，教养结合"。早教教师在婴幼儿的保教过程中积极邀请家长参与其中，以讲解和示范相结合的方式传授给家长育儿的知识和技巧。

（4）注重环境氛围的营造。早教机构要创设温馨的环境与氛围，在环境创设上，要考虑婴幼儿的生理特点，保证室内的光线充足、空气流通、温度适宜。活动材料应在保证安全性的基础上尽可能地丰富，能够吸引婴幼儿的注意，便于婴幼儿的操作。同时应具有足够的户外活动空间，为婴幼儿提供开放、自由的活动平台。在教育过程中，早教教师要注意为婴幼儿创设同伴交往的机会，提供婴幼儿共同阅读和游戏的机会，帮助其建立良好的伙伴关系。

知识链接

国外早教教育课程设置

美国幼儿教育协会认为早教教育的课程内容要符合婴幼儿的年龄特征和个体差异，要涵盖社会、情感、智力、语言和审美5个领域的内容，具体表现在：①情绪能力与心理健康；②良好的个性与人格；③社会性能力；④良好的生活习惯；⑤身体素质与身体协调能力；⑥大脑与五官的刺激；⑦知识积累与学习能力（读写算）；⑧求知欲的开发与保护；⑨语言能力；⑩审美趣味与能力；⑪特殊才能的发现；⑫特殊技能的培养。美国各个州早教课程的制订应该涵盖以上内容，应能够保证婴幼儿这些方面的发展。

澳大利亚的早教课程具有以下特点：①考察到每个婴幼儿的家庭背景、知识经验、能力和需要；②认识到每个婴幼儿在体力、社会性、情感、认知、语言等方面的需求，用科学而又合理的方式方法刺激、扩展婴幼儿的学习；③满足婴幼儿认识环境、操作材料、体验环境及与环境相互作用的愿望；④把游戏视作婴幼儿学习的主要形式，给予婴幼儿恰当、适量的引导、支持和帮助。早教教师为婴幼儿确定的教育内容比较注重3个方面：①发展婴幼儿的社会交往能力。未来的世界是个高度社会化的社会，要使婴幼儿能在未来的社会中较好地生存、发展，就必须使他们获得与别人友好相处的知识、技能和能力，能清楚地表达自己的思想、观点和情感体验。②培养婴幼儿综合表现能力。婴幼儿与他人交往的形式多种多样，诸如口语、书面语、音乐、律动、舞蹈、表演、绘画等。婴幼儿通常不是孤立地使用某种形式来进行交往活动的，而是综合地运用这些形式来达到相互作用的目标。③帮助婴幼儿认识环境、理解环境。婴幼儿的周围环境是他们认识世界的阶梯，早教教师应该使婴幼儿熟悉周围的生活环境，认识科学环境和社会环境，并能有效地从各种环境中获得经验。

4.课程内容

（1）对婴幼儿日常生活的照顾。婴幼儿的日常生活包括饮食、睡眠、盥洗、排便等，日常生活是维护婴幼儿生命、促进其身体正常生长发育的基本条件，是对婴幼儿进行教育的前提条件。

其一，早教机构为婴幼儿提供良好的环境和活动设备。早教机构的房屋要符合建筑使用面积和建筑卫生的标准。室内要做到光线充足、空气流通，布置要符合婴幼儿的年龄特点。户外要有足够的供婴幼儿活动的场所，能够使婴幼儿与大自然进行亲密接触，如创设玩水、玩沙的条件，注重环境的绿化和美化。同时婴幼儿的玩教具及游戏材料要保证安全、卫生，并尽可能地清洁、环保，如使用纸盒进行自制玩具。

其二，早教机构要制订合理的生活日程。早教机构要对婴幼儿一天的睡眠、饮食、盥洗等各项活动进行合理的安排，根据婴幼儿的年龄确定其睡眠的时长和进食的间隔，根据动静结合的原则安排自由活动和户外活动的内容与时间。在生活日程的制订中，要考虑婴幼儿的实际情况和个体差异，并具有一定的灵活性，要能够确保婴幼儿身体正常的生长和发育，促进其认知、情感与社会性的发展，培养良好的生活卫生习惯。

其三，早教机构要重视婴幼儿的卫生保健工作。0—3岁阶段，婴幼儿的生长发育最为迅速，但同时身体抵抗力低，对外界环境的适应能力差，易受外界影响和患病，因此婴幼儿的卫生保健工作要格外重视，对于早教机构来说更要做好传染性疾病的预防。卫生保健的内容包括饮食管理和饮食卫生、晨间的体检、定期的健康检查、消毒与隔离制度、疾病的预防机制等。

（2）运动训练。婴幼儿的动作训练有助于增进其动作的灵活与协调，提升其身体发育和健康水平，同时也有助于促进婴幼儿的同伴交往，锻炼其意志品质。婴幼儿的动作训练主要包括精细动作的训练和大肌肉动作的训练。

婴幼儿精细动作的发展主要体现在手部动作的发展，包括手指、手掌、手腕等部位的活动能力。具体包括：①小肌肉动作，指手指和手腕的力度与灵活度的练习；②手眼协调的能力，指手部的控制能力，手眼以及双手的协调能力，手部动作的精确性；③手脑协调，指婴幼儿的语言能够和手部的动作相配合。在精细动作训练中要尊重婴幼儿的个体差异和需要，满足婴幼儿内在的发展需要，不打断其学习过程，让婴幼儿自己拿取和整理玩具，培养其专注力、持续力和独立性。

婴幼儿的大肌肉动作包括翻身、抬头、坐立、站立、行走、跑跳等。在这些基本动作掌握的基础上，促进婴幼儿整体动作的平衡、协调与灵活以及身体的控制能力。大肌肉的训练在尊重婴幼儿成长发育规律的前提下，可以通过形式多样、生动有趣的游戏进行，同时可以将认知、语言等方面的内容融入大肌肉动作的训练之中。大肌肉的动作训练要全面、协调，肌肉、躯干与四肢要平衡协调发展，运动和视觉、听觉、触觉活动要协调，动作技能与平衡能力、耐力的发展也要协调。

（3）语言能力的教育。1—3岁是婴幼儿语言发展的关键期，早教机构要加强婴幼儿倾听的能力，鼓励其多说话、多表达，培养其语言表达的兴趣和能力。语言能力的教育具体包括发音器官的训练、口语表达的训练和早期阅读。

语言是由语音和语义两个不可分割的部分组成，语音的产生有赖于人体的发音器官，包括舌、唇、齿、喉、声带、胸腔等部位，发音器官的良好发育是婴幼儿语言能力发展的重要前提。早教机构可以通过语言训练操、模仿声音游戏等方式训练婴幼儿的发音器官，增强其口腔肌肉的力量，帮助婴幼儿掌握正确的发音。

口语表达是婴幼儿语言表达的主要形式，婴幼儿口语表达能力的教育包括"听"和"说"两个方面的内容。倾听是婴幼儿口语能力发展的基本条件，婴幼儿对于语音、词汇和语法规则的掌握都是基于倾听获得的。早教机构要注重培养婴幼儿良好的倾听习惯和品质，尤其是对于语音、语调的感知和对于语义的理解。"说"是口语表达的核心，早教机构在照料婴幼儿日常生活以及各种活动中，可以多和婴幼儿进行交谈，引导其进行基本的发音，鼓励其用声音对他人进行回应。

早期阅读不仅对于婴幼儿语言能力的发展有积极的促进作用，还能够促进其注意力、想象力以及重要的非智力因素发展。1岁半左右的婴幼儿已经可以根据自己的喜好选择图画书进行阅读，已经具备了早期阅读的条件。早教机构在婴幼儿的语言教育中可以提供丰富而适宜的图书，如各种类型的绘本、用布做成的图书等。在婴幼儿阅读中进行轻松自然的引导，使婴幼儿获得良好的阅读体验，从而培养其对于阅读的兴趣和良好的阅读习惯。

（4）认知能力的教育。婴幼儿的认知发展包括感知觉、注意、记忆、思维、想象等多个方面。在0—3岁阶段，最重要的是其感知觉能力的发展和好奇心、探索欲的合理满足。

感知觉是记忆、思维等高级认知能力发展的基础，包括视觉、听觉、触觉、味觉和嗅觉，对于0—3岁的婴幼儿，视觉和触觉的发展尤为重要。婴幼儿出生后至1岁期间的视力发展十分迅速，刚出生时婴幼儿的视力很弱，只对光有反应，发育到18—30个月时，婴幼儿视力一般就能够达到正常成人的视力水平。因此这一阶段的视觉刺激十分重要，早教机构要在这一时期为婴幼儿提供丰富和科学的视觉学习材料。触觉是人体最基本的感觉，也是婴幼儿认识世界的主要方式，提升婴幼儿的触觉能力同时也能够为其他能力的发展奠定基础，早教机构可以通过亲子活动增加家长与婴幼儿的身体接触，增加对于婴幼儿的抚触，帮助婴幼儿建立良好的安全感和信任感，使得家长与婴幼儿间的关系更为亲密。

婴幼儿天生具有强烈的好奇心和探索欲，这是其认识与适应周围环境的本能，正确对待婴幼儿的好奇与探索能够促进其认知能力的发展。早教机构一方面要为婴幼儿创设一个宽敞、安全的探索环境，提供丰富的活动材料，吸引婴幼儿与感兴趣的玩具进行互动。同时多带婴幼儿到户外空间，让他们在大自然中进行探索，利用自然物尽情活动，满足他们好奇、好动的心理需求；另一方面要避免婴幼儿因好奇和探索受到伤害，要尽可能减少婴幼儿周围环境中的不安全因素，阻止其做出不安全的动作和探索。

（5）情感与社会性的教育。人是社会性动物，婴幼儿的社会化发展是由情绪开始的。社会情感是伴随婴幼儿的社会心理过程产生的主观心理体验和心理感受，主要包括情绪和情感。随着年龄的增长，婴幼儿的社会性情感渐趋稳定，情绪的冲动性逐渐降低，并逐渐从外显转为内隐。早教机构要正确对待婴幼儿的情绪情感，不压抑其情感表达，通过反复的示范和多次的引导，使婴幼儿懂得如何正确地表达情绪，并通过正确的保教使其大部分时间保持正面的情绪情感。

社会性是生物作为集体活动中的个体、或作为社会的一员活动时所表现出的有利于集体和社会发展的特性。其主要表现为人在相互交往的过程中对各种事物以及他人的行为、言语所表现出来的自身的态度与反应。婴幼儿与同伴、成人的交往以及遵守某些行为要求是婴幼儿社会性发展的重要部分，对其人格的形成与发展也有着重要的影响，具体包括：①建立安全的依恋关系。良好的依恋关系能够使婴幼儿对探究周围环境有较高的兴趣，能促进婴幼儿的主动性与自我控制能力的发展，早教机构要帮助建立家长与婴幼儿间的亲子依恋关系，同时也要逐渐培养婴幼儿对于早教机构的依恋。②发展良好的同伴关系。同伴是婴幼儿在家庭之外最多的交往对象，同时婴幼儿之间经常因争抢玩具等事情发生争吵，在早教机构中，早教教师要关注婴幼儿的同伴互动，合理化解婴幼儿之间的纠纷，使婴幼儿逐渐获得基本的同伴交往能力。

（6）对家庭的指导。婴幼儿的早期教育需要家庭与早教机构的密切协作，早教机构作为婴幼儿教育的专业场所，拥有进行婴幼儿教育的专业人士，因此早教机构具有向家庭进行育儿指导的责任。

首先，早教机构应该聘任专业的保健人员，对家长进行婴幼儿卫生保健的指导。早教机构也可以经常邀请早期教育专家、心理学以及医学专家参与到家庭指导的队伍中，对家长进行婴幼儿生理心理发展特点的指导。其次，早教机构需要给家长提供一个互相交流的平台，供家长之间进行育儿知识、技能以及感受等各方面的交流，并有专业的早教教师在平台上对家长在育儿中产生的疑问与困难进行回应，这种方式一方面可以在家长与教师之间建立平等、自由的对话关系，另一方面也有助于增强早教教师主动学习、不断进取的热情。最后，早教机构应建立早教教师对家长进行指导的监督和奖励机制，把早教教师指导家长的能力纳入教学评价之中。

在指导方式上，早教机构可以充分利用网络信息技术，如建立微信群、开发专门的手机应用软件等。网络信息技术广泛应用到家庭教育指导上不仅可以为家长提供更多的自主权，为其随时随地接受指导和服务提供便利，而且能够减轻早教机构的师资压力。同时早教机构也可以借鉴幼儿园中传统的家长工作形式，如家园联系手册、家访、电话指导等。

任务检测

一、单项选择题

1.精神分析学派的创始人（　　）认为婴幼儿时期的发展不完全，会对后续发展产生重大影响。

　　A.弗洛伊德　　　　　　　　B.皮亚杰

　　C.维果茨基　　　　　　　　D.马斯洛

2.皮亚杰将婴幼儿的认知发展四个阶段中0—2岁的（　　），是婴幼儿思维的萌芽期。

　　A.感觉—运动阶段　　　　　B.前运算阶段

　　C.具体运算阶段　　　　　　D.形式运算阶段

二、简答题

简述早教机构保教的内容。

任务检测答案

任务评价

指标	评价标准	考核者	说明	评分
\"早教机构保教的意义与内容\"评价表				
预习任务、课后任务的完成情况	完成好或较好为1学习积分，一般为0分，差或较差扣1学习积分	教师+课代表或小组长	具体评价内容及对应分值以一次具体任务为准	
教学过程中的表现	乐于思考、积极主动性强、笔记较好等为1学习积分，一般为0分，差或较差扣1学习积分	教师+课代表		
任务内容学习效果	掌握得好或较好为1学习积分，一般为0分，差或较差扣1学习积分	教师+课代表+小组长		
思政目标达成度	科学的亲子教育观达成度较好为1学习积分，一般为0分，差或较差扣1学习积分	教师+课代表+小组长		

注：以学习积分为单位，每位学生有10个学习积分作为基础分，在此基础上加分或减分，考虑到后续可能出现的情况，2个学习积分为1分平时成绩，最后所有积分会折算成平时成绩。

任务二　早教机构保教的方式与实施

任务描述

　　本任务主要对早教机构保教的方式与实施进行探讨。其中，早教机构保教的方式包括保教的原则、保教的方法和保教的策略3方面内容。通过对保教机构保教实施的阐述，明晰当前早教机构保教的实施现状及存在的问题，并了解其发展趋势。

任务准备

> 理论准备：学生对早教机构保教的意义与内容有一定的理解。
> 物质准备：做好疫情防控准备工作；智慧教室。

 任务实施

一、早教机构保教的方式

（一）保教的原则

1.适宜性原则

早教机构的教育活动应该具有适宜性，其一是活动的内容适宜，其二是活动量适宜。内容适宜是指早教机构设计的教育活动内容要适合婴幼儿的年龄特征与发展水平，同时也考虑到家长的需求，满足家长学习育儿知识的要求。不同年龄段婴幼儿的身心发展水平有着较大的差异，因此早教机构的教育活动与幼儿园的教育活动要有明显的区别。早教机构要立足于婴幼儿的身心特点，考虑机构本身的实际状况，以合适的方式对婴幼儿进行保教；要确保教育的内容是婴幼儿当前能够认知和理解的，当婴幼儿熟练掌握该内容后，需要适当增加内容的难度，促进其在最近发展区内的发展。活动量适宜指的是每次活动的时间和强度要适量。为防止婴幼儿因疲惫而注意力不能集中，活动的安排要避免过多过密。同时类似的活动不要过多延伸，以免婴幼儿失去活动的兴趣。活动的安排要遵循动静结合的原则，注意把握婴幼儿身体活动的节奏，在消耗量较大的运动后可以安排静息、音乐欣赏等活动，使婴幼儿有时间静下来调整状态。

2.个性化原则

早教机构在活动的设计与组织上要注重个性化原则，考虑不同婴幼儿的兴趣与特点，让他们能在不同的活动中都找到乐趣。当婴幼儿在活动中表现出特殊的意愿和兴趣时，早教教师要给予特别的关注，并及时鼓励和满足其合理需求。婴幼儿的特殊需求或行为表现是其个性化的表现，因此对于他们的教育要打破千篇一律的模式，为婴幼儿提供自由发展的环境，鼓励其个性的良好发展。例如一些早教机构的活动是让家长和婴幼儿围坐在柔软的地垫上开展，这样便于婴幼儿自由地爬来爬去，同时整个活动的氛围是轻松、随意的，这便于婴幼儿个性的自由发挥。早教教师在活动中还应注意到婴幼儿自身的特点和发展情况，积极发掘其兴趣点和潜能。

3.指导性原则

早教机构教育活动的开展应具有指导性。其一是在教育活动内容的设计上遵循指导性原则，其二是在教育活动的组织开展上要具备指导性。同时其指导的对象既包括婴幼儿，也包括婴幼儿的家长。

教育活动内容设计要具有指导性。婴幼儿的活动不仅是游戏与玩乐，更重要的是促进其身心各方面的发展。因此，活动的内容对于婴幼儿应具有适宜的难度，早教教师在活动的过程中给予婴幼儿恰当的指导。同时活动内容还应对家长具有指导性，能够为家长提供一定的育儿知识和技巧，使家长在活动中有所收获，对其自身育儿起到一定的指导作用。

教育活动的组织与开展上也要具有指导性。这一过程中的指导包括集体指导和个别指导。集体指导适用于早教教师示范、讲解某项活动如何进行等情境，个别指导适用于分组活动时对每个家庭进行指导。活动开展中的指导要具有针对性和及时性，能够根据活动中家长与婴幼儿的情况及时地给予指导。

4.亲子同乐原则

早教机构不只是对婴幼儿的教育，还有对家长的教育，其目的是让婴幼儿和家长在快乐中学习和成长。不同于幼儿园，早教机构没有课堂的任务约束和要求，整个活动过程更加轻松和随意。早教机构的教育活动大多数都是以亲子游戏的形式展开，家长和婴幼儿在游戏中互动，体验快乐的情绪。有亲和力的笑容和温柔的语言，能够让婴幼儿更加愉快地参与活动内容，让家长感受到活动的愉快氛围，从而积极地参与其中。在婴幼儿和家长心情愉快的前提下，才能达到亲子同乐的效果，实现早期教育的目标。

（二）保教的方法

1.示范法

示范法有助于婴幼儿更直观地学习活动内容，早教教师通过亲自示范向婴幼儿和家长展示活动的内容以及具体操作的方法。婴幼儿具有较强的模仿性，能够通过观察早教教师的示范进行模仿，并在家长的帮助下完成活动的要求。早教教师进行示范的时候注意语速要适中，动作要简单易懂，对于较为复杂的内容可以重复示范，以便于婴幼儿和家长更好地学习。

2.操作法

根据皮亚杰的认知发展阶段理论，0—2岁的婴幼儿主要处于感知运动思维阶段，婴幼儿最初的思维正是从动作和语言发展起来的，思维是动作操作的内化。因此身体的动作，尤其是手部的操作与婴幼儿思维能力的发展有着密切的关系。同时身体动作的练习不仅能够促进婴幼儿思维的发展和知识的积累，还能够促进其语言能力的发展，同时在实际操作中还能培养婴幼儿稳定的情绪、专注的性格和求知探索的兴趣。早教机构在保教过程中要尽可能多地使用操作法，为婴幼儿提供操作的机会，促进其肌肉群的运动发展和协调配合的能力。

3.亲子游戏法

亲子游戏可以促进婴幼儿认知能力的发展。婴幼儿的注意力持续时间短，且以无意注意为主，家长与婴幼儿之间的游戏互动能够增强婴幼儿的注意，从而促进其活动和探究行为的持续时间。同时亲子游戏是一种社会互动，在游戏中无论是语言表达还是非语言表达，家长与婴幼儿都可以在沟通交流中有很强的参与感，家长对婴幼儿的了解也会更深入，这可以帮助婴幼儿发展其语言和良好的情绪情感。

4.多媒体教学法

多媒体教学是早期教育活动的有效途径。婴幼儿的感知觉能力正处于快速发展阶段，多媒体教学能为婴幼儿提供视听等多重感官刺激，有利于婴幼儿调动多感官投入到活动中，接收到更多的教育信息，促进其思维的发展。多媒体教学法为婴幼儿创设出富有情境体验的学习环境，利用多媒体设备可以创设出形式新颖、颜色绚烂、形象具体的信息，这些内容生动、图像逼真的教育信息更能够引起婴幼儿的兴趣，集中他们的注意力。同时由于婴幼儿的大脑机能尚未完成动力定型，反复的多重感官刺激有利于婴幼儿强化所学的知识和技能。

（三）保教的策略

1.与婴幼儿日常生活紧密联系

早教机构教育活动的设计要具有新颖性和趣味性，同时更要重视婴幼儿日常生活中的事物和经验。将婴幼儿日常生活中常见的物品作为活动材料应用到教育活动中更便于婴幼儿的操作，同时也更能够激发他们的兴趣。婴幼儿日常生活经验是进行教育活动的良好素材，可以通过有趣的游戏将进食、穿衣等内容融入活动之中，这样既能够便于婴幼儿的理解与掌握，还能培养其生活自理能力。早教教师需要与家长多联系，以便更加了解婴幼儿的生活经验。

2.建立成长档案袋

0—3岁阶段婴幼儿发展迅速，成长档案袋能够记录婴幼儿各方面的发展，有助于早教教师对婴幼儿的发展进行评估和进行教学反思，同时也有助于家长更加了解早教机构的保教实施情况与婴幼儿的发展情况。一般情况下，早教机构每个班的婴幼儿数量相较幼儿园更少，早教教师有时间和精力关注到每个婴幼儿的表现，能够了解每个婴幼儿的发展特点和水平，从而为他们提供更具针对性的教育方案。每次活动结束后可以分别对婴幼儿、家长进行评价，并写入成长档案袋。早教教师可以定期与家长一起查阅婴幼儿的成长档案，以便更好地做到家园共育。

3.丰富活动材料的种类和活动形式

活动材料是开展保育和教育的重要载体。丰富活动材料的种类，合理利用不同类型的活动材料能够使得保教活动更具多变性和趣味性。例如在亲子游戏中，早教教师可以准备一些小型的活动材料，便于婴幼儿独自进行操作，发展其小肌肉动作，同时还要有一些大型的活动器械，供婴幼儿和家长共同操作，以便发展婴幼儿的大肌肉动作。

早教机构的保教活动形式也要富有变化，既要有室内的活动，也要有丰富的户外活动。婴幼儿对外界环境有着强烈的好奇心，宽阔的户外环境是婴幼儿进行自由探索的良好平台。户外活动的开展可以选择动作幅度较大、自由度较高的亲子游戏、自由游戏、家长互动游戏等。在户外活动中，婴幼儿接触到的事物更多，早教教师对其进行教育的机会也就更多，早教教师要密切关注婴幼儿的活动状态，以便适时开展随机教育。同时早教机构还要考虑到婴幼儿进入幼儿园会出现的问题，为适龄的婴幼儿设置入园过渡活动，增强其生活自理能力，减少其对于家长的依赖，发展其社会交往能力，为其进入到幼儿园打好基础。

4.加强家庭教育指导

对婴幼儿的家庭进行育儿指导是早教机构教育的重要内容。家长不只是陪同婴幼儿参加活动，同时也是在进行学习，在亲子游戏中学会高质量的亲子互动，在早教教师的讲解示范中学习育儿知识和技巧。早教教师在教育活动中要提醒家长认清自己的角色，让家长意识到每次教育活动的任务、每个亲子游戏的教育目标及其所起的作用。除婴幼儿的教育活动外，早教教师还应该在每次的活动中加入对家长进行教育的部分。例如教家长如何给婴幼儿洗澡、如何进行婴幼儿辅食的添加、如何与婴幼儿进行互动等。只有让家长意识到每次活动的重要性，才能更好地让家长参与到每次的保教活动之中，才能切实提升家长的育儿水平。

日常生活中家长会遇到各种各样的婴幼儿养育和教育的问题，因此早教机构除了在活动中对家长进行指导外，还可以安排定期的早教讲座或咨询活动。早教机构除了自身的师资外，还可以邀请有关婴幼儿发展的各个方面的专业人士，开展家庭教育讲座，解答家庭育儿中遇到的问题和困惑，进一步提高家长的育儿能力。

二、早教机构保教的实施

（一）实施的现状

早教机构的设立虽在我国起步较晚，但随着家庭托育和早教需求的不断增多，早教机构正处于快速发展的时期。当前早教机构的形式多种多样，其保教的质量、发展的状况也各不相同。

按照早教机构的经营类型进行划分，可将其分为综合性的早教机构和特色性的早教机构。综合性早教机构一般规模较大，硬件设施较完善，多采用加盟或者连锁的方式进行经营，针对婴幼儿身心各方面的发展进行保育和教育，多实行全日制。特色性早教机构以发展婴幼儿的某一方面为主，如以舞蹈、美术为特色或以感统训练为主等，这类早教机构大多有属于自己的较为完善的课程体系和教学体系，以半日制或计时制为主。

按照早教机构的创办主体，可将其分为3类：第一类是幼儿园开办的托班，这类早教机构在教育理论和师资配备上有一定的专业保障；第二类是各类培训学校开办的早教班，其本身并非是专门针对早期教育，但在培训场地、课程设置、师资和管理上也具备了基本的进行早期教育的条件；第三类是以咨询公司等名义从事早教业务的机构，这类早教机构因为不属于专门的教育机构，无需在教育部门进行认证，只需在工商行政部门注册，因此在早教机构中占有很大的比重，市场上的大部分早教机构便属于这种类型。

按照早教机构的运营性质可将其分成商业性早教机构和福利性早教机构。商业性早教机构是以家庭为授课单位，多按课时收取费用，以民办为主，通过提供服务满足婴幼儿家庭的早教需求，从而获取经济收益。目前市面上商业性的早教机构种类繁多，如亲子园、早教中心、幼儿俱乐部等。许多商业性早教机构所宣传的培训特色包括蒙氏教育、潜能开发、特长培养等，其类别和服务方式有课时包服务、托育服务、混合服务，课时包的课程内容以教育为主，一般包括运动、亲子活动、音乐、美术、绘本、建构活动等。在服务方式上，主要有全日托、半日托、计时托3种，其中全日托居多。在商业服务的运营过程中，这类早教机构的店面租金、加盟费用、广告费用一般花费较高，因此商业性的早教机构普遍收费较高，主要为中等以上收入家庭服务。

福利性早教机构主要以社区早教为主，部分公办幼儿园也提供一定的福利性早期教育。社区早期教育服务属于社区服务的范畴，具有福利性和公益性两个主要特征，其主要针对的是本社区居民，具有很强的区域性。参与的主体包括社区内的家庭、社区工作者以及社区附近的早教机构、社会团体及各类社会力量，因此，社区早期教育服务不仅包涵了社区工作者进行联络资源和组织活动，针对社区内有早期教育需求的家庭开展服务，还包括社区居民之间的互助服务和志愿者服务。公办早教机构多为公办幼儿园利用周末开展早教活动，时间多为两三个小时，幼儿园教师承担早期教育的任务，家长一般较少参与亲子互动活动。

近年以来各方政府都开始采取不同措施来规范和促进早期教育机构的发展。主要是通过对早教教师的资格认定和早教机构软硬件设备的整体状况进行年度评估。要真正规范早期教育市场，必须完善早教机构的创立、运行、评估、反馈等一系列环节的程序标准。

（二）存在的问题

1.早教教师的专业化水平低

早教教师是早教机构教育的核心，目前大多数早教机构的早教教师专业化水平低。首先，目前我国没有统一的婴幼儿早教机构早教教师职业标准，对早教机构早教教师资格的认定主要参照劳动和社会保障部制定的育婴员国家职业标准，一般仅要求初中学历，在专业方面也没有任何要求。其次，在职业资格的培训中，不少培训工作流于形式，培训的时间一般较短，授课内容缺少系统性和操作性，且有的早教教师仅参加了内部培训。此外，早教师资的缺失也进一步导致早教教师专业性的不足，在目前的师范院校以及其他普通高校中，很少设置专门针对0—3岁婴幼儿的早期教育专业。

2.监管不到位

幼儿园在办园条件、教学管理、师资力量、卫生保健等各方面都有明确和严格的规定，但早期教育机构不同于幼儿园，目前在早教机构的安全标准、收费标准、卫生标准、教师资质等方面都还没有明确的政策与法规。

3.保教内容设置不合理

首先，保教内容在内容价值取向上存在重教轻保的问题。许多早教机构对教育活动和游戏活动十分重视，但忽视了生活活动和教养环境的创设。多数亲子活动基本是由动作、认知、语言、情感、社会性等领域的内容串联而成，婴幼儿的生活环节及其保育较为少见，"以养融教""教养结合"这些最需要家长学习的内容在亲子活动中存在缺失。

其次，早教机构拼凑课程内容的现象较多。很多早教机构宣称其进行的是蒙台梭利教学、奥尔夫音乐教学等，看似包含了动作、认知、语言、情感、社会性多个领域的活动内容，但各领域的活动随意组合、缺乏联系，且过渡环节又过于生硬，这导致了保教内容缺乏整体性。

最后，课程内容缺乏连贯性和系统性。不少早教机构过于关注每次保教活动的实施，缺乏对于课程内容的系统性思考。同一领域前后开展的活动缺乏连贯性，同一游戏内容缺乏难度的差异，多次活动目标之间的递进关系不够明显，同一个活动没有考虑到不同发展水平的婴幼儿实际情况，等等。这些问题都是早教机构需要解决的。

4.对家庭缺乏有效的指导

婴幼儿的活动范围主要在家庭中，家长的育儿观念和能力直接影响着这一阶段的教育质量。很多年轻的家长缺乏育儿经验，在教育方法上存在不当之处，早教机构应帮助家长树立科学的儿童观、教育观，提高家长对早期教育重要性的认识和实际的教养能力。目前的早教机构大多将关注点集中在婴幼儿各方面的发展上，一定程度上忽视了对家长的指导，缺乏对家长进行指导的意识或指导的能力不足，早教机构中完整的家庭教育指导体系亟待建立。

（三）发展的趋势

1.监督与管理加强

2019年，国务院办公厅印发《关于促进3岁以下婴幼儿照护服务发展的指导意见》，提出了完善婴幼儿照护服务发展的政策法规体系、标准规范体系和服务供给体系，规范发展多种形式的婴幼儿照护服务机构。这说明 0—3 岁婴幼儿保育和教育的监管已经得到了国家和政府的关注，未来针对早教机构的监管会逐渐加强。早期教育行业发展的政策和标准有望出台，以加强对早期教育行业发展的引导、规范以及监管。随着相关的行业准入标准和评价标准的出台，早教机构的创办门槛会不断提高，这有助于提升早教机构的规范性。此外，卫生环境、课程体系、教学设备等各方面规定的制定则会更有助于提高早教机构保教的质量。

2.福利性早教机构逐渐增加

目前的早教机构以商业化运作为主，主要集中在城市地区，收费一般较高，一般家庭送婴幼儿到早教机构进行保教的经济压力较大。随着国家对于早期教育的逐渐重视，以福利性和公益性为主的早教机构逐渐增加。商业性的早期教育机构具有一定的优势，但服务层面窄，单纯依靠商业性的早期教育机构不利于我国早期教育事业的全面发展，福利性的早期教育机构可以提供更为广泛的基础早期教育服务，使得更多的家庭和婴幼儿受益。目前以社区为中心的儿童之家在我国各个地区不断建立，儿童之家主要由社区妇联负责，为社区各个年龄阶段的婴幼儿提供教育服务，为社区的家庭提供家庭教育的指导。

3.托幼一体化

对 0—3 岁婴幼儿实施一体化的保育和教育正在成为国际社会关注与重视的趋势问题，很多国家都在积极推行"托幼一体化"模式。托幼一体化表现在将幼儿园的服务体系延伸到 3 岁以下婴幼儿，核心是拓展幼儿园保育和教育服务的时间轴和覆盖面，如在幼儿园中设立托儿班、宝宝班或其他形式的"园中园"。托幼一体化将有助于学前资源的有效利用，有助于我国早期教育事业的快速和高质量的发展。托幼一体化需要政府做好相关的制度设计，包括制定相关的政策与法律法规，建立健全托幼一体化标准体系，明确托幼一体化的主管部门及其具体的责任和管理权限等。完善法律法规政策，让早教机构在收托婴幼儿年龄上、所隶属的主管机构有明确、统一的法律法规指引。托幼一体化还需要整合 0—3 岁与 3—6 岁的课程、师资等各方面资源，建立托幼一体教育实施的支持系统。

任务检测

一、单项选择题

1.（　　）有助于婴幼儿更直观地学习活动内容，早教教师通过亲自示范向婴幼儿和家长展示活动的内容以及具体操作的方法。

A.示范法　　　　　　　　　　　B.操作法

C.游戏法　　　　　　　　　　　D.实验法

2.按照早教机构的经营类型进行划分，可将其分为（　　）的早教机构和特色性的早教机构。

A.游戏类　　　　　　　　　　　B.综合性

C.操作性　　　　　　　　　　　D.普通性

二、简答题

简述几种早教的方法。

任务检测答案

📎 任务评价

指标	评价标准	考核者	说明	评分
"早教机构保教的方式与实施"评价表				
预习任务、课后任务的完成情况	完成好或较好为1学习积分，一般为0分，差或较差扣1学习积分	教师+课代表或小组长	具体评价内容及对应分值以一次具体任务为准	
教学过程中的表现	乐于思考、积极主动性强、笔记较好等为1学习积分，一般为0分，差或较差扣1学习积分	教师+课代表		
任务内容学习效果	掌握得好或较好为1学习积分，一般为0分，差或较差扣1学习积分	教师+课代表+小组长		
思政目标达成度	科学的家庭教育观达成度较好为1学习积分，一般为0分，差或较差扣1学习积分	教师+课代表+小组长		

注：以学习积分为单位，每位学生有10个学习积分作为基础分，在此基础上加分或减分，考虑到后续可能出现的情况，2个学习积分为1分平时成绩，最后所有积分会折算成平时成绩。

💬 项目总结

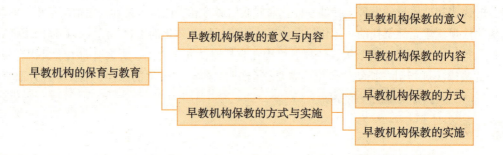

✏️ 项目综合实训

1.查阅相关资料，结合实际事例，谈谈早教机构实施的原则和方法具体如何在保教活动中体现。

2.通过实际调查、网络学习等方式，开动脑筋，结合实际，谈谈早教机构保教存在的问题，并提出自己的解决思路。

 课证融通

一、单项选择题

1.（2020年初级育婴师考试）训练婴儿正确地"吃"，是为了培养婴儿的（　　）。

　A.吞咽功能　　　　　　　　B.吸吮功能

C.味觉功能　　　　　　　　　　　　D.咀嚼功能

2.(2020年初级育婴师考试)给婴儿放洗澡水时，顺序正确的选项是(　　)。

A.先放冷水，后放热水，再放婴儿　　B.先放冷水，后放婴儿，再放热水

C.先放婴儿，后放热水，再放冷水　　D.先放热水，后放婴儿，再放冷水

二、简答题

(2017育婴师资格考试)婴幼儿生长发育的一般规律是什么？

课证融通答案　　　　　　拓展阅读　　　　　　微课呈现

第三部分

3—6 岁幼儿的教育

项目七 幼儿园课程

  项目导读

　　幼儿园课程属于学前教育学非常重要的一部分，课程好坏直接影响学前教育的质量。本项目共分三大部分内容：幼儿园课程概述，幼儿园课程的设计、指导与评价，国内外典型幼儿园课程方案。幼儿园课程概述从幼儿园课程的概念与类型、幼儿园课程的特质、幼儿园课程的构成要素、国内幼儿园课程的发展趋势4个方面进行阐述，幼儿园课程的设计、指导与评价部分主要突出生活和单元主题两类活动，中间穿插一些实例，以补充具体实施部分。国内外典型幼儿园课程方案部分，除了介绍国内最典型的影响至今的两种课程方案——五指活动课程和幼稚园行为课程外，还介绍了蒙台梭利课程、高宽课程及瑞吉欧课程。

项目目标

知识目标

1.能较为清楚地解释幼儿园课程的概念及特质。

2.掌握幼儿园课程的构成要素。

3.明晰生活活动和单元主题活动相关内容。

4.了解国内外典型的幼儿园课程方案。

技能目标

1.能依据幼儿园课程构成要素等内容，进行课程实践。

2.具备初步的生活活动和单元主题活动的设计、指导与评价的能力。

3.能从不同的方面初步分析幼儿园课程方案。

情感目标

能从整体把握幼儿园课程，形成正确的幼儿园课程观。

思政目标

具有钻研精神、工匠精神和创新精神，反思幼儿园课程开发中出现的问题，在幼儿园课程中弘扬中华优秀传统文化，坚定文化自信。

任务一　幼儿园课程概述

⚙ 任务描述

　　本任务主要阐述了幼儿园课程的概念与类型、幼儿园课程的特点、幼儿园课程的构成要素以及国内幼儿园课程的发展趋势。幼儿园课程是实现幼儿园教育目的的手段，是帮助幼儿获得有益的学习经验并促进身心全面和谐发展的各种活动的总和。幼儿园课程作为学前教育的一部分，影响着学前教育的质量。幼儿园课程相较于其他阶段的课程更具有针对性和操作性，强调理论与实践的结合。

🔗 任务准备

　　理论准备：学生已有前期课程的知识储备。
　　物质准备：环境干净、整洁、安全，做好防疫工作；智慧教室、仿真教室；中性笔、记录本、消毒剂等。

☰ 任务实施

一、幼儿园课程的概念与类型

（一）幼儿园课程的概念

　　关于幼儿园课程的界定包括：①课程即学习的科目，如"六艺"。幼儿园通过各类课程为幼儿搭建系统的学科知识体系，其不足之处在于，只关注所教科目及知识间的结构、逻辑等，不关注幼儿的情感陶冶或个性培养等。②课程即预期的学习结果或目标。课程所有的环节包括具体实施过程皆是为目标服务。③课程即教学计划。课程是事先制订的计划，包括课程目标、内容、评价等环节的制订。④课程即幼儿在幼儿园获得的学习经验，如"杜威的儿童中心论"。将课程的重心由学科和幼儿教师转移到幼儿身上，实现了课程本质由客体到主体的转变，强调以幼儿为中心。⑤课程即幼儿园组织的学习活动。幼儿的经验是通过其在活动中的各种主动行为而产生的，"做中学"是幼儿获得经验的主要方式。

　　幼儿园课程是各种活动的总和。幼儿园课程强调幼儿直接经验的获得，而经验是主观的东西，在理论层面上大有裨益，但难以有所规律地付诸实践，作为幼儿园课程重要的实施者和组织者——幼儿教师更易把握的是客观存在的活动。活动本身既有主体性（学习者）又有对象性（学习内容），活动是连接这两者之间的桥梁，将课程解释为"活动"，有利于改变课程工作者的视角，促使他们同时注意课程的两个方面：学习主体和学习对象。

　　对幼儿园课程认识的变化趋势：①幼儿园课程重心的转变。课程由"学科"到"经验"的变化，实质上是课程由重物到重人的转变。②幼儿园课程态性的转变，课程由静态走向动态。③幼儿园课程价值取向的确立。课程的目的是促进儿童身心的全面和谐发展。④幼儿园课程的涵盖性增强。幼儿园中一切有教育意义的活动都是课程。

（二）幼儿园课程的类型

1.根据大课程论的分类

根据大课程论，幼儿园课程包括：①学科课程与活动课程（课程内容的属性）；②分科课程和综合课程（课程的组织方式）；③国家课程、地方课程和学校课程（课程管理、开发主体的不同）；④基础型课程、拓展型课程、研究型课程（课程的任务）；⑤必修课程与选修课程（课程计划对课程实施的要求）；⑥显性课程与隐性课程（课程性质）；⑦理想的课程、正式的课程、领悟的课程、运作的课程与经验的课程（古德莱德观点）。

2.我国幼儿园课程类型

（1）分科课程。分科课程是根据各级各类幼儿园的培养目标和学科发展水平，从各门科学中选择出适合一定年龄阶段幼儿发展水平的知识，组成各种不同的教学科目的课程。具体指从不同门类的学科中选取知识，按照知识的逻辑体系，以分科教学的形式向幼儿传授知识的课程。

分科课程是随着社会发展和学校的出现而逐渐产生的，真正形成于近代。我国最早的分科课程为"六艺"（礼、乐、射、御、书、数），随后分科课程吸取以往经验，又吸收了陈鹤琴创设的音乐、游戏、工作、常识、故事、读法、数法、餐点、静息等课程的经验。1952年3月颁发的《幼儿园暂行规程》指出，幼儿园的教养项目有体育、语言、认识环境、图画、手工、音乐、计算。1981年，教育部颁发的《幼儿园教育纲要（试行草案）》把幼儿园教育内容调整为生活卫生习惯、体育活动、思想品德、语言、常识、计算、音乐、美术8个方面。2001年，《幼儿园教育指导纲要（试行）》将幼儿园课程划分为健康、语言、社会、科学、艺术五大领域，即为分科领域课程。

分科课程的优势和不足见表7-1所示。

表7-1　分科课程的优势与不足

评估程度	优势	不足
学科本身	强调逻辑关系	割裂教育与社会、生活之间的关系
教学方面	教学具有专业性和结构性；重知识	割裂学科彼此间的联系；轻能力
学习主体	便于系统学习知识	忽略幼儿的个别差异和能动发展

分科课程顺应传统教育中对系统知识的强调，重视课堂教学和幼儿教师的主导作用。传统教育对我国幼儿园教育的影响从20世纪延续至今，也存在一些"保守""过时"的危机，为了提升全民素质教育，培养幼儿核心素养，新课改的进行和新课改理念的形成，也影响着幼儿园内分科课程的变化：一是加强课程目标间的整合，在目标的制订上更注重幼儿情感、态度、能力方面的发展，注重培养幼儿的个性和创造性，重视幼儿的个体差异和主体性；二是在课程内容上，选择更多贴近幼儿生活的内容，更具基础性和综合性，更加符合幼儿的需要和时代的发展。

（2）整合课程。对分科课程的优化使人们注意到了另一种课程形式——整合课程。整合课程又叫综合课程，"整合"可以是五大领域内各领域所涉及的学科及相关理论之间的整合，也可以是以各类环境资源为基础的五大领域之间的整合，还可以是围绕事先选定的某个主题或活动过程中的某个核心问题所涉及的包括但不限于五大领域内容的整合（如融入幼儿的生活经历）。

早在20世纪80年代，已有"单元教育课程"和"综合教育课程"的说法。单元教育课程基于陈鹤琴理论而建构和发展，是以其单元教学基础发展形成的教育结构。它以单元的形式编排课程，并使所有的教育活动内容（包括13个方面，分别是社会、语言、数学、科学、音乐、体育、美术、品德、习惯、游戏、环境、劳动、家园）均围绕以社会为中心的单元来展开。在统一的目标下，各活动相互联系在一起，构成一个完整的教育体系。以南京鼓楼幼儿园为例，逐渐从以分科教学为主过渡到用整合的方法编排课程，提出教学与游戏并重。在实施时，根据突发情况和幼儿兴趣点的转移而增加或删除单元，呈现整体性、系统性和社会性的特点，对单元教育课程的研究重点也经历了集体化教学形式—小组化教学形式—个体化教学形式的变化。1983年南京师范大学学前教育研究室和南京市实验幼儿园合作开展的"幼儿园综合主题课程"研究是我国幼儿园课程改革和发展的一个里程碑，研究以主题的形式进行教育内容、教育手段、教育过程3个方面的综合及阶段活动、一日活动和单个活动3个层次的综合，力求建立学科之间的有机联系，形成幼儿园教育的整体结构，提高幼儿园教育的整体效益。此后运用结构框架适应农村实际，形成教育目标—教育内容—教育活动的转换流程，并促使幼儿亲子综合教育的探讨，使幼儿、家长、幼儿教师3个方面在互动中同时受益，并将3个方面教育综合成一个整体。

整合课程与分科课程的区别在于：①整合课程更多地考虑各科教育之间的相互联系，它是针对各科互相割裂的现状而提出的；②整合课程更多考虑的是幼儿身心的全面和谐发展，其中，目标整合可以依据身体、认知、情感和社会性发展等方面，也可以结合幼儿园五大领域，还可以抓取加德纳的多元智能理论等精华；③整合课程更多地考虑各种教育手段、形式和方法的综合运用，它能促使幼儿教师改变仅重视集体教学活动等现状，把一日活动中的任意可能教育因素加以重视，同时灵活地渗透和整合到上课、游戏、休息、日常生活的安排，如统一活动、自选活动、自由活动及集体活动、小组活动、个别活动等多种形式的活动中。

（3）活动课程。活动课程与整合课程有重叠部分，但相较于分科课程和整合课程，活动课程侧重关注幼儿在活动中与环境的交互作用下获得的直接经验，也叫经验课程。

活动课程具有三大特点：一是关注幼儿已有的活动经验，注重环境的创设，尊重幼儿的主体地位，支持幼儿充分发挥其主动性和创造性，随机生成新的课程；二是关注幼儿在活动中获得的直接经验，注重幼儿的个性培养；三是强调活动实践，注重培养幼儿的综合能力，尤其是解决实际问题的能力。

在活动课程中，幼儿教师始终围绕幼儿的需要和自发兴趣组织活动，充分发挥幼儿的主体性，不将预设课程和自身愿望强加于幼儿，幼儿自主参与活动，在活动中探索和体验，自由发挥想象和创造，满足幼儿天真、好奇和模仿的需要。

二、幼儿园课程的特点

（一）启蒙性和全面性

启蒙性是指幼儿阶段的学习应符合幼儿年龄阶段和身心发展特点，避免抽象化内容。启蒙性的学习内容不能过于复杂，幼儿所学知识、能力等皆是为其终身发展打基础。比如，幼儿园主要培养幼儿的阅读习惯，小学则更注重阅读素材（词汇、语句等）的积累。全面性即幼儿教育的方方面面均要在幼儿园课程中涉及，以促进幼儿的整体发展。包括，幼儿教师作为幼儿除父母以外最重要的一位引导者，不仅要在幼儿认知上加以启发，为幼儿解惑，还应注重对幼儿个性情感等的熏陶浸润。

（二）生活性和浅显性

幼儿园课程通过抓取幼儿生活中潜在的教育价值，开拓发掘新的课程内容，真正满足幼儿学习的需求。又因幼儿的年龄和心理特点，幼儿教师在面对生活中所蕴含的极其丰富的课程内容时，必须选择浅显易懂、能被幼儿所接受的学习内容。比如数学领域的学习，幼儿思维以具体形象思维为主，抽象逻辑思维逐渐发展，因此对周围环境的认知更偏感性、直观，所以幼儿不能直接学习抽象的数字加减，可以通过生活加强其分类意识、对方位的感知以及时间观念等。再比如在分糖果的活动中，老师如问家里有爷爷、奶奶、爸爸和妈妈，一人一个糖果的情况下应带几个糖果回家？安安的回答是带3个，询问原因才知道，她的爷爷有糖尿病，不能吃糖果。可见幼儿园课程的安排是无法脱离幼儿生活单独进行的，也不能按照成人思维复杂化。

（三）活动性和直接经验性

幼儿园课程绝不仅是静态知识的传递，更是动态经验的获得。一方面，幼儿运用各种感官进行学习的方式，决定了幼儿园课程的参与性与可操作性；另一方面，幼儿园课程最主要的实施载体就是活动，幼儿便是通过活动中的各种主动行为获得直接经验，随着与四周环境的互动和直接感性经验的积累，幼儿便增加了对周围世界的认识和理解。

（四）整合性

整合性又可称综合性，意在从整体上把握幼儿园课程。不论是课程的结构还是具体的课程目标、内容等，不论是五大领域还是幼儿身心发展的各个方面，它们之间都是彼此联系，相互促进的。幼儿的生活、已有经验等在幼儿园课程中的体现都应尽可能完整，而不能任意分割，以某一单一经验作为活动的契机。

（五）不可替代性和特殊性

幼儿园课程启蒙幼儿心智，促使幼儿形成良好的行为习惯和学习品质，对幼儿产生的影响是终身的，于幼儿的一生来说起着不可替代的作用。相较于其他学龄段，幼儿园课程有其特殊性。与小学课程对比，幼儿身心发展特点决定了幼儿园课程需要通过游戏来促使幼儿学习，而小学课程的游戏性大大减弱；幼儿园课程不追求幼儿掌握知识本身，而是强调对某一类知识有初步概念，产生兴趣和探究的渴望，而小学课程则有更多的既定知识等。另外，幼儿园课程还穿插幼儿保育方面的内容，这也是区别于小学课程存在的。

（六）潜在性

首先，幼儿园课程强调幼儿与环境的互动，而环境对幼儿的影响无法具体量化，有其潜在性。其次，幼儿教师在实施幼儿园课程的过程中，对幼儿产生潜移默化的影响。比如绘画，有的幼儿教师完全依照课程计划，不给幼儿更多自我发挥的机会，有的幼儿教师则注重保护幼儿的想象力，在幼儿偏离原定计划时，也是多加鼓励。这样即便是同一绘画课程，所带给幼儿的影响也是不同的，而这种影响是长期积累形成的，是潜在的。再次，幼儿心理发展的不均衡性和个别差异性，决定了幼儿园课程对不同幼儿潜在的影响是不同的。最后，幼儿园课程对幼儿的影响是长期乃至终生的，这种滞后和扩散的影响，也体现了幼儿园课程的潜在性。

（七）互动性和游戏性

幼儿园课程具有互动性。幼儿园课程的主体是幼儿，幼儿园课程的互动性是以幼儿为核心所开展的互动，具体有人人互动、人物互动等。人人互动包括幼儿与幼儿教师、家长及其他幼儿之间的互动，人物互动包括幼儿与材料、环境的互动。其实，物物之间也有"互动"，幼儿教师在创设环境时，也力求材料与环境的结合能更好效果地促进幼儿的学习发展。

《幼儿园工作规程》明确指出："以游戏为基本活动，寓教育于各项活动之中。"游戏是幼儿的天性，是幼儿的基本活动形式，也是他们的一种重要的学习途径。在幼儿园课程中，学习与游戏的关系是辩证统一的。幼儿的游戏中蕴含着丰富的教育价值，能让幼儿在其中生动活泼、积极主动地学习与发展。因此，幼儿的游戏活动本身就是幼儿园课程结构中的重要形式，是实施素质教育的重要渠道。

三、幼儿园课程的构成要素

（一）幼儿园课程目标

1.幼儿园课程目标的概念

幼儿园课程目标指幼儿在学习活动结束后所要达到的身心发展状态和水平的描述性指标，是教育理想、教育目的的具体体现，是幼儿园培养目标在各种教育活动方案中的具体化、操作化表述；也可以指在幼儿教师指导下，幼儿在某种学习活动中的具体的行为变化的表现和阶段性、特殊性的学习结果。可见，幼儿园课程有大目标和小目标，而依据目标层级关系从宏观到微观、从概括到具体，可分为教育目的、教育目标、课程目标和具体活动目标。教育目的一般指教育的总体方向，体现的是普遍的、终极的教育价值追求，往往以教育方针的形式贯彻落实；教育目标则指不同性质的教育和不同阶段的教育的价值，如学前教育目标、基础目标、高等教育目标、职业教育目标等；课程目标主要是根据教育目的和教育规律而提出的课程的具体价值和任务指标；具体活动目标通常指幼儿教师依据幼儿身心发展特点及班级实际组织的活动，所要达到的具体明确的效果，一般包括过程与方法、知识与能力、情感态度与价值观3个方面。

2.幼儿园课程目标的取向

（1）普遍性目标取向。这种取向在幼儿园课程目标中已然不常见，是一种总括性指导目标，具有普遍性、模糊性和规范性。

（2）行为目标取向。行为目标以幼儿具体的、可被观察的行为表述为课程目标，它指向的是实施课程以后在幼儿身上所发生的行为变化。由博比特、泰勒和布鲁纳等人提出、发展和完善。其特点是具体明确、可操作、便于评价，通常用于表述知识技能的获得和行为习惯的训练。

（3）生成性目标取向。生成性目标关注过程，注重幼儿的自由自主发展，以杜威的"教育即生长"理论和斯坦豪格的"过程模式"为代表。

（4）表现性目标取向。表现性目标不规定幼儿在完成学习活动后应该获得的行为，而是指向每一个幼儿在教育情境中所产生的个性化表现。表现性目标强调个性化，目标指向的是培养幼儿的创造性，其代表人物是艾斯纳。

3.幼儿园课程目标的作用

（1）制订课程计划的依据。

（2）引导课程实施过程中的方向。

（3）评价课程效果的标准。

（二）幼儿园课程内容

1.幼儿园课程内容的概念

幼儿园课程内容是根据幼儿园课程目标所选择的，是通过一定形式表现和组织的基本态度、基本行为、基本知识。基本态度包括基本的情感和个性品质等方面的内容；基本行为是使幼儿获得有益的基本方式、方法，如自我服务、交流、探索等；基本知识是指生命活动必需的知识，解决基本生活、交往的知识，认识生活环境的知识，为系统学科学习打基础的知识；等等。

2.幼儿园课程内容的范围及类型

幼儿园课程内容的范围包括有助于幼儿发展的基本知识、基本行为和基本态度。

幼儿园课程内容可以按照不同的分类标准划分类型：①按学科结构分为体育、语言、常识、计算、音乐、美术；②按活动对象的性质分为健康、自然、社会、语言和艺术；③按幼儿直接接触的经验领域划分为共同生活、探索世界、表现与表达；④按幼儿的心理研究成果划分为日常生活练习、感觉教育、数学教育、语言教育、文化教育；⑤按教育、教学研究成果划分为幼儿生活的组织与教育、作业教学、节日和娱乐。

3.幼儿园课程内容的选择

（1）幼儿园课程内容选择的原则具体包括：目的性原则、发展适宜性原则、直接经验性原则、兴趣性原则、价值性原则、基础性原则、逻辑性原则、生活性原则。

（2）幼儿园课程内容选择中容易出现的问题具体包括：课程目标的流失，课程内容的超载，课程内容远离幼儿生活，课程内容偏向未来，课程内容缺乏提升。

（三）幼儿园课程实施

幼儿园课程实施就是在幼儿园中将课程计划付诸实践的过程。影响幼儿园课程实施的因素包括幼儿教师、幼儿、实施环境、课程制度。

1.幼儿园课程实施的基本取向

（1）忠实取向。忠实取向指忠实地执行课程计划的过程。相对应的是计划课程。

（2）相互适应取向。课程实施过程是课程计划与班级或幼儿园实践情境在课程目标、内容、方法、组织模式诸方面相互调整、改变与适应的过程。相对应的是修正课程。

（3）创生取向。真正的课程是幼儿教师与幼儿联合创造的教育经验。相对应的是创生课程。

2.幼儿园课程实施的途径

幼儿园课程实施的途径包括生活活动、游戏活动和教学活动。

（四）幼儿园课程评价

1.幼儿园课程评价概述

幼儿园课程评价主要是针对幼儿园课程的特点和组成要素，收集相关信息，对幼儿园课程的价值、适宜性、效益做出判断的过程。

评价的根本目的是通过对课程的诊断，了解课程的适宜性、有效性，为调整和完善课程乃至推广课程提供科学依据，从而提高幼儿教育的质量，促进幼儿的全面发展。

从评价对课程实施过程的影响来看，评价的作用主要包括选择作用、监控作用、总结作用、反馈作用、导向作用等。

2.幼儿园课程评价要素

幼儿园课程的评价无外乎要解决3个方面的问题：谁来评、评什么、怎么评。幼儿园课程评价的要素包括评价主体，评价客体，评价标准、方法及原则等。

幼儿园课程评价的主体即评价的实施者，解决谁来评的问题。《纲要》明确提出，管理人员、幼儿教师、幼儿及其家长均是幼儿园教育工作评价的参与者，幼儿园教育工作评价实行以幼儿教师自评为主，园长以及有关管理人员、其他幼儿教师和家长等参与评价的制度。目前，我国的幼儿园课程评价的主体已由单一的行政评价转向管理人员、幼儿教师、儿童及家长的多元评价模式。评价主体的多元化避免了评价的片面性，对提高教育质量、促进幼儿发展有利。

幼儿园课程评价的客体即评价的对象，解决评什么的问题，主要包括课程方案评价、课程实施过程评价、课程效果评价3个方面。对课程方案本身的评价主要考察和评定幼儿园课程是否以科学的、先进的课程理论为指导，幼儿园课程的结构是否合理，课程的各个组成成分是否在课程理念的统一下形成一个协调的整体，并能发挥其整体功能。对课程实施过程的评价主要包括：师生互动的质量；幼儿在课程活动中的反应，如主动性、参与程度、情绪表现等；幼儿教师的态度和行为（对幼儿的协调程度、管理方式、教育机制和技巧等），以及幼儿园环境的创设和利用等。对课程实施结果即课程效果的评价主要通过幼儿的发展、幼儿教师的行为这两个方面做出评价。

幼儿园课程评价的标准、方法及原则主要是解决怎么评的问题。幼儿园课程评价的标准主要指衡量课程设计、课程实施状况以及课程效果的标尺，评价标准的具体化即评价指标，评价的价值观、目的和方式不同，运用的评价标准和指标也不同。评价的方法主要有定性评价和定量评价。评价要遵循：①评价目的应有利于课程和幼儿双方面的发展和进步；②评价主体应以幼儿教师自评为主，其他人员如家长、幼儿也应参与；③评价过程和方法应将定性评价和定量评价相结合，保持评价过程的客观、真实和自然；④评价结果应关注可发展性，进行再分析和再利用。

课程评价在课程设计与实施的过程中都起着十分重要的作用，一个全面完整的课程需要通过评价不断地调整与完善，以达到不断接近教育目的的最佳教育效果。

四、国内幼儿园课程的发展趋势

（1）坚持幼儿为本，在生活化教育思想引导下开发适宜的幼儿园课程体系。

（2）强调课程的本土化实践，完善幼儿园课程质量保障体系。

（3）致力于高质量高水平幼儿教师队伍的建设，完善幼儿教师培训体系。

（4）幼儿园课程管理多元化、自主化，幼儿园课程与社会教育、服务融合开展。

（5）0—6岁学前儿童教育课程一体化发展。

任务检测

一、单项选择题

1.幼儿园课程的（   ）决定了幼儿园课程应符合幼儿年龄阶段和身心发展特点，避免抽象化内容。

A.活动性　　　　　　　　　　B.直接经验性

C.基础性　　　　　　　　　　D.潜在性

2.课程即（   ），将课程的重心由学科和幼儿教师转移到了幼儿身上，实现了课程本质由客体到主体的转变，强调以幼儿为中心。

A.幼儿在幼儿园获得的学习经验　　B.学习的科目

C.教学计划　　　　　　　　　　D.预期的学习结果或目标

3.以下课程分类中是古德莱德的观点的是（   ）。

A.分科课程和综合课程

B.国家课程、地方课程和学校课程

C.显性课程与隐性课程

D.理想的课程、正式的课程、领悟的课程、运作的课程与经验的课程

任务检测答案

二、简答题

简述幼儿园课程的构成要素。

任务评价

指标	评价标准	考核者	说明	评分
	"幼儿园课程概述"评价表			
预习任务、课后任务的完成情况	完成好或较好为1学习积分，一般为0分，差或较差扣1学习积分	教师＋课代表或小组长	具体评价内容及对应分值以一次具体任务为准	
教学过程中的表现	乐于思考、积极主动性强、笔记较好等为1学习积分，一般为0分，差或较差扣1学习积分	教师＋课代表		
任务内容学习效果	掌握得好或较好为1学习积分，一般为0分，差或较差扣1学习积分	教师＋课代表＋小组长		
思政目标达成度	具有良好的幼儿园课程理论知识素养，能用理论知识解决实际问题达成度较好为1学习积分，一般为0分，差或较差扣1学习积分	教师＋课代表＋小组长		

注：以学习积分为单位，每位学生有10个学习积分作为基础分，在此基础上加分或减分，考虑到后续可能出现的情况，2个学习积分为1分平时成绩，最后所有积分会折算成平时成绩。

任务二　幼儿园课程的设计、指导与评价

⚙ 任务描述

　　本任务主要介绍幼儿园课程的设计、指导与评价相关理论知识。根据幼儿园课程开展的性质不同，可以将幼儿园课程分为集体教学活动、游戏活动和生活活动，这三者之间的特点比较见表 7-2。本任务主要围绕生活活动及单元主题活动阐述幼儿园课程的设计、指导与评价相关内容。

表 7-2　集体教学活动、游戏活动、生活活动的特点比较

课程类型	课程性质	幼儿教师	幼儿	互动过程
集体教学活动	预设、计划	组织、控制为主	参与和接受，间接式学习	结构化、幼儿教师主导
游戏活动	自由自主	支持、观察为主	自我调节，主动，直接式学习	个性化、与人和物充分互动
生活活动	选择、创设	帮助、提示为主	间接与直接之间	秩序感

🔗 任务准备

　　理论准备：学生已有前期课程的知识储备。

　　物质准备：环境干净、整洁、安全，做好防疫工作；智慧教室、仿真教室；中性笔、记录本、消毒剂等。

☰ 任务实施

一、生活活动

　　生活活动主要是指满足幼儿基本生活需要的活动，包括幼儿一日活动中的入园、离园、进餐、喝水、盥洗、如厕、午睡等常规生活环节。学习和养成良好的生活习惯，提高自理能力，对他们今后的发展起着至关重要的作用，对他们自信心的树立也有一定的影响。

（一）生活活动概述

1.生活活动的目标

　　生活活动的总体目标是使幼儿形成良好的作息习惯、饮食习惯、睡眠习惯、排泄习惯、盥洗习惯、整理习惯等生活习惯；了解初步的卫生常识和遵守有规律的生活秩序的重要意义；学会多种卫生技能，逐步提高生活自理的能力。

　　不同的年龄班还有不同的更为细致的阶段目标。

　　（1）小班生活活动的目标包括：①了解盥洗的顺序，初步掌握刷牙、洗手等基本方法；知

道穿脱衣服的顺序；学习保持自身的清洁，会使用手帕；掌握坐、站、行等正确姿势；养成良好的作息习惯。②在轻松自然的气氛中进餐，保持情绪愉快；养成良好的进餐习惯，懂得就餐卫生；不挑食，养成主动饮水的习惯。

（2）中班生活活动的目标包括：①学习穿脱衣服、整理衣服；学习整理玩具，能保持玩具清洁；有初步的生活自理能力。②不挑食，饮食适量，明白身体超重也会影响健康；少吃冷饮，多喝水，养成良好的饮食习惯。

（3）大班生活活动的目标包括：①保持个人卫生，并能注意生活环境的卫生；进一步培养良好的生活卫生习惯和生活自理能力。②尝试使用筷子就餐，进一步形成良好的饮食习惯；知道有些食物不能吃，有些食物不宜多吃，否则会有碍于身体健康。

2.生活活动的价值

（1）生活活动对幼儿的价值。生活活动使幼儿教师更好地关注到幼儿学习与发展的整体性，能拓展幼儿的经验和视野，进而提高幼儿的综合素质。

（2）生活活动对幼儿园的价值。生活活动丰富并完善了幼儿园课程，利用生活活动让幼儿亲近社区、走进社会，幼儿在身临其境、亲身体验过程中获得知识、发展、能力。

（3）生活活动对教师的价值。一方面，通过生活活动规范幼儿的日常行为，培养幼儿的生活习惯，大大减少教师的工作量。另一方面，生活活动中的师幼关系表现得更为亲密自然，实现双向学习和成长。

3.生活活动的意义

（1）生活活动有益幼儿身体健康发育。不同于其他活动，进行生活活动除了具有教育意义，还有很多保教因素。幼儿身体机能尚未成熟，身体素质较弱，家长和幼儿教师通过生活活动对幼儿进行悉心照顾，对幼儿身体健康有很大的益处。

（2）生活活动可以提升幼儿独立生活和自我保护的能力，帮助其尽快掌握一些日常生活保健知识，使其具备一定的独立生活的技能。刚入园的幼儿或多或少存在入园焦虑，幼儿园的一切对于他们都是陌生的，生活活动能减少他们离开家庭的陌生感和恐惧感。

（二）生活活动的设计与指导

幼儿身体机能发育尚不成熟，神经系统发育尚不完善，在自我调节方面还不能收放自如。这就要求幼儿教师合理安排他们的生活活动，帮助他们保持良好的精神状态参与学习和游戏。

1.进餐活动

许多幼儿在家中因家人的宠爱，想吃什么吃什么，不愿意吃的一概不理。一顿饭常常吃很久，家长追着喂饭也是常事。但在幼儿园，幼儿要逐渐养成独立自主进食的习惯，不挑食，吃得卫生、愉快变成了进餐活动的重要任务。这需要幼儿教师制订进餐各环节的程序要求，统一执行，帮助幼儿形成良好的进餐习惯。

（1）进餐前准备。在进餐前，先组织幼儿如厕、洗手。对于小班幼儿，幼儿教师应帮助他们卷衣袖，并认真仔细地组织、指导他们如厕、洗手。可以让幼儿一边唱儿歌一边洗手，这样有利于他们掌握洗手的正确顺序和方法。对于中班、大班幼儿，幼儿教师可以要求他们相互帮助卷袖子，并在洗手后擦干手上的水。幼儿教师着重对他们进行提示和检查，提醒幼儿洗手后要保持手的清洁，不能乱摸其他东西。除此之外，还应从两个方面进行餐前准备。

①心理准备。首先是氛围的营造，要求整洁、轻松、愉快。在等待进餐的时间里，幼儿教师可以放一些优美、轻松的音乐或故事，也可以进行一些语言或手指的安静游戏，安抚幼儿的情绪，培养他们安静等待同伴一起进餐的习惯。其次，幼儿教师可以介绍当天的食物，以此来引起幼儿的食欲。

②物品准备。进餐前半小时左右结束角色和区域游戏，请幼儿收拾玩具，整理活动室，保持空间的畅通。幼儿教师按需要安排餐桌、分发碗勺。中班、大班可以安排值日生协助幼儿教师分发餐具。

（2）进餐过程中。幼儿进餐时，环境应是安静、愉快、轻松的，而不是令他们紧张、压抑的。进餐时，幼儿教师应认真细致观察幼儿进餐的情况，如进餐时的坐姿，幼儿嚼、咽食物的方式及进餐时的情绪状态，等等。幼儿要求添饭时，需要求他们先把碗里的饭吃干净、嘴里的饭咽干净，不要拿着勺子和筷子来添饭。对于小班幼儿来说，幼儿教师应注意培养他们独立进餐的习惯和能力。对中班、大班幼儿则注重进餐习惯的保持。

（3）进餐结束后。进餐结束后，要求幼儿收拾自己的餐具，并放在指定的地方，然后有礼貌地放好椅子。小班幼儿可以先吃完先离开，中班、大班幼儿则可以安排值日生在指定地点收拾整理餐具。进餐后，可以举行"谁的小碗最干净""比比哪桌最干净""谁是爱惜粮食的好娃娃"之类的比赛，培养幼儿爱惜粮食、珍惜他人劳动成果的良好品质。让幼儿养成饭后洗手、漱口、擦嘴的好习惯，先吃完的幼儿可以自由活动等。

🔶 小案例

> A幼儿园中班，就餐前，一些幼儿正在玩表演游戏，玩得不亦乐乎，王老师让收玩具，而糖果组的强强和伊伊用手代替表演角色，玩怪兽大战游戏，声音越吼越大，同桌的其他小朋友也很快被吸引加入了进去，整个小组闹哄哄的。王老师见状，忙说道："我只请乖乖坐好又安静的小组排队盛饭。"强强听到老师的话，不再玩闹，端正坐好，专心看着老师，准备吃饭，其他小朋友见状也安静并坐好。等另一组的小朋友盛完饭，王老师才说："糖果组的小朋友刚刚很吵闹，但是他们现在坐得端正又安静，可以排队盛饭了。"

2. 睡眠活动

幼儿期是生长发育的重要时期，保证幼儿充足的睡眠，对他们身体、大脑的发育有着重要的作用。

（1）睡前的准备。幼儿睡觉前，幼儿教师应提前开窗通风换气、拉好窗帘、铺好床铺等，为幼儿创设一个舒适、安静、温馨的睡眠环境，待幼儿上床前，提醒幼儿先如厕。具体的准备活动分为两个部分。

①心理准备。睡前幼儿教师可组织幼儿散步或进行安静的游戏活动，使他们保持情绪稳定。对有特殊需要的幼儿，幼儿教师可给予特殊关照。

②物品准备。注意室内空气的流通。在为幼儿准备床铺的时候，幼儿教师应根据季节及气温的变化适当调节被褥的厚薄，并及时通知家长为幼儿调换被褥。睡前应检查床铺上有无杂物。禁止幼儿将小绳、橡皮筋、串珠、纽扣等物品带进寝室，以免幼儿玩弄，将之塞入鼻子、耳朵，造成危险。幼儿教师应提醒幼儿根据季节气温穿合适的衣服入睡，如夏季穿短裤背心，秋春季

穿一条棉毛裤和一件棉毛衫，冬季可以穿一件薄毛衣和一条薄毛裤。

可锻炼中班、大班幼儿自己脱衣服和鞋袜，并折叠整齐，摆放在指定的地方。小班幼儿可以由幼儿教师提供帮助并进行个别指导。

（2）睡眠的过程。在幼儿整个睡眠过程中，幼儿教师要时刻关注他们的睡眠情况，如睡姿是否正确、是否盖好被子等。对于入睡晚和入睡困难的幼儿，幼儿教师应陪在身边进行安抚；对于爱做小动作的幼儿，幼儿教师可以握住他的小手帮他入睡。注意不要让他们影响其他正常入睡的幼儿。对于生病的幼儿，幼儿教师尤其要细心照顾。时刻关注他们体温的变化，是否有咳嗽、呕吐等情况，细心护理。

（3）睡眠的结束。睡眠结束后，应鼓励幼儿学习自己整理床铺。幼儿教师要鼓励先整理完床铺的幼儿帮助其他幼儿整理床铺，也可以请幼儿相互帮助整理衣物，如扣纽扣、拉拉链、系鞋带等。起床后幼儿应先小便、喝水，稍做调整后，幼儿教师再组织幼儿进行活动。

🔸 小案例

涛涛是大班的幼儿，他有一个不好的习惯——不爱午睡。询问原因才知道，涛涛放假在家里都睡得特别晚，早上喜欢赖床，中午午休也就自然睡不着，久而久之养成了习惯。于是幼儿园午睡时，王老师拉着涛涛小手，一边安抚一边轻轻拍他的背，帮助涛涛入睡。慢慢地，涛涛养成了午睡的习惯。

3.盥洗活动

幼儿园活动丰富多彩，幼儿和各种器械、材料接触，尤其是玩沙、玩泥等活动以后，教师要及时组织盥洗，以保证卫生健康。

（1）盥洗的设备。盥洗室要保证干净无异味，定期消毒。幼儿的毛巾等物品要常洗常晒常消毒。

（2）盥洗活动的开展。幼儿教师要帮助幼儿养成良好的盥洗习惯，教他们正确的盥洗技能，如洗手、洗脸的程序等。在盥洗活动中，幼儿教师应对幼儿提出明确具体的要求：①有秩序地排队洗手，不推不挤；②不在盥洗室内大声喧哗吵闹，不妨碍他人洗手，不在盥洗室内追跑嬉戏；③不玩水和肥皂；④洗手完毕要在水池中甩掉手上的水再离开，不把水甩在别人身上和地上。

🔸 小案例

小班的军军洗手的时候喜欢玩水，也不让其他幼儿洗，每次都要哄好一会儿才离开水池。针对这种情况，王老师组织幼儿一起认识水资源的重要性，提醒他们要节约用水。同时教会幼儿洗手儿歌，让他们明白，认真洗手用毛巾擦干才是正确的洗手流程，并对完成洗手流程的幼儿提出表扬。

4.整理活动

幼儿在园内生活，自己的个人生活用品、学习用品及游戏时使用的材料等物品需要自己收拾、整理。幼儿教师应根据他们需要整理的物品种类的实际情况，指导他们的活动。

（1）个人生活用品整理包括入园后、运动后，将脱下的衣物鞋帽折叠整理，毛巾、水杯等物品放置整理，等等。

（2）学习用品整理包括水彩笔、油画棒、本子等物品的放置和用后的整理等。

（3）游戏材料整理包括体育活动的器械、角色和区域游戏的材料、图书等物品的收拾整理。

小案例

中班的明明每次玩完游戏都不收拾玩具材料，而是自顾自地回到座位上。又一次游戏结束的时候，王老师连忙强调要收捡玩具，并表扬正在收拾的幼儿。明明见状立刻加入整理行动，于是王老师对明明提出表扬。渐渐地，明明便养成游戏后要整理材料的习惯。

幼儿教师在进行幼儿生活活动设计与指导时，应注意以下4点：①教养结合，积极培养幼儿独立生活的能力；②充分挖掘生活活动中潜在的教育功能；③从幼儿的特点出发，设计指导生活活动；④家庭教育与幼儿园教育相配合，保持教育的一致性。

（三）生活活动的评价

可以从以下7个方面对幼儿生活活动进行评价。

1.卫生与安全

卫生与安全是开展各类生活活动必须关注和确保的第一要点。因此，在评价生活活动时，首先关注其卫生和安全问题。卫生与安全不仅涉及环境、设备、用具等方面，还包括对幼儿个人卫生习惯和安全意识的强调。

2.空间与设施的管理和使用

空间与设施的管理和使用主要涉及空间与设施是否满足幼儿生活活动的需要，幼儿教师是否能根据不同的情况进行灵活调整并及时更新等，同时要确保幼儿教师对空间和设备具备管理能力和使用能力。

3.时间安排和组织方式

时间安排与组织方式的合理性和有效性决定了生活活动的质量。

4.秩序与效率

幼儿教师在组织生活活动时，要力求活动有条不紊地进行，避免出现拥挤、混乱、破坏秩序的行为。

5.幼儿的状态与行为表现

幼儿的状态与行为表现是生活活动评价的重点。幼儿教师要注意幼儿的情绪状态、自理能力和主动性等，关注幼儿是否习得新的生活技巧或者提高已有的生活能力。

6.幼儿教师指导与师幼互动

幼儿在生活活动中获得的知识经验离不开幼儿教师的指导，而幼儿教师也通过对幼儿的生活引导获得成长，因此幼儿教师指导与师幼互动也是生活活动评价的重点。

7.生活活动与其他课程的整合

生活活动与其他课程的整合凸显其丰富的教育价值，比如生活活动与语言领域内容的融合等。

二、单元主题活动

（一）单元主题活动概述

单元主题活动是指将各种学习内容围绕一个中心有机连接起来，让幼儿在一段时间内，通过对中心话题中蕴含的问题、现象、事件等进行持续、深入的探究，从而获得新的、完整的、有益经验的课程组织形式。陈鹤琴的五指活动课程和综合主题教育都属于单元主题活动。

（二）单元主题活动的设计与指导

单元主题活动设计有一定的流程：主题选择与确定—主题由来阐述—主题活动总目标设置—主题活动内容安排—环境创设与资源利用—具体活动设计—活动实施评价。

1.主题的选择与确定

主题的选择与确定应从以下 5 个方面入手。

（1）课程目标。幼儿园课程总目标和阶段性目标的实现需要依托具体的主题活动。作为引领性内容，课程目标为主题的选择和确定提供了方向。如为了向幼儿传授必要的安全保健常识，可设计"不和陌生人走""受伤了怎么办"等主题活动。

（2）幼儿兴趣和需要。主题内容的选择影响幼儿的后续投入程度和动力，从幼儿的兴趣需要出发确定主题，不仅能尽可能发掘幼儿感兴趣事物潜在的教育价值，也能更大程度实现主题活动所期达到的预期效果。比如幼儿对大自然的事物感兴趣，可选择动物、自然现象等作为主题。

（3）主题自身的价值。主题的确定代表主题内容选择的角度及主题活动开展的方向，因此选择主题时要考虑其自身的价值。

（4）主题之间的连续性。主题与主题之间是相互联系的，包括不同主题目标、内容之间的协调一致，需符合幼儿心理发展的渐进性和环境互动的层次性等，同时在考虑主题内容的连续性时，也要避免过于重复，新的主题能为幼儿带来新的学习体验。

（5）资源的可利用性。在选择主题时，幼儿教师要考虑资源的可利用性，能否支持主题的完成，是否易于转化，是否更有效地用在具体的主题活动中。

2.主题由来的阐述

主题的由来，可以是幼儿相关的生活背景，基于上一次的活动主题，观察到的生活、自然现象，教师讨论得出的活动信息，对相关文件的解读，等等，还要考虑幼儿的发展现状和主题本身的教育意义等。具体而言，主题要符合幼儿的心理发展特点，避免成人化，应是幼儿熟悉、喜欢、易理解，并能引发幼儿探索兴趣；主题要对主题之下的具体活动具有包含性。

3.主题活动总目标的设置

单元主题活动总目标的设置要考虑幼儿园课程总目标和阶段性目标，甚至更高层级的目标。单元主题活动总目标能涵盖主题所涉及的具体活动目标，甚至是分目标的有机融合。幼儿教师设置单元主题活动总目标时，既要尽可能全面，也要有重点、核心，还要仔细分析主题潜在的价值及所在班级幼儿实际情况。

4.主题活动内容的安排

主题活动内容即是根据主题名称及目标设计的一系列不同类型的活动内容，一般需确定每个活动的名称、类型、重点领域及活动分目标。幼儿教师需要注意每个具体活动内容应彼此联系且围绕主题核心开展。

5.主题活动环境创设与资源利用

幼儿教师不仅要安排单元主题活动具体的活动内容，还应对区域活动、环境资源、园外资源的设置与运用提出建议，从不同方面形成教育合力，共同推动主题活动的顺利进行和完成。

6.具体活动的设计

具体活动内容设计可根据五大领域教育目标而进行。设计思路要遵循承上启下，从整体把握每项具体活动在整个主题中的位置。

7.对具体活动实施的评价

具体活动实施的评价包括两方面：一是注意评价幼儿主动建构的过程；二是注重评价与主题活动的整体契合度，避免生拼硬凑。

（三）单元主题活动评价

单元主题活动的设计应富有弹性，通过整合各种教育资源，加强知识间的横向联系，让幼儿通过该活动，获得较为完整的经验。单元主题活动是当下幼儿园选择较多的活动类型，相较于单一的领域活动，单元主题活动对幼儿的发展起着更为全面的促进作用，主题的开展不只遵循某一领域的相关线索内容，而是追求教育内容的综合，活动的开展也更加生活化、游戏化。

任务检测

一、单项选择题

1.在进餐前（　　）左右应结束角色和区域游戏。

A.一个半小时　　　　　　　　B.1个小时

C.30分钟　　　　　　　　　　D.10分钟

2.将各种学习内容围绕一个中心有机连接起来，让幼儿在一段时间内，通过对中心话题中蕴含的问题、现象、事件等进行持续、深入的探究，获得新的、完整的、有益经验的课程组织形式叫（　　）。

A.单元主题活动　　　　　　　B.集体活动

C.生活活动　　　　　　　　　D.游戏活动

二、简答题

简述幼儿园生活活动中的常规性环节。

任务检测答案

🔗 **任务评价**

指标	评价标准	考核者	说明	评分
	"幼儿园课程的设计、指导与评价"评价表			
预习任务、课后任务的完成情况	完成好或较好为1学习积分，一般为0分，差或较差扣1学习积分	教师+课代表或小组长	具体评价内容及对应分值以一次具体任务为准	
教学过程中的表现	乐于思考、积极主动性强、笔记较好等为1学习积分，一般为0分，差或较差扣1学习积分	教师+课代表		
任务内容学习效果	掌握得好或较好为1学习积分，一般为0分，差或较差扣1学习积分	教师+课代表+小组长		
思政目标达成度	能将幼儿园课程设计与中华优秀传统文化相结合，创新幼儿园课程内容达成度较好为1学习积分，一般为0分，差或较差扣1学习积分	教师+课代表+小组长		

　　注：以学习积分为单位，每位学生有 10 个学习积分作为基础分，在此基础上加分或减分，考虑到后续可能出现的情况，2 个学习积分为 1 分平时成绩，最后所有积分会折算成平时成绩。

任务三　国内外典型幼儿园课程方案

⚙️ **任务描述**

　　本任务主要列举了国内外典型幼儿园课程方案，主要涉及对五指活动课程、幼稚园行为课程、蒙台梭利课程、高宽课程、瑞吉欧课程的介绍与了解。

🔗 **任务准备**

　　理论准备：学生已有前期课程的知识储备。
　　物质准备：环境干净、整洁、安全，做好防疫工作；智慧教室、仿真教室；中性笔、记录本、消毒剂等。

☰ **任务实施**

一、五指活动课程

　　五指活动课程由中国著名幼儿教育家陈鹤琴创设，其内容由 5 方面组成，课程内容的组织是整体的、连通的，就像人的五根手指共存于一个手掌，相互联系。

（一）理论基础

陈鹤琴在 1921 年发表的《儿童心理及教育儿童之方法》一文中就专门阐述了他对儿童的观点，幼儿不是成人的缩影，而是有着自己独特的心理、生理特征的个体，幼儿有自身的存在价值。

陈鹤琴还提出了"活教育"理论。该理论具体包括 5 个方面：①"活教育"的目的论：做人，做中国人，做现代中国人。②"活教育"的课程论：大自然、大社会都是活教材。③"活教育"的方法论：做中学，做中教，做中求进步。④"活教育"的教学原则：凡幼儿自己能够做的，应当让他自己做；凡幼儿自己能够想的，应当让他自己想；要幼儿怎样做，就应当教幼儿怎样学；鼓励幼儿去发现他自己的世界；积极的鼓励胜于消极的制裁；大自然、大社会是他们的活教材；比较教学法；用比赛的方法来提高学习的效率；积极的暗示胜于消极的命令；替代教学法；注意环境，利用环境；分组学习，共同研究；教学游戏化；教师教教师；幼儿教幼儿；精密观察。⑤"活教育"的教学过程：实验观察、阅读参考、发表创作、批评研讨。

（二）课程目标

课程目标以做人、身体、智力、情绪 4 个方面要达到的预期目标为主，培养幼儿要有合作的精神、同情心和服务的精神；要有健康的体格、卫生习惯和相当的运动技能；要有研究的态度、充分的知识和表意的能力；要有欣赏自然和艺术美的能力。

（三）课程组织与实施的原则

幼儿教师主要采用整个教学法或单元教学法进行课程组织，在实施的过程中应遵循以下原则：①注意"计划性"与"灵活性"相结合；②注意物质环境的创设和材料提供；③采用游戏式的教学法教导幼儿；④多采取小组教学法；⑤多提供户外活动的机会；⑥幼儿教师应当成为幼儿的朋友，使幼儿不害怕、肯接近。

（四）课程内容

凡幼儿能够学的东西，都可能作为幼儿园的课程，但同时幼儿教师还应考虑幼儿学习课程的具体情况，如果立即学习课程会影响幼儿今后的学习，那么就不要勉强幼儿现在学。凡课程必须以幼儿的经验为依据。凡能使幼儿适应社会的都可作为课程内容。具体包括健康活动、社会活动、科学活动、艺术活动、语文活动。

（五）课程评价

五指活动课程注重游戏对于幼儿发展的重要性，同时，也强调幼儿与幼儿之间的个体差异，课程符合幼儿的身心发展的特点，课程的一些思想、观点和方法对我国现阶段的幼儿教育课程的改革和编制仍有积极的指导意义。五指活动课程也有其局限性：首先，理论层面上虽努力避免课程中的知识中心倾向，力求课程向幼儿靠拢，但在实践层面上仍然比较注重教材，而对幼儿反应的注意程度仍显不足；其次，尽管陈鹤琴先生一再强调，五指活动课程中"五指"不仅是 5 个学科，还应整合成一个整体进行施教，但在推行时，有时仍被误解而分科进行；最后，在促进幼儿主动学习、创造性学习方面存在不足。

二、幼稚园行为课程

幼稚园行为课程由我国教育家张雪门提出并推动发展，简称"行为课程"，主要指幼儿在幼儿园中的实践，生活与实践是行为课程的基本要素。

（一）理论基础

幼稚园行为课程的理论基础是实用主义教育思想。杜威的实用主义坚持以幼儿为中心和注重生活的观点，为行为课程理念打下基础。张雪门认为行为课程完全根据生活而形成，它从生活中来，在生活中开展，也在生活中结束，不像一般的完全限于教材的活动。

除此之外，行为课程还受行为主义心理学及传统文化关于知行关系的思想等影响。

（二）课程目标

行为课程以满足幼儿心身需要，促使幼儿习得和养成扩充经验的方法和习惯，培养幼儿生活的能力与意识，以幼儿得到全面发展为目标。

（三）课程组织与实施的原则

课程的组织与实施应遵循整体性原则、直接经验原则、个体发展原则。

（四）课程内容

行为课程的内容就是幼儿周围生活的自然环境与社会环境中能为幼儿所接受并有助于其身心发展的各种经验，具体包括幼儿在自发的活动中所产生的经验；在自然环境中认识的事物习得的知识；在社会环境中掌握的社会生活技能等。从具体科目来看，行为课程主要包括手工、美术、言语、常识、故事、音乐、游戏和算术。

（五）课程评价

行为课程对我国幼儿园课程的改革和发展做出了重大的贡献。生活是行为课程的基点，行为课程重视生活在幼儿课程中的教育价值，兼顾了社会需求与幼儿个体发展的课程目标，超越了纯教育的范畴，考虑到了社会文化在课程中的作用，以行动为中心的课程实施，强调了行动在幼儿发展中的积极导向价值。

三、蒙台梭利课程

蒙台梭利课程模式强调个别化学习，特别是蒙台梭利设计的教具使个别化教学的实施成为行之有效的手段。蒙台梭利课程模式强调幼儿主动学习和自我纠正，使幼儿身心的内在潜能得到充分的发展。

（一）理论基础

（1）蒙台梭利的儿童观认为：①幼儿具有"吸收力的心智"；②幼儿发展具有阶段性；③幼儿的发展具有敏感期；④幼儿的发展是在工作中实现的。

（2）蒙台梭利的教育观主张：①自由教育；②提供有准备的环境。

（二）课程目标

蒙台梭利课程最直接的目标是帮助幼儿形成健全人格，最终的目标是建立理想的和平社会，这两个目标是相互关联、不可分割的。

（三）课程组织与实施的原则

蒙台梭利课程实施的三要素：有准备的环境、教具、幼儿教师。幼儿教师提供有准备的环境，指导幼儿在工作中使用有矫正功能的教具，强调感官教育和幼儿辨别事物能力的教育，促进幼儿语言和数学学习的发展。通常把感官训练和语言训练结合起来。在蒙台梭利课程中，幼儿教师应充当以下 3 种角色，以帮助幼儿从下至上地自我发展：①幼儿活动的观察者；②环境的创设者；③幼儿活动的引导者。

（四）课程内容

蒙台梭利研究涉及五大领域的教育内容，包括感官教育、日常生活练习、语言教育、数学教育、文化科学教育。

（五）课程评价

蒙台梭利对于智力缺陷儿童心理机制细致的观察成为一般方法的出发点，而这种方法在全世界的影响是无法估计的。蒙台梭利是一个偏重于实践的教育家，因此蒙台梭利课程整个教育内容偏向于教学法方面，而蒙台梭利教育体系也决定了蒙台梭利课程带有相当程度的机械的和形式化的色彩，其课程模式中幼儿教师的作用是比较被动和消极的，这不利于发挥幼儿教师的主导作用。此外，还有人批评蒙台梭利课程偏重智力训练而忽视情感陶冶和社会化过程。

四、高宽课程

高宽课程又名"高瞻课程""海伊斯科普课程"，是由 High Scope Curriculum 翻译而来，是与拉瓦特里的 EEC 课程、德弗里斯的 EED 课程齐名的三大认知中心的皮亚杰课程模式之一。高宽课程由美国儿童心理学家韦卡特等人于 1962 年创立，最初是用于美国"开端计划"中帮助处境不利的特殊幼儿摆脱贫苦的教育方案，20 世纪 80 年代以后在世界各地广泛运用。

1962 年，密歇根州伊普西兰蒂的公立学校发起"佩里学前学校方案"，以改善该地区处境不利的幼儿学业表现作为长期研究项目的组成部分。韦卡特决定研究为 3—4 岁幼儿提供学前干预方案的潜在可能性，成为"佩里学前学校方案"的负责人。高宽课程作为学前教育干预计划的一部分，旨在缓解那些被预测可能会在教育体系中失败的幼儿们的感知需求。高宽课程对于期望、角色、结构和系统有一个特定的模式，与学前教育课程里的特征类似。

（一）理论基础

高宽课程是基于一系列心理学、教育学和社会学理论创设的。它的心理学基础认为，幼儿最好的学习状况来自积极主动地参与周围的环境。高宽课程前期主要遵循皮亚杰的认知发展理论，后期遵循心理建构理论，认为幼儿是知识建构者和主动学习者。在重视幼儿智力开发的背景下，高宽课程注重寓教于乐，并能够确保课程发展得当。

高宽课程也具有一定的社会学基础，即形成于二战后美国兴起的教育机会均等运动。因此为了解决社会冲突，维持社会稳定，需要找到方法使尽可能多的人在社会中充分发挥作用。课程参与者的研究结果表明，与拥有其他种类教育经验的幼儿相比，受到高宽课程教育的幼儿出现反社会行为的概率更低。

（二）课程目标与原则

高宽课程前期目标是促进幼儿认知能力的发展，为其今后的学习成功奠定基础；后期目标强调以幼儿的主动学习为中心，促使幼儿的认知、情感、社会性协调发展。

高宽课程重视语言在幼儿思维活动中的作用，"计划—做—回忆"这3个环节是课程实施的最重要部分，通过这些环节，幼儿有机会充分表达自己参与活动的意愿，也帮助幼儿教师密切参与。

（三）课程内容

区域活动是高宽课程最主要的组织方式。

主动学习是高宽课程核心指导思想。在这种学习中，幼儿通过操作物体，通过与他人互动，建构新的理解。主动学习的四要素包括幼儿直接操作物体、幼儿对自己的行动结果进行反思、把幼儿的学习兴趣作为学习资源、幼儿对难题的发现。

关键经验包括创造性表征、语言和文字、主动的社会关系、运动、音乐、分类、排序、数字、空间和时间等方面，每个方面由一些具体的关键经验组成。关键经验被罗列出来以供各种教育机构使用、遵循。幼儿在课程中的发展走向也会被记录下来供参考。这些关键经验引起了人们对于成人和幼儿沟通方面的关注。这些关键经验有的会被正式地规划到小组活动时间中或者经常被规划到工作时间中。

在高宽课程里，幼儿根据他们所想进行活动，但是这些活动是在幼儿教师所提供的框架内进行的。自发性活动是由幼儿和成人共同领导的，而与之相对的幼儿中心活动方式则是以幼儿主导、幼儿教师应答的模式进行的。幼儿能进行适合他们的活动是十分重要的。幼儿自发性活动的框架将重点放在研究没有方向和约束的活动。通过这种方式，儿童自发性活动是有目的的而不是随意进行的。

高宽课程是以皮亚杰的研究成果为基础的。因此，高宽课程所提供的环境和交互系统是为了满足幼儿学习和发展需求而设计。高宽课程既承认幼儿的发展限制性，也承认幼儿在有指导的探究下的学习潜力。因此，高宽课程可以说是具有发展适宜性的。

（四）课程评价

高宽课程以结构化的关键经验作为建构课程的框架，使幼儿教师真正开始关注幼儿的发展；通过环境进行教育；在强调幼儿的主动学习的同时，突出了幼儿教师的指导作用，较好地处理了教育过程中师幼相互作用的关系；方案具有较强的操作性。高宽课程的局限性在于：偏重对幼儿认知能力的教育，对幼儿情感和社会性方面的发展没有具体明确的目标；对幼儿教师的专业素质和技能要求高。

五、瑞吉欧课程

瑞吉欧课程因发源于意大利的城市 Reggio Emilia 而得名，创始人是罗里斯·马拉古兹，他认为幼儿可以透过"一百种语言"系统性地整合并表达自己的想法。瑞吉欧课程的特点是强调幼儿自主学习，选择主题时不是以幼儿教师为主导，而是充分重视幼儿的兴趣，幼儿教师在此兴趣基础上加以引导。学者专家、家长和幼儿教师多方合作，帮助幼儿发展主题，开展各种活动。它重视艺术活动在幼儿学习的重要作用，同时建立图画、实物、照片、录音、录像、幻灯片、文字说明等多种形式的档案，以记录幼儿的学习过程。

（一）理论基础

（1）儿童观。幼儿具有巨大的发展潜能和极强的可塑性，是社会的一分子，是知识经验积极主动的构造者。

（2）进步主义教育思潮。瑞吉欧课程深受杜威的进步主义和民主主义教育思想的影响，幼儿通过自主课程的探索、发现、解决问题，正是"从做中学"的体现，注重幼儿的自然发展以及和环境的共享关系。

（3）建构主义理论。幼儿在和周围的人事物接触交流的过程中，学会了构建和表达自己的想法。

（二）课程应遵循的原则

瑞吉欧课程遵循的原则包括幼儿必须对自己的学习方向有一些控制；幼儿必须能够通过触摸、移动、倾听和观察的经验来学习；幼儿与世界上的其他幼儿和物质物品有关系，必须允许他们探索；幼儿必须有无尽的方式和机会表达自己。

（三）课程内容

一方面，瑞吉欧课程没有固定的课程内容，没有固定的教材方案，把日常生活作为设计课程内容的来源，课程最后实施的内容由幼儿讨论决定。另一方面，瑞吉欧课程认为幼儿所处环境即是学习内容，并且非常注重社区的资源，通常以项目活动的形式进行，使得幼儿能有机会探索、观察、推测、质疑和讨论，从而获得理解。

（四）课程实施的影响因素

（1）幼儿周围环境对于课程计划是非常重要的。瑞吉欧课程称环境为幼儿的"第三位老师"。环境成为"教育者"，环境中的人和物相互作用，给幼儿创造了学习机会。

（2）瑞吉欧教育体系下的幼儿教师长期致力于提高对幼儿的理解，再基于尊重、责任和社区的原则制订弹性计划，从幼儿感兴趣的活动出发，与幼儿合作，共同探讨，提出问题以进一步理解；积极参与幼儿的活动，而不是被动地观察幼儿的学习，从而促进幼儿的学习。

（五）课程评价

瑞吉欧课程模式适应了当前时代和社会发展的需要，用幼儿喜欢的方式进行教育和探究活动，在世界范围内产生了积极而重要的影响。其成功之处在于能够认识幼儿、理解幼儿，同时迎合社会的需要，对于社区资源的利用也是它的一大特色。瑞吉欧的教育体系和项目活动课程模式是一种海纳百川的综合教育模式，是一种具有不断发展的有生命力的课程模式。

除以上所提到的典型幼儿园课程方案外，还有华德福幼儿园课程、福禄贝尔课程等经典课程方案，每一种课程都有它关于幼儿、童年成长和学习进程的特定视角。它们有非常多的共通之处。它们的不同之处在于为幼儿学习提供不同结构和框架，还有它们所强调学习的不同的特定方面。

任务检测

一、单项选择题

1. 五指活动课程由中国著名幼儿教育家（   ）创设。

A.陶行知   B.张宗麟   C.张雪门   D.陈鹤琴

2. 蒙台梭利认为幼儿的发展具有（   ）。

A.躁动期   B.敏感期   C.口唇期   D.特殊期

3. 幼稚园行为课程所以依循的理论基础是（   ）。

A.认知主义心理学   B.多元智能理论

C.实用主义教育思想   D.精神分析学说

二、简答题

简述"活教育"的方法论。

任务检测答案

任务评价

指标	评价标准	考核者	说明	评分
"国内外典型幼儿园课程方案"评价表				
预习任务、课后任务的完成情况	完成好或较好为1学习积分，一般为0分，差或较差扣1学习积分	教师+课代表或小组长		
教学过程中的表现	乐于思考、积极主动性强、笔记较好等为1学习积分，一般为0分，差或较差扣1学习积分	教师+课代表	具体评价内容及对应分值以一次具体任务为准	
任务内容学习效果	掌握得好或较好为1学习积分，一般为0分，差或较差扣1学习积分	教师+课代表+小组长		
思政目标达成度	坚定文化自信，能在各个幼儿园课程方案中去粗取精达成度较好为1学习积分，一般为0分，差或较差扣1学习积分	教师+课代表+小组长		

注：以学习积分为单位，每位学生有10个学习积分作为基础分，在此基础上加分或减分，考虑到后续可能出现的情况，2个学习积分为1分平时成绩，最后所有积分会折算成平时成绩。

项目总结

项目综合实训

选择所在省市特色幼儿园中的一套幼儿园课程方案，分析其利弊。

课证融通

一、单项选择题

1.（幼儿教师资格考试《保教知识与能力》2021 上）洗手时，东东突然叫了起来："洗手液溅进我眼睛里了！"这时老师首先应该做的是（　　）。

A.用流动水冲洗眼睛　　　　　　　B.用干净的纸或软布擦眼睛

C.找保健医生　　　　　　　　　　D.拉开眼皮吹一吹

2.（幼儿教师资格考试《保教知识与能力》2022 上）下列选项中不符合蒙台梭利教育观念的是（　　）。

A.儿童存在着与生俱来的"内在生命力"

B.教育应让儿童获得自然的和自由的发展

C.幼儿教师是揭示儿童内心世界的观察者

D.自由游戏是儿童学习的主要方式

3.（幼儿教师资格考试《综合素质》2019 上）马老师在活动反思中写道："使用档案袋对幼儿的表现进行评价，经常需要花费些额外的时间，与其在这些花样上花时间，不如把精力多用在孩子身上。"这表明马老师(　　)。

  A.缺少幼儿学情分析意识   B.缺少经验提炼的能力

  C.缺少幼儿发展评价能力   D.缺少教学决策的意识

  4.(幼儿教师资格考试《保教知识与能力》2021上)下列各项中,不属于课程四要素的是(　　)。

  A.课程设计   B.课程目标

  C.课程组织与实施   D.课程内容

  5.(幼儿教师资格考试《保教知识与能力》2021上)"做人,做中国人,做现代中国人"这一教育目的提出者是(　　)。

  A.张雪门   B.陶行知

  C.陈鹤琴   D.张宗麟

二、简答题

  (幼儿教师资格考试《保教知识与能力》2022上)论述幼儿园教育应渗透于幼儿园一日生活的各项活动之中的理由,并举例说明。

课证融通答案

拓展阅读

微课呈现

项目八　幼儿园的教学活动

 项目导读

　　幼儿园的教学活动是指幼儿教师根据幼儿园的教育目的、任务和幼儿的身心发展特点，有目的、有计划、有组织地设计的多种形式的，旨在促进幼儿生动、活泼、主动的专门的学习活动。它与一日生活活动、游戏活动既有区别又有联系。幼儿园的教学活动呈现出目的性与计划性，幼儿的主体性、主动活动性，活动内容的启蒙性、丰富性等多种特点。同时，幼儿园的教学活动必须遵循一定的原则和方法，才能保障幼儿园教学活动的有效性和科学性。幼儿园的教学活动对实现幼儿园的培养目标、促进幼儿全面发展和幼儿教师专业发展等都有重要作用。此外，要明确幼儿园教学活动方案设计的内涵和基本环节，学会科学合理地组织与指导具体的教学活动，提升教学活动的有效性。

项目目标

知识目标

1.了解幼儿园教学活动的含义、特点与作用。

2.明确幼儿园教学活动的原则和方法。

3.掌握幼儿园教学活动方案设计的基本环节。

技能目标

1.了解幼儿园的教学活动与一日生活活动、游戏活动的区别与联系。

2.初步学会撰写不同领域的教学活动方案。

3.能较为合理地指导具体的幼儿园教学活动。

情感目标

萌发对设计、组织与指导幼儿园教学活动的兴趣，进一步产生对学前教育事业的热爱。

思政目标

树立学前教育理念，萌发一定的教育情怀，逐步树立为社会主义学前教育事业服务的意识，为落实立德树人的根本任务奠定基础。

任务一　幼儿园教学活动的内涵、特点与作用

⚙ 任务描述

　　幼儿园教学活动的含义有广义和狭义之分，但一般指狭义上的幼儿园教学活动。它与一日生活活动、游戏活动紧密联系，但其教育目的、作用更为直接具体，更具有预设性与可操控性。学生应明确幼儿园教学活动具有目的性、计划性、主体性、启蒙性、直观性等多种特点，在幼儿园的各项工作中占有十分重要的地位，能促进幼儿、幼儿教师及幼儿园多方的发展。

🔗 任务准备

　　理论准备：学生掌握了幼儿园课程的相关内容，为幼儿园教学活动的学习奠定基础。
　　物质准备：教学环境干净、整洁、安全，疫情防控准备工作充分；智慧教室；教学工具。

☰ 任务实施

一、幼儿园教学活动的内涵

（一）幼儿园教学活动的定义

　　教学，一般是指教师有目的、有计划、系统地传授思想、知识、技能，学生在教师的引导下学习的双边活动。也就是说，教学既要有教师的"教"又要有学生的"学"，二者缺一不可。幼儿园的教学也称为幼儿园的教学活动。幼儿园教育是我国各层次教育的奠基阶段，对幼儿园教学活动所下定义，一方面要以教学的定义为参考；另一方面幼儿园的教学活动又体现出其独有的内容。《纲要》中指出："幼儿园的教育活动，是教师以多种形式有目的、有计划地引导幼儿生动、活泼、主动活动的教育过程。"可以看出，幼儿园的教育活动与教学活动是有一定区别的，幼儿园的教育活动涵盖面更广。因此，本书结合教学的定义、幼儿园教学活动的独特性以及《纲要》中对幼儿园教育活动的解释，将幼儿园的教学活动从广义和狭义两个方面进行解释。广义的幼儿园教学活动是指幼儿园对幼儿所进行的一切活动的总和。因此，无论在幼儿园内还是园外、是在专门的教育活动还是游戏、生活活动或其他活动场景中进行的，只要是有专门的指导幼儿学习以达到一定目的的活动都可以理解为广义的幼儿园教学活动。狭义的教学活动是指幼儿教师根据幼儿园的教育目的、任务和幼儿的身心发展特点，有目的、有计划、有组织地设计的多种形式的，旨在促进幼儿生动、活泼、主动的某一专门的学习活动。本书所指的幼儿园教学活动是狭义上的幼儿园教学活动。

（二）幼儿园教学活动与一日生活活动、游戏活动

　　有学者认为幼儿园的教学活动应包括生活活动、游戏活动等。学者虞永平认为，幼儿园教

育也不限于专门组织的教学，而是除了专门教学外还应寓教育于幼儿的一日生活当中。学前教育活动不是传统的"教学"概念，其概念包含了适合幼儿的教学而且超越了"教学"这一概念的意义。幼儿园的课程由幼儿园的教学活动、一日生活活动、游戏活动组成。为避免认知混乱，本书将对幼儿园的教学活动与一日生活活动、游戏活动进行比较。

1.幼儿园教学活动与一日生活活动

幼儿园的一日生活活动可作为教育活动主题。幼儿园的一日生活活动即日常生活活动，是指幼儿从入园到离园整个过程中各个生活环节，除入园离园外，还包括盥洗、如厕、进餐、睡眠、饮食、自由活动、散步等内容。幼儿园的一日生活是构成幼儿园活动的重要组成部分，它与教学活动既相互独立又紧密联系，充分体现了"保中有教、教中有保"的特点。比如幼儿在盥洗过程中，如果发现幼儿不会洗手洗脸或者浪费水资源，则可以开展"我把小手洗干净""节约用水"等教学活动；如果发现幼儿在进餐过程中有浪费食物的现象，则可以开展"节约粮食"的教学活动；如果发现小班幼儿在如厕时出现紧张、不排队、不会自己穿脱裤子或忘记冲厕所等现象，则可以开展"我会上厕所啦"的教学活动。这样可以将一日生活活动与教学活动相互渗透、相辅相成，更好地促进幼儿各方面的发展。

2.幼儿园教学活动与游戏活动

幼儿园游戏活动一般作为教学活动的载体。游戏活动是指幼儿运用一定的语言和已有经验，借助外界事物或工具，在各种情境中利用身心去感知、操作、探究周围世界的具体活动。游戏是幼儿的基本活动方式，所以教学活动的展开也主要以游戏的方式来进行，即"课程游戏化"或"教学游戏化"。但严格意义上教学活动与游戏活动是既有区别又有联系的。二者的区别在于，第一，幼儿园的教学活动是一种以幼儿教师为主导，幼儿为主体的活动，在这个过程中幼儿教师要去指导幼儿。虽然在游戏活动中仍然是以幼儿为主体，但是幼儿教师更多的是观察者、引导者、支持者的角色。可以说在教学活动和游戏活动中，幼儿教师所起的作用是不一样的。第二，在幼儿园的具体教学活动有明确的教学内容，虽有小组和个别形式，但大多数情况下都以集体教学的形式进行。而游戏活动经常是幼儿自主的活动，有时在幼儿教师的引导下除集体活动外，更多的是采用小组和个别的组织形式。第三，幼儿园的教学活动的目的在于促进幼儿认知、技能、情感等方面的发展，有明确的活动目标。而游戏的作用虽也在于促进幼儿认知、语言、情感、社会性等的发展，但这种作用往往是无形当中产生或潜移默化的。更明显的则在于幼儿在游戏过程中表现出来的兴趣及愉快的体验。二者之间的联系则表现在幼儿园的教学活动需要借助于游戏来展开，而游戏中也蕴含着教育的重要作用，二者都致力于促进幼儿的发展。

二、幼儿园教学活动的特点

（一）目的性与计划性

《纲要》中明确指出幼儿园的教育活动是有目的、有计划地引导幼儿生动、活泼、主动活动的教育过程。同时，幼儿园的教学活动是在专门的教育机构—幼儿园中进行，有专职的教师，有预设的目的，有专门的保教内容，是一种依据幼儿的实际发展需求和社会对幼儿的要求而培养幼儿德、智、体、美、劳诸方面全面发展的社会活动，它与家庭、社会教育活动有着明显的区别。

首先，在幼儿园学年或学期开始时，幼儿教师需做好这一学年或学期的总的教学计划，包括需要开设的活动及活动的作用、目的等内容。其次，在每一月或者每周需制订更为具体的教学活动计划，明确幼儿教师在这一段时间的教学内容和目的以及幼儿在这一段时间的学习内容。最后，教学活动开展之前，幼儿教师必须做好翔实的教案设计、活动准备等，以便具体教学活动的开展，幼儿能通过活动得到某一方面的发展。所以说，幼儿园的教学活动是带有目的性和计划性的。

（二）幼儿的主体性、主动活动性

一直以来，无论是教学理论还是学习理论都倡导以学生为中心。比如建构主义的学习观认为，知识不是通过教师的传授获得的，是学生自己建构获得的，学习是主动的；其教学观认为教学通过设计重大的问题或任务以引导学生学习和支撑学习的积极性，帮助学生成为主体。美国实用主义教育家杜威的儿童中心论认为，幼儿园的教学活动必须坚持以幼儿为中心，赋予幼儿应有的权利，幼儿教师多从幼儿的实际需要和兴趣出发来设计教学活动，体现幼儿的主体性。同时，在幼儿园的教学活动中，幼儿园的教学活动也应是幼儿主动活动的过程，幼儿通过主动活动来发展他们的智力、身体、认知、情绪情感、社会性等。

承认幼儿在教学活动中的主体性和主动活动性，并不是否认了幼儿教师对幼儿的促进作用。因为幼儿不同于小学、中学、大学任何一个年龄段的学生，他们更需要幼儿教师的引导、帮助与支持。因此，在教学活动中，可以说幼儿是主体，幼儿教师是主导。

（三）活动内容的启蒙性、丰富性、趣味性与整合性

首先，幼儿园教学活动的内容应该是启蒙的，给幼儿提供浅显的文化知识和基本的技能。《纲要》中指出，幼儿园教育活动内容的组织应充分考虑幼儿的学习特点和认识规律，各领域的内容要有机联系、相互渗透，注重综合性、趣味性、活动性，寓教育于生活、游戏之中。正因如此，幼儿园的教学活动应该呈现出丰富性、趣味性与整合性的特点。《纲要》中的教育内容与要求明确指出，幼儿园的教育内容是全面和启蒙性的，将教育内容分为了健康、语言、社会、科学、艺术 5 个领域，并从每一领域的目标、内容与要求、指导要点 3 个方面进行了完整的有指导性的分析。《指南》是《纲要》的具体化，将健康、语言、社会、科学和艺术五大领域做了更为具体的阐述，将健康分为了身心状况、动作发展和生活习惯以及生活能力 3 个子领域，语言分为了倾听与表达、阅读与书写准备两个子领域，社会分为了人际交往和社会适应两个子领域，科学分为了科学探究和数学认知两个子领域，艺术分为了感受与欣赏、表现与创造两个子领域，而每个子领域又从 3—4 岁、4—5 岁、5—6 岁三个年龄阶段来分析具体的目标，并提出了相应的教学建议。在幼儿园的实际教学活动中，也是以《纲要》和《指南》为依据，不管是分领域教学，还是以主题活动、整合活动的形式展开，教学内容都是丰富多彩的，领域与领域之间都是相互渗透、相互联系的，都是从幼儿兴趣的角度来选取教学活动的内容，这些都体现出幼儿园教学活动内容的丰富性、趣味性与整合性。

（四）教学手段的直观性

幼儿园的教学手段是指在幼儿园的教学过程中，幼儿教师与幼儿之间借助于某些具体、形象、生动的描述性语言、教具、教学媒体等相互之间传递信息，完成教学的工具。由于幼儿年龄尚小，在教学过程中通常以直观教学为主，体现出教学手段的直观性。直观性既是幼儿园教学手段的特点，又是幼儿园教学的一大原则。

（五）活动形式的灵活多样性

幼儿园的教学活动不是单一的、枯燥的，而是灵活多样的。《纲要》中指出，幼儿园教育活动的组织形式应根据需要合理安排，因时、因地、因内容、因材料灵活地运用。幼儿教师可以以游戏化的方式来展开教学活动，这是指幼儿教师在教学活动中融入游戏内容，结合幼儿特点以游戏的形式展开，幼儿则在游戏化的教学过程中得到发展。教师既可以从健康、语言、社会、艺术、科学等不同领域分别进行教学，又可以将这些领域进行整合，还可以以既定主题或方案进行教学。此外，幼儿园教学活动既可以是集体教学，又可以有小组和个别教学；既可以有幼儿园内开展的教学活动，又可以在园外开展教学活动；既可以有幼儿教师与幼儿之间的活动，还可以在某些特定情况下邀请家长和社会人士加入。幼儿教师与幼儿之间指向的对象既可以是人，又可以是物。比如要开展一个关于消防安全的教学活动，幼儿园可以邀请消防员到幼儿园做讲解和示范，让幼儿能有更切身的感受与体验；要开展一个认识春天的教学活动，教师可以带领家长、幼儿到公园开展，以便取得更好的效果。

（六）活动的情境性

建构主义认为，知识可融入具体的、情境的、可感知的具体活动中，强调学习、知识和技能的情境性，认为它们不能脱离具体的情境而存在，学习必须同情境性的活动相结合。相对于其他阶段的教学，幼儿园的教学活动更能体现出活动的情境性。幼儿通过在一定的情境中的亲身感受，充分地运用自身的多种感知通道去接触情境中的事物、材料，进而在感受、刺激的过程中产生丰富的、真实的体验。通过情境性的活动，幼儿可以在自身的体验和感知中去丰富认识，获得发展，可以说，幼儿园的教学活动本身就是一种情境。

三、幼儿园教学活动的作用

幼儿园的教学活动在幼儿园的各项工作中占有十分重要的地位。幼儿园要实现其培养目标、促进幼儿的发展，离不开科学合理的设计。具体说来，幼儿园的教学活动有以下4个方面的作用。

（一）促进幼儿德、智、体、美、劳全面发展，实现幼儿园培养目标

《规程》中明确指出幼儿园的工作任务之一就是实施德、智、体、美、劳方面全面发展的教育，促进幼儿身心和谐发展。幼儿园的教学活动是有目的、有计划、有组织地将德、智、体、美、劳诸方面的基本道德理念、基本知识、基础技能技巧等传授给幼儿，幼儿在这一过程中按照预期的要求得到全面发展，获得各方面的经验，并养成良好的学习与生活习惯，实现幼儿园

的培养目标，也为下一阶段的学习与发展奠定基础。幼儿园的教学活动与其他活动相比较，在促进幼儿全面发展方面的目的性则更加凸显。

（二）为幼儿的创新精神和实践能力奠定基础

创新精神和实践能力是我国素质教育的核心。作为基础教育的重要组成部分，幼儿园与中小学教育有着本质的不同，幼儿园的教学活动多是幼儿感兴趣的话题，幼儿不仅仅是跟着幼儿教师预设的活动前进，还时常在这些活动中发展想象力和动手能力，通过奇思妙想与实践创新，幼儿逐渐敢于创新、喜欢创新、乐于实践。这也为幼儿在今后成长过程中的创新与实践奠定了一定基础。

（三）促进幼儿教师的专业发展

幼儿园的任何一项保教活动都可以促进幼儿教师，尤其是入职初期的幼儿教师积累经验，促进自身专业发展。其中，教学活动所发挥的作用表现得尤为明显。一方面，幼儿教师通过全身心投入自己的教学活动设计和组织中，不断反思自己的教学行为，从而不断地建立自身的教育观念、提高教师素养，达到促进专业化成长、提高自身教育素养的目的。另一方面，幼儿教师通过在教学活动中的相互观摩与学习、教研室之间对教学活动的定期研讨，指导自身的教学活动，不断改进自己的教学方案、教学设计、教学方法等。此外，幼儿教师可以通过教学活动观察幼儿、解读幼儿，这些都为幼儿教师的专业成长起到了重要的推动作用。

（四）为当前幼儿园的教学改革提供重要依据

我国目前学前教育改革呈现出幼儿价值观从一元向多元发展、重视生活取向的教育内容、从以教为中心到以学为中心、从终结性评价到发展性评价等改革动态与发展趋势。学前教育改革的理论同样来源于实践，理论与实践相辅相成。从幼儿园具体教学活动的目标、内容、设计思路等乃至教学活动反映的儿童观、教育观出发，去汲取经验、发现问题、不断反思与改进。无论是个性还是共性的反映，都为幼儿园的教学改革提供了参考依据。因此，当前我国的幼儿园教学改革必须以一线的幼儿园教学活动为依据。

📝 任务检测

一、单项选择题

1. 游戏是幼儿的基本活动方式，所以教学活动的展开主要也以游戏的方式进行。这也是通常所说的"课程游戏化"或（　　）。

A. 教学游戏化　　　　　　　　　　B. 游戏展开化

C. 教学游戏一体化　　　　　　　　D. 教学展开化

2. 《纲要》中明确指出幼儿园的教育内容是全面和（　　）的，将教育内容分为了健康、语言、社会、科学、艺术五个领域，并从每一领域的目标、内容与要求、指导要点三个方面进行了完整的有指导性的分析。

A. 主动性　　　　　　　　　　　　B. 主体性

C. 丰富性　　　　　　　　　　　　D. 灵活多样性

3.（　　）既是幼儿园的教学手段，又是幼儿园教学活动的一大原则。

A.情境性　　　　　　　　　　　B.直观性

C.启蒙性　　　　　　　　　　　D.渗透性

二、简答题

简述幼儿园教学活动的作用。

任务检测答案

 任务评价

指标	评价标准	考核者	说明	评分
"幼儿园教学活动的内涵、特点与作用" 评价表				
预习任务、课后任务的完成情况	完成好或较好为1学习积分，一般为0分，差或较差扣1学习积分	教师+课代表或小组长	具体评价内容及对应分值以一次具体任务为准	
教学过程中的表现	乐于思考、积极主动性强、笔记较好等为1学习积分，一般为0分，差或较差扣1学习积分	教师+课代表		
任务内容学习效果	掌握得好或较好为1学习积分，一般为0分，差或较差扣1学习积分	教师+课代表+小组长		
思政目标达成度	具有坚定的学前教育理念达成度较好为1学习积分，一般为0分，差或较差扣1学习积分	教师+课代表+小组长		

注：以学习积分为单位，每位学生有10个学习积分作为基础分，在此基础上加分或减分，考虑到后续可能出现的情况，2个学习积分为1分平时成绩，最后所有积分会折算成平时成绩。

任务二　幼儿园教学活动的原则与方法

⚙ **任务描述**

　　幼儿园的教学活动必须遵循一定的原则和方法，才能保障有效性和科学性。一方面，幼儿教师应该科学贯彻各种教学原则，并将原则运用到不同类型的教学活动中。另一方面，学生需要明确幼儿园教学活动的方法是灵活多样的，分为注入式和启发式，要学会根据幼儿园教学活动的实际需要和幼儿身心发展的特点正确选择和运用不同的方法。

🔗 **任务准备**

　　理论准备：学生掌握了幼儿园教学活动的内涵、特点与作用，顺利过渡到幼儿园教学活动的原则与方法的学习。

　　物质准备：教学环境干净、整洁、安全，疫情防控准备工作充分；智慧教室；教学工具。

任务实施

幼儿园的教学活动必须遵循一定的原则和方法，才能保障幼儿园教学活动的有效性和科学性。

一、幼儿园教学活动的原则

幼儿园教学活动的原则是指幼儿园根据一定的教育目的和教学过程中的规律而制订的关于幼儿园教学活动的基本准则和具体要求。原则是幼儿园教学活动过程中将逐渐积累的经验进行总结，贯穿于幼儿园教学活动的各个环节，是提高幼儿园教学活动质量的重要保障。

目前，我国幼儿园教学活动的原则主要有科学性和思想性相结合、直观性、发展性、渗透性、因材施教、集体与个别教学活动相结合、巩固性等。

（一）科学性和思想性相结合的原则

教育家赫尔巴特在人类历史上首次提出了"教育性教学"，即没有任何无教学的教育，反之也没有无教育的教学。教育性就是指道德教育。因此，科学性与思想性相结合的原则也叫科学性与教育性相结合的原则，具体是指在幼儿园的教学活动中，一方面要把先进科学符合幼儿实际情况的基本知识和基本技能传授给幼儿，另一方面又要在活动过程中对幼儿进行良好的思想政治和道德品质的教育。实际上，这一原则就是指把教书和育人二者有机统一。

首先，幼儿园教学活动的内容要符合幼儿的年龄特点。幼儿教师要以马克思主义理论为指导来分析活动的内容，必要时可以进行相应的拓展。其次，幼儿教师要发掘活动内容中蕴含的思想，紧密结合教学内容在活动过程中的各个环节对幼儿进行思想品德教育，无论是直接教导幼儿，还是潜移默化地影响幼儿。最后，幼儿教师自身要有扎实的文化知识、专业知识和技能，正确的儿童观、教育观等，幼儿教师只有具备过硬的专业素养才能保证这一原则的贯彻。比如幼儿教师在社会领域设计组织有关中秋节的教学活动中，既要有讲授中秋节的由来、习俗、神话传说等知识层面的内容，又引导幼儿热爱祖国传统文化，保证幼儿在知识与思想两方面获得发展；在科学领域设计组织有关水资源的教学活动中，既要让幼儿知道淡水与海水的区别，探索水的奥秘，了解水资源与人们生活的密切关系，又要让幼儿知道水资源的宝贵，养成保护环境、节约用水的良好道德品质。

（二）直观性原则

直观性既是幼儿园教学活动的特点又是其原则。直观性的教学原则主要是指在幼儿园的教学活动中，通过利用幼儿的感官和既有认知水平，或幼儿教师运用具体生动的语言描述，使幼儿获得表象的、丰富幼儿的感性认识和直接经验。直观性原则很大程度上是根据幼儿的年龄特点提出来的。由于他们年龄尚小，以具体形象思维为主，因此他们需要借助于外界具体形象的事物来辅助他们的认知。

科学贯彻直观性原则一般情况通过言语直观、实物直观和模象直观。言语直观是指幼儿教师运用形象生动的语言来描述某一事物，幼儿则在幼儿教师的描述中对事物进行感知及理解。言语直观不受任何条件的限制，但不具备实物直观和模象直观的鲜明性、真实性。实物直观是指幼儿通过直接感知某一具体事物而进行的一种直观方式，这种事物不是虚拟而是真实存在的。模象直观是指通过事物的模拟性形象让幼儿直接获得感性认识的一种形式。模象直观不需要有真正的实物提供给幼儿，也能激发幼儿的兴趣，但它与实物之间有一定的区别。三种直观手段中，幼儿对实物的积极性和兴趣是最大的，通过实物，他们可以产生较大的真实感、亲切感，也能由此获得更好的感性认识。幼儿教师在进行教学活动中，应合理选择言语直观、实物直观和模象直观手段，或相互结合，贴合幼儿的需要和兴趣，以便更好地提升教学效果。

小案例

> 幼儿对动物感兴趣，幼儿教师在设计组织关于认识我国不同地区的珍稀动物的活动时，就需要借助于模象直观和言语直观手段来进行；在进行音乐教学活动时，幼儿教师则需用到模象直观；在组织垃圾分类的活动中，如果能有不同垃圾的实物直观，教学效果会更好。

（三）发展性原则

发展性的理念最早源于苏联心理学家维果茨基，他认为教学应当走在个人发展的前面。幼儿园教学活动的发展性原则也叫量力性原则、可接受性原则，主要是指根据幼儿原有的发展水平，设计与实施幼儿园的教学活动，促进幼儿身体、认知、个性、情感及社会性等方面的发展。《纲要》中指出，幼儿园教育活动的内容应既适合幼儿的现有水平，又有一定的挑战性；既符合幼儿的现实需要，又有利于其长远发展；既贴近幼儿的生活来选择幼儿感兴趣的事物和问题，又有助于拓展幼儿的经验和视野。一个教学活动活动方案的设计、准备、活动手段的使用、实施过程等都应遵循发展性原则。总之，幼儿园的教学活动应在幼儿原有发展水平的基础上促进幼儿的进一步发展，发展既是教学活动的起点和依据，又是教学活动的目的。

小案例

> 大部分幼儿在小班时能熟练使用勺子，但不具备使用筷子的能力；在别人的帮助下能穿脱衣袜但无法自己独立完成等。随着幼儿手协调性的发展，在幼儿教师和家长的指导，中班幼儿可以逐渐学会使用筷子，可以学会自己穿脱衣袜等。据此，设计与组织中班"能干的小手"活动，这一活动既符合幼儿原有的发展水平，又能让幼儿在原有的水平上得到发展。

（四）渗透性原则

渗透性原则是指在幼儿园的教学活动中，将不同领域的内容相融合、不同的活动形式相结合，将它们组成一个有机联系、密不可分的整体。事实上，各个领域的教学活动都不是孤立存在的。某一个领域的活动往往需要结合其他领域的内容，或其他形式来完成，如生活活动、游戏活动、亲子活动等。现今的幼儿园教育活动，往往以主题的形式来展开，这其实就是各领域内容的相互融合、教学活动与其他活动的相互结合。在活动形式方面，一项具体的教学活动往往采取了集体、小组和个别多种形式来完成，幼儿可通过倾听、动手实践、实验、创造、讨论、思考、回答等来完成学习。

小案例

在幼儿园开展关于中秋节的教学活动中，首先以嫦娥奔月的故事导入，其次重点讲述中秋节的由来和习俗，幼儿在幼儿教师的指导下尝试着画月饼，最后让幼儿谈谈对中秋节的认识，实现情感的升华。整个教学活动的名称虽更倾向于社会领域，但在活动过程中将语言、社会、艺术相互联系。

（五）因材施教原则

因材施教最早是由我国著名的思想家、教育家孔子提出。因幼儿身心发展具有个体差异性，所以必须因材施教。从概念上来说，因材施教原则是指在幼儿园的教学活动中，幼儿教师既要面向全体幼儿，又要根据幼儿的个体差异，有的放矢地开展教学活动，使每个幼儿都能发现自己的长处，获得最好的发展。幼儿园在教学活动的设计与实施过程中，既面向全体幼儿，还应尽可能考虑到不同幼儿的特点，去发现每位幼儿的兴趣、爱好、优缺点等，因材施教。

（六）集体与个别教学活动相结合的原则

一般面向全班幼儿的教学活动称为集体教学活动，这样的活动可以让所有的幼儿在幼儿教师的引导下学习。幼儿教师可以在有限的时间里将活动内容系统地呈现给每一位幼儿，便于幼儿对活动内容的掌握与运用，最大效率地实现幼儿园的培养目标。集体教学面对的是所有幼儿，因此难以考虑到幼儿的个体差异性，对活动内容的兴趣及可接受性，也就难以做到因材施教。面对这样的情况，集体教学活动就需要与个别教学活动相结合，通过个别活动对集体教学活动进行补充。

这一原则对幼儿教师提出了更高的要求。幼儿教师既要具有根据班级幼儿整体情况设计组织集体教学活动的能力；又要有根据幼儿的不同发展水平、兴趣爱好，设计组织适合幼儿的个别教学活动的能力。

（七）巩固性原则

巩固性原则最早是由捷克教育家夸美纽斯提出的。学习离不开对知识、技能的巩固，如"学而时习之""温故而知新"等体现的就是巩固性原则。在幼儿园的教学活动中，巩固性原则是指幼儿教师在教学活动中，引导幼儿重复掌握的基本知识和技能，使知识和技能长久地储存于大脑中，在需要的时候加以提取和利用。幼儿自主记忆的能力较弱，因此，在活动过程中贯彻巩固性原则就显得尤为重要。事实上，幼儿对已有经验的巩固与幼儿对此经验的兴趣、需要、态度有着直接的联系，也依赖于幼儿对这一经验的迁移运用。对于幼儿来说，要巩固已有经验，一要反复练习，二要借助于直观性原则。

小案例

幼儿教师在组织语言领域活动——学唱儿歌《玩树》时，就需要贯彻巩固性原则。幼儿对儿歌的内容"小蚂蚁，绕圈圈。小毛虫，荡秋千。小松鼠，跳树尖。小麻雀，在树间。咪，冲上天！"不熟悉，也难于记忆。幼儿教师需要利用直观的教具如蚂蚁、毛毛虫、小松鼠、小麻雀、大树来帮助幼儿加深对儿歌的认识，幼儿还需在幼儿教师的引导下多次学习加以巩固，以便快速学会。

上述教学原则之间是彼此关联、相辅相成的。幼儿教师需要根据教学内容、幼儿特点与实际条件等来选择、运用不同的教学原则，保证教学活动高质量完成。

二、幼儿园教学活动的方法

幼儿园教学活动的方法是指在幼儿园的教学活动中，为完成相应的活动任务，幼儿教师采用的"教"的方法以及幼儿采用的"学"的方法，是幼儿教师和幼儿共同采用、进行的。

随着学前教育的不断发展，幼儿园教学活动的方法更加灵活多样。整体上，教学方法可以分为两大类，一类是注入式教学，另一类是启发式教学。启发式教学是每一种具体的教学方法必须坚持的指导性思想。"教学有法，教无定法"，要有效完成幼儿园的教学活动任务，就要学会正确选择和运用不同的方法，根据幼儿园教学活动的实际需要、幼儿身心发展的特点来选择。具体说来，我国目前幼儿园教学活动常见的方法有讲授法、谈话法、讨论法、观察法、游戏法、情境创设法、操作练习法等。

（一）讲授法

讲授法是指幼儿教师通过形象生动的语言，系统地向幼儿传授知识，或者向幼儿叙述说明相关事物、材料等。讲授法是使用最为广泛的教学方法，其余的教学方法常常与讲授法结合使用。但由于幼儿以具体形象思维为主，幼儿教师在使用讲授法时需注意语言的艺术，要用通俗易懂的语言，并借助于一定的肢体动作、教学手段等让幼儿理解和接受。此外，幼儿教师在讲授时要注意抑扬顿挫、语速快慢得当，以便提升讲授效果。

（二）谈话法

谈话法也称为问答法，是指幼儿教师在实际的教学活动中，根据教学内容向幼儿提出问题，引导幼儿思考并回答的一种方法。谈话法有助于调动幼儿对活动的积极性，发散幼儿的思维，培养幼儿的语言表达能力。谈话法具体分为复习式谈话和启发式谈话。

（三）讨论法

讨论法是指幼儿在幼儿教师的指导下围绕某一话题展开探讨，发表自己的意见、想法、感受、体验等的方法。讨论法可以是全班讨论，也可以是幼儿分小组讨论；可以有幼儿教师参与讨论，也可以由幼儿教师引导，幼儿自行讨论。讨论法与谈话法一样，也可以调动幼儿的积极性，发散思维，提高幼儿语言表达能力。在讨论的过程中，幼儿教师要注意不管幼儿发表的意见是否正确，都要鼓励其去大胆表达，尊重幼儿的主体性。另外，鼓励幼儿将讨论的结果较完整地表述或者呈现出来，幼儿教师再进行合理的总结与评价。

（四）观察法

观察法是指在幼儿园的教学活动中，幼儿在幼儿教师的引导下运用眼睛、鼻子、耳朵、嘴、皮肤等感觉器官，或借助一定的工具去了解观察具体对象以获得一定感性认识的方法。在认识动植物、自然现象、科学探究等内容的活动中，经常使用观察法。使用观察法时重点是使幼儿学会观察，体验观察的过程，而不应仅仅注重获得观察的结果。

小案例

> 幼儿教师发现班级里的幼儿对小动物都很感兴趣，便组织"可爱的小兔"这一教学活动，教师带来了三只不同颜色、大小的兔子，让幼儿对三只兔子的大小、外形、颜色、喜爱的食物进行观察，并在观察的过程中做好记录。

（五）游戏法

游戏是幼儿最基本的活动形式，是幼儿园教学活动的常见形式。游戏法是指把幼儿园某一具体的教学活动或教学活动其中一个环节，以游戏的形式呈现出来。

（六）情境创设法

情境创设法的主要目的是陶冶幼儿的情感，使幼儿处于某种情境中从而获得体验。具体说来，情境创设法是指在幼儿园的教学活动中，幼儿教师有计划、有目的地引入或创设带有一定情感氛围的场景，让幼儿获得一定的情感体验，促进幼儿身心发展的一种方法。幼儿教师可以从生活展现、图画再现、实物演示、音乐渲染、言语描述等方面来创设情境。其实，幼儿园的每一次教学活动的展开，都需要幼儿教师创设相应的情境来融入教学活动中。

小案例

> 在语言领域"小蝌蚪找妈妈"的教学活动中，幼儿教师用高低起伏、扣人心弦的音乐来衬托出这个故事，让幼儿在音乐与故事的结合中去感受小蝌蚪找妈妈的历程。

（七）操作练习法

操作练习法是指幼儿在幼儿教师的指导下，根据活动任务和要求，借助于一定的材料去完成相应的操作，形成并巩固一定的技能技巧的方法。所以，这种方法需要幼儿动手活动，如幼儿操、幼儿舞、手工制作等活动需要运用操作练习法来发展幼儿的手眼协调及动手能力，巩固幼儿对技能技巧的掌握。操作练习可以有口头与实际操作练习，也可以是模仿性、独立性、创造性操作练习。在操作练习的过程中，幼儿教师既要对幼儿严格要求与指导，又要选择性地鼓励幼儿的创新。

此外，在幼儿园的实际教学过程中，还可以选择示范法、参观法、实验法、发现法、演示法、读书指导法等方法。总之，教学是一种充满智慧的活动，教师和幼儿可以根据实际教学活动需要，来选择与运用不同的教学方法，达到良好的教学活动效果，促进幼儿的发展，实现相应教学目标或培养目标。

任务检测

一、单项选择题

1.发展性的理念最早源于苏联心理学家维果茨基，他认为教学与发展相互依存，教学应当走在发展的前面，也提出了至今仍被世界各个国家引用的（　　）理念。

A.教学过程最优化　　　　　　　　B.教学与发展

C.最近发展区　　　　　　　　　　D.教学是一种双边活动

2.（　　）是指幼儿教师在教学活动中，引导幼儿重复掌握基本的知识和技能，并能长久地储存于大脑中，能在需要的时候加以提取和利用。

A.巩固性原则　　　　　　　　　　B.直观性原则

C.因材施教原则　　　　　　　　　D.渗透性原则

3.（　　）是指在幼儿园的教学活动中，幼儿在幼儿教师的引导下运用眼睛、鼻子、耳朵、嘴、皮肤等感觉器官或借助一定的工具去了解观察对象以获得一定感性认识的方法。

A.讲授法　　　　　　　　　　　　B.情境创设法

C.讨论法　　　　　　　　　　　　D.观察法

二、简答题

在幼儿园教学活动中如何贯彻科学性和思想性相统一的原则？

任务检测答案

任务评价

	"幼儿园教学活动的原则与方法"评价表			
指标	评价标准	考核者	说明	评分
预习任务、课后任务的完成情况	完成好或较好为1学习积分，一般为0分，差或较差扣1学习积分	教师+课代表或小组长		
教学过程中的表现	乐于思考、积极主动性强、笔记较好等为1学习积分，一般为0分，差或较差扣1学习积分	教师+课代表	具体评价内容及对应分值以一次具体任务为准	
任务内容学习效果	掌握得好或较好为1学习积分，一般为0分，差或较差扣1学习积分	教师+课代表+小组长		
思政目标达成度	具有坚定的学前教育理念与教育情怀达成度较好为1学习积分，一般为0分，差或较差扣1学习积分	教师+课代表+小组长		

注：以学习积分为单位，每位学生有10个学习积分作为基础分，在此基础上加分或减分，考虑到后续可能出现的情况，2个学习积分为1分平时成绩，最后所有积分会折算成平时成绩。

任务三　幼儿园教学活动的设计、组织与指导

⚙ 任务描述

　　幼儿园的教学活动的设计有广义和狭义之分，但一般指狭义上的设计方案，其基本内容包括活动名称、设计意图、活动目标、活动重点难点、活动准备、活动形式、活动方法、活动过程、活动延伸、活动反思。学生应在牢固掌握基本内容的基础上设计出合理的教学活动，并能根据幼儿园教学活动的指导要点和注意事项科学有效地组织与指导幼儿园教学活动，保证活动质量，促进幼儿发展。

🔗 任务准备

　　理论准备：学生掌握了幼儿园教学活动的原则和方法，可以很好地辅助他们对幼儿园教学活动设计、组织与指导的学习。

　　物质准备：教学环境干净、整洁、安全，疫情防控准备工作充分；智慧教室；教学工具。

☰ 任务实施

一、幼儿园教学活动方案的设计

（一）幼儿园教学活动方案设计的概念、作用及要求

　　幼儿园教学活动方案的设计是指幼儿教师依据教学活动的目标、内容、组织与实施等，设计出具体可行的活动方案，以促进幼儿在相关领域的发展。广义上，幼儿园教学活动方案的设计即课程计划，包括幼儿园学年计划、学期课程计划、月或周计划、主题计划、某一具体教学活动的计划等从宏观到具体的内容。狭义的幼儿园教学活动设计方案则专指某一具体教学活动的计划，即教学活动方案设计。

　　幼儿园无论是以主题活动、整合活动的形式还是领域活动的形式，又或是其他形式来开展活动，都会涉及某一具体教学活动的设计。因此，优秀的具体教学活动方案设计显得至关重要。它是连接教学理论与教学实践的桥梁，能保证教学活动的顺利进行，直接关系着教学活动的成效。幼儿教师在设计教学活动的方案时，要分析幼儿的身心特点，设置适宜的活动目标，合理选择活动的内容、方法、手段，创设良好的物质和精神环境等。

（二）幼儿园教学活动方案设计的基本内容

　　一份完整的幼儿园教学活动方案设计的基本内容应包括活动名称、设计意图、活动目标、活动重点难点、活动准备、活动形式、活动方法、活动过程、活动延伸、活动反思。

1.活动名称

幼儿园教学活动名称或主题的拟定，不仅能吸引幼儿的眼球，还是对活动内容的高度概括。所以，活动名称或者内容的选择首先就要从幼儿的兴趣和需要着手，这样才能调动幼儿的积极性、主动性；其次，还得符合幼儿的已有经验，要从幼儿的整体水平出发；最后，幼儿教师在拟定活动名称时，需要进行筛选，最终确定适合本次活动的名称。比如要设计一个关于分享的教学活动方案，在拟定活动名称时，"分享的快乐"就比"学会分享"更能吸引幼儿。

当然，一个完整的活动名称应表明开展活动的年龄班、内容等。如小班社会活动——宝贝上幼儿园；中班科学活动——空调好凉快；大班语言活动——诗歌教学"春天来了"。

2.设计意图

幼儿园教学活动方案的设计意图是一个教学活动方案的开始。它所阐述的是整个教学活动设计的思路、设计背景、依据、目的等，可以从活动的材料与意义、班级幼儿的具体情况、期望达到的目的等方面进行具体的阐述。

小 小案例

> 小班阶段幼儿对自己的身体认知还比较缺乏，可以在幼儿教师的引导下初步了解自己身体一些主要部位的主要特征和功能，初步懂得自我保护。因此，幼儿教师设计了"膝盖脚指头"这一活动，希望通过这一活动让幼儿认识自己的身体主要部位：头、肩膀、膝盖、脚指头，以及这些部位的用处，学会保护自己的身体。
>
> 大部分幼儿独立完成事情的能力较差，遇事习惯通过哭的方式来寻求他人帮助。《纲要》中指出，为幼儿提供自由活动的机会，支持幼儿自主地选择、计划活动，鼓励他们通过多方面的努力解决问题，不轻易放弃克服困难的尝试。因此，幼儿教师设计了"遇事我不哭"这一活动，让幼儿在这一活动中意识到遇到困难时要想办法解决，要用正确的方式寻求别人的帮助，以此发展中班幼儿独立解决问题的能力，培养其社会适应性。

3.活动目标

活动目标是指一个具体教学活动的目标，即幼儿园中具体教学活动需要达成的目标或取得的结果。活动目标是一个活动的灵魂所在，是开展具体教学活动的依据。需要注意的是，活动的目标既可以是在方案中预先设计好的，也可以随着活动的开展而生成。

美国心理学家、教育家布鲁姆将教学目标分为三大领域——认知、情感、动作，以认知目标、技能目标、情感目标来表达。我国"新课改"提出三维体系目标，即知识与技能、过程与方法、情感态度与价值观。活动目标的制订既要以上一级的目标为依据，也要符合幼儿的年龄特点与实际水平，还要促进幼儿的发展。无论从哪一种维度来制订活动目标，都要遵循主体的一致。例如，教会幼儿手工制作小青蛙、培养幼儿不浪费粮食的好习惯，就是从幼儿教师的角度来描述。现今的活动目标更倾向于从幼儿的角度来制订，如能够完整地演唱《粗心的小画家》这首儿歌，注重发展幼儿肢体动作的协调性和灵活性。活动目标的制订也要明确具体，不能笼统表述，如学会懂礼貌的目标就太过笼统。

📖 小案例

> 社会领域教学活动"快乐的中秋节"中，幼儿教师制订了如下目标。
> （1）认知目标：知道中秋节是我国的传统节日，了解中秋节的由来和吃月饼、赏月等习俗。
> （2）技能目标：在幼儿教师的引导下尝试着画月饼。
> （3）情感目标：体验过中秋节的快乐，萌发对亲人的思念之情和对祖国传统文化的热爱之情。
> （4）知识与技能目标：了解中秋节的由来和习俗；在教师的引导下尝试着画月饼。
> （5）过程与方法目标：在观看有关中秋节的图片和视频的过程中，抒发对亲人的思念。
> （6）情感态度与价值观目标：喜欢过中秋节，对我国传统文化产生热爱。

4.活动重难点

活动重难点是具体活动方案的要素之一，也是其重点目标的体现。活动重点是指幼儿需要掌握的核心知识、经验、方法、技能等内容，活动难点是指幼儿在某一具体活动中难以掌握的知识、经验、方法、技能等内容。在教学活动中，部分内容既是重点也是难点。幼儿教师在进行活动方案的设计时，需要思考重难点的设置以及如何突出重点、突破难点，实现相应的活动目标。

📖 小案例

> 在大班数学活动"8的分解组成"中，将幼儿学会8的分解组成并能实际操作作为活动的重点，将探索并理解数的递增、递减和互换规律作为活动的难点。在大班美术活动"神奇的巨人"中，尝试用排序、对称、疏密的方法进行线与形的装饰既是活动的重点又是难点。

5.活动准备

活动准备是保证幼儿园教学活动正常开展的必要条件，具体包括物质、知识、精神、经验、环境等的准备。一般情况下，从物质和经验两个方面准备，知识、精神、环境、情感等都可以纳入其中。

📖 小案例

> 在小班语言领域儿歌活动"漂亮的衣服"中，物质准备包括自制与儿歌《漂亮的衣服》相关的图片、各种人物的图片等；经验准备则是小班幼儿有创编儿歌的初步经验。在小班社会领域活动"分享玩具"中，物质准备是幼儿选择一两件自己喜欢的玩具带到幼儿园，制作视频《抢玩具》等；经验准备则是幼儿有分享玩具的体验。

6.活动形式

幼儿园教学活动的形式是多种多样的，有集体、小组和个别形式。幼儿教师应根据活动的具体情况和幼儿的特点来选择适合本次活动的形式。一般情况下，一项教学活动的开展是多种形式的结合，而且不管以何种形式来开展活动，都应当将游戏作为对幼儿进行全面发展教育的重要形式。

7.活动方法

（参考本项目任务二中的详细论述。）

8.活动过程

活动过程是指幼师对教学活动中的各个方面的内容借助于活动准备、形式、方法等来展开的过程。活动过程的设计是整个教学活动方案最为关键的环节，是活动目标、活动重难点得以实现与突破的关键一环。它也是活动方案设计中最为翔实的部分，一项教学活动的开展一般是按照活动过程的设定来展开的。当然，不排除在活动开展过程中生成性内容的存在。

通常，活动过程分为开始、基本和结束 3 个部分。

（1）开始部分。开始部分也叫导入部分，其目的就是要让幼儿通过这一环节将注意力与兴趣等转移到活动内容中。开始部分可以用复习、游戏、情境创设、图片、谜语、视频、儿歌等形式导入与本次活动相关的内容。导入的内容最好能抓住幼儿的注意力，2—4 分钟即可。

📊 小案例

> **案例一**
>
> 在幼儿园开展的活动中，教师以儿歌的形式进行导入：小朋友们，今天老师给你们带来了一首儿歌，儿歌里有我们的好朋友，一会儿要和小朋友们打招呼呢！小朋友们快来听听吧，"小鸟小鸟住在大树上，小田鼠小田鼠住在大树下。喇叭花啊喇叭花爬呀爬，喇叭花啊喇叭花变成小电话。喂，快出来和小朋友们打个招呼吧！"哦，原来是我们的好朋友小白兔啊……
>
> **案例二**
>
> 在幼儿园开展的活动中，教师以谜语的形式进行导入：今天，老师有个有趣的谜语要让小朋友们来猜一猜，"屋子方方，有门没窗，屋外热烘，屋里冰霜。"……

（2）基本部分。基本部分也叫展开部分，是活动过程的主要部分。活动目标及重难点基本都要在这一部分得到突破。在设计这一部分内容时，幼儿教师首先要从整体上考虑内容划分的环节、内容展开的形式和方法等。一般基本部分分为 3—4 个环节。其次，幼儿教师要确定活动的重难点及突出、突破和落实重难点的方式方法。再次，幼儿教师要确认每一环节的时长及突发状况的调整方案。最后，幼儿教师要确保每个环节深入、切合主题，基本部分设计得科学合理。

小 小案例

> 　　在幼儿园社会领域活动"过新年"中，幼儿教师用"漂亮的小剪刀"将幼儿分成两组，讨论过年会做的事。
>
> 　　以变魔法的方式变出灯笼，请幼儿观察灯笼，引导幼儿描述出灯笼的外形，给幼儿分发灯笼简笔画的纸，让幼儿给灯笼涂上自己喜欢的颜色，邀请幼儿展示自己涂的灯笼并给予表扬。教师示范剪纸，引导幼儿用剪刀剪下自己的灯笼，提醒幼儿安全使用剪刀。
>
> 　　幼儿教师提问并引出灯笼的寓意是团圆，并举例解释团圆的意思。
>
> 　　幼儿教师引导幼儿说出过年团圆的习俗，激发幼儿对过新年的向往之情。

　　（3）结束部分。在活动的结束环节，幼儿教师可以对活动的内容进行归纳总结、反思评价。结束部分要更好地突出幼儿的主体性，可以先让幼儿分享活动的感受，幼儿教师再进行总结。在结束部分，除了让幼儿进一步回顾活动的内容，还需实现幼儿情感的升华，并要注意与活动延伸的衔接。

小 小案例

> 　　在幼儿园中班语言领域故事活动"三只蝴蝶"中，教师这样实施结束环节：小朋友们，今天的故事活动到这里就要结束了，能告诉我故事的名字和内容吗？（小朋友们答。）不错，今天我们听了三只蝴蝶的故事，知道了……希望小朋友们……（教师进行总结）小朋友们，再见！

9.活动延伸

　　活动延伸也可以纳入活动的结束部分，表明对前面一个活动的巩固，比如在上一例子"三只蝴蝶"的结束部分，就可以提出让幼儿回家和家长一起表演的建议；也可以连接到下一个活动，比如艺术领域美术活动"漂亮的蝴蝶"。活动延伸可以从其他领域活动、区角活动、家园共育进行设计。

10.活动反思

　　美国学者波斯纳提出教师成长公式：经验+反思=成长。反思对于一位幼儿教师十分重要。活动反思也可以说是对活动的评价，是指幼儿教师在一个活动开始之前、过程中或结束后通过对幼儿活动情况、活动效果、优缺点、调整与改进的措施等方面进行反思，不断提高教学活动的质量。同时，活动反思也促进了幼儿教师的专业成长。

二、幼儿园教学活动的组织与指导

（一）幼儿园教学活动的组织与指导要点

1.注重幼儿教师角色定位与师幼互动

　　在具体的幼儿园教学活动中，幼儿教师一定要明确自己的角色，树立正确的教育理念。在

《纲要》和《指南》的引领下，幼儿教师要转变教育观念，摒弃旧有的以幼儿教师为中心的教育思想，树立正确的儿童观和教育观，以科学的教育方法组织与指导幼儿的教学活动。幼儿教师在组织和指导教学活动中，应以尊重幼儿为前提，建立平等的师幼关系，明确幼儿是活动的主体，要发挥幼儿教师自身的主导地位。同时，在活动过程中，要注重幼儿教师与幼儿的相互作用，即互动。没有师幼互动的教学活动是不科学的、无效的。

2.考虑幼儿的特点

幼儿的年龄特征、身心发展特点是幼儿园教学活动的组织与指导中的必要依据。幼儿园教学活动的内容、形式与方法等都要考虑到幼儿的年龄特征或身心发展特点，体现出教学活动组织的科学性与合理性、综合性与趣味性。小班幼儿有意注意的时间一般是 3—5 分钟，中班幼儿的有意注意的时间一般是 10 分钟左右，大班幼儿有意注意的时间一般是 15 分钟左右。幼儿教师在组织教学活动时，应根据幼儿有意注意的时间来组织内容，并能将有意注意与无意注意交替运用，以取得更好的活动效果。此外，即使同样年龄班，不同地区幼儿的实际情况也会有一定的区别，所以幼儿教师除了分析不同年龄段幼儿的共性，还要结合本班实际分析每名幼儿的个性，有效组织班级教学活动，对幼儿提出适宜的指导。

3.合理组织教学活动的各个环节

一般情况下，小班幼儿一次教学活动时间大概在 15—20 分钟，中班幼儿一次教学活动时间大概在 20—25 分钟，大班幼儿一次教学活动时间大概在 25—30 分钟。幼儿园教学活动有导入、基本和结束 3 个环节。正是因为不同年龄班教学活动的时间不一致，幼儿教师要合理安排每一环节的时间和内容，每一环节的内容应与教学活动方案一致，具有相对稳定性，但又要有一定的灵活性。每一环节的非必要的活动或过渡内容应该省略，各个环节的内容能满足班级绝大部分幼儿的兴趣和需要。此外，教学活动各个环节的合理安排还依赖于班级教学常规管理制度的建立。幼儿园教学活动的各个环节是紧密相连、层层深入、协调统一的，科学合理安排各个环节的时间、内容等，才能更好地实现活动目标，完成活动任务。

4.幼儿教师对幼儿的指导是有效的且富有针对性、选择性和弹性

《纲要》中指出，"教师应成为幼儿学习活动的支持者、合作者、引导者"。在幼儿园教学活动中，幼儿教师对幼儿的指导应该贯穿活动的整个过程。在教学活动的开展过程中，幼儿教师可以以启发诱导的方式，让幼儿主动去探索、去发现；幼儿教师可以对幼儿的疑惑或困难进行指导，帮助他们解决问题；幼儿教师可以以参加者的角色加入幼儿的活动中去观察幼儿；等等。在活动结束后，幼儿教师还可以指导幼儿对本次活动进行总结与反思。但是，无论幼儿教师以何种形式对教学活动进行指导，都应是有效的，有利于活动的组织与开展。

幼儿教师对幼儿的指导还应有针对性、选择性和弹性。比如听故事编结尾、仿编诗歌、手工制作、根据音乐打节拍、创编动作、自由绘画等，幼儿教师对幼儿的指导都是富有弹性的，可以灵活展开对幼儿的不完整性指导，给幼儿留有发挥的余地，激发幼儿的主动性与创造性，发展幼儿的想象力与创造力。

小 小案例

> 在大班艺术领域美术活动——"神奇的巨人"中，幼儿教师呈现了几幅不同的巨人图，并分析引导幼儿运用对比、排序、对称、疏密等方法来绘画巨人，让幼儿自由发挥，画出他们自己心目中神奇的巨人。
>
> 《迷路的小花鸭》是幼儿园传统的教学歌曲之一。在大班艺术领域，歌唱活动"迷路的小花鸭"中，幼儿教师在初步教授这首歌曲并给幼儿示范了用动作、表情等表达对歌曲的感受后，让幼儿随着音乐，尝试着用自己喜欢的动作、表情等来表达对歌曲的感受，并在表演环节进行展示。

5.活动中或结束后进行反思与改进

在活动展开之前的反思一般较少，更多的是在活动过程中乃至结束后对整个活动的各个方面进行回顾与总结、评价。作为一名幼儿教师，必须具备一定的活动反思能力。活动反思的内容涉及方方面面，包括对活动内容的反思，对活动目标的反思，对幼儿在活动中表现的反思，对活动环境及材料的反思，对活动不足方面的反思，等等。通过这些反思，幼儿教师可以不断改进活动方案，更好地组织教学活动，对幼儿提供更有效的指导。在此过程中，幼儿教师还可逐渐向专家型、研究型幼儿教师方向发展，以便在学前教育改革中作出自己的贡献。

（二）幼儿园教学活动组织与指导的注意事项

1.以国家相关教育文件为依据

《纲要》《指南》《规程》为幼儿园各个方面工作提供指导依据，对幼儿园不同领域、年龄阶段目标，幼儿园教育的原则、要求、形式等做出了重要规定。幼儿园教学活动的组织与指导必须以这些文件为依据。在活动过程中，无论是活动环节的开展，还是活动内容，都只有在这些文件的指导下，才会更加科学、合理、有效。

2.突出领域特点，领域与领域之间相互渗透

在组织和指导某一具体的教学活动时，幼儿教师应该首先确定活动涉及的领域，这个领域的内容一定占据了整个活动非常重要的部分，该领域的特点也应得到突出。《纲要》中指出，"各领域的内容相互渗透，从不同的角度促进幼儿情感、态度、能力、知识、技能等方面的发展"。因此，在组织与指导教学活动时，幼儿教师还应考虑在突出某一领域的前提下，注重领域与领域之间的渗透与融合，这也能更吸引幼儿，让幼儿保持对活动的热情与兴趣，更好地完成活动，实现相应的活动目标。

小 小案例

> 在幼儿园大班教学活动"我和茶那些事儿"中，幼儿教师完美地表现出了社会领域的内容与目标，该活动又与美术活动相结合。幼儿通过这一活动，既知道了茶的种类、作用，品尝了茶的味道，如图8-1、8-2所示，了解了茶文化等内容。又在幼儿教师的引导下利用茶叶进行美术创作，如图8-3所示。这次活动既突出了某一领域的特点，又体现了领域与领域之间是相互融合、相互渗透的。

图8-1 幼儿品赏

图8-2 茶的不同种类

（a）

（b）

图8-3 幼儿利用茶叶进行美术制作

任务检测

一、单项选择题

1.（　　）是指幼儿园一个具体教学活动需要达成什么目标或取得什么结果。它是一个活动的灵魂所在，是开展具体教学活动的依据。

A.设计意图　　　　　　　　B.活动目标

C.活动准备　　　　　　　　D.活动过程

2.（　　）也叫导入部分，其目的就是要让幼儿通过这一环节将注意力与兴趣等转移到活动内容中。

A.开始部分　　　　　　　　B.基本部分

C.展开部分　　　　　　　　D.结束部分

3.体验过端午节的快乐，萌发对屈原的敬佩之情和对祖国传统文化的热爱之情。这倾向于（　　）目标。

A.认知目标　　　　　　　　B.技能目标

C.情感目标　　　　　　　　D.态度目标

4.《纲要》中指出幼儿园教育活动的组织形式应根据需要合理安排，因时、因地、因内容、因材料灵活地运用。这更能体现出教学活动的（　　）特点。

A.幼儿主体性　　　　　　　B.丰富性

C.启蒙性　　　　　　　　　D.灵活多样性

二、简答题

幼儿园教学活动的组织与指导要点有哪些？

任务检测答案

任务评价

指标	评价标准	考核者	说明	评分
\"幼儿园教学活动的设计、组织与指导\"评价表				
预习任务、课后任务的完成情况	完成好或较好为1学习积分，一般为0分，差或较差扣1分	教师+课代表或小组长	具体评价内容及对应分值以一次具体任务为准	
教学过程中的表现	乐于思考、积极主动性强、笔记较好等为1学习积分，一般为0分，差或较差扣1学习积分	教师+课代表		
任务内容学习效果	掌握得好或较好为1学习积分，一般为0分，差或较差扣1学习积分	教师+课代表+小组长		
思政目标达成度	具有较好的为学前教育服务的意识达成度较好为1学习积分，一般为0分，差或较差扣1学习积分	教师+课代表+小组长		

注：以学习积分为单位，每位学生有10个学习积分作为基础分，在此基础上加分或减分，考虑到后续可能出现的情况，2个学习积分为1分平时成绩，最后所有积分会折算成平时成绩。

项目总结

```
                                              ┌── 幼儿园教学活动的内涵
                  ┌── 幼儿园教学活动的内涵、特点与作用 ──┼── 幼儿园教学活动的特点
                  │                           └── 幼儿园教学活动的作用
                  │
                  │                           ┌── 幼儿园教学活动的原则
幼儿园的教学活动 ──┼── 幼儿园教学活动的原则与方法 ──┤
                  │                           └── 幼儿园教学活动的方法
                  │
                  │                               ┌── 幼儿园教学活动方案的设计
                  └── 幼儿园教学活动的设计、组织与指导 ──┤
                                                  └── 幼儿园教学活动的组织与指导
```

项目综合实训

组织一次幼儿园教学活动，并对活动进行反思。

课证融通

一、单项选择题

1.（幼儿教师资格考试《保教知识与能力》2019上）下列关于美术教育的做法，不正确的是（　　）。

　　A.支持幼儿表达自己对美术作品的独特感受

　　B.出示范画让幼儿模仿

　　C.鼓励幼儿用自己的方式表现美

　　D.为幼儿的美术作品提供丰富的材料

2.（幼儿教师资格考试《保教知识与能力》2019下）下列不宜作为幼儿科学领域学习方式的是（　　）。

　　A.直接感知　　　　　　　　　　B.实际操作

　　C.亲身体验　　　　　　　　　　D.概念解释

3.（幼儿教师资格考试《保教知识与能力》2021上）在科学活动《奇妙的气味》中，教师准备了分别装有水、食醋、酱油等液体的瓶子，请幼儿看一看，闻一闻。幼儿在活动中使用了什么方法（　　）？

　　A.实验　　　　　　　　　　　　B.参观

　　C.观察　　　　　　　　　　　　D.讲述

4.（幼儿教师资格考试《保教知识与能力》2021下）下列选项中，属于实施正面教育原则方法的是（　　）。

　　A.树立榜样　　　　　　　　　　B.只表扬不批评

　　C.纠正错误　　　　　　　　　　D.对幼儿的错误不予理会

5.（幼儿教师资格考试《保教知识与能力》2021下）从生活中选择幼儿感兴趣的事物和问题作为教学内容的主要原因是（　　）。

　　A.教师容易制作教具　　　　　　B.便于教师教学

　　C.符合家长的希望　　　　　　　D.符合幼儿的学习特点

二、活动设计题

（幼儿教师资格考试《保教知识与能力》2019下）中班下学期，陈老师发现，班上仍有一些幼儿会抢别人的玩具，他们的理由是："我喜欢这玩具，我要玩。"请设计一个教育活动，解决上述问题，要求写出活动名称、活动目标、活动准备及活动过程。

课证融通答案

拓展阅读

微课呈现

项目九 幼儿园的游戏

 项目导读

　　幼儿园中游戏是幼儿的基本活动，游戏本身具有一定的目的，同时伴随紧张、喜悦的感觉。游戏经历了不同时期的发展，产生了不同的游戏观。游戏要解决的基本问题有3个：首先，关于游戏本质的认识即"游戏是什么"；其次，关于幼儿游戏的认识，把握游戏的基本特征；最后，关于游戏与教育的认识。游戏与幼儿园课程、幼儿园教学的相互关系是学习重点，幼儿教师应熟练地应用游戏的相关理论来指导幼儿开展游戏活动。

项目目标

知识目标

1.掌握游戏的含义与本质特点。

2.了解游戏与幼儿园课程、幼儿园教学的相互关系。

3.明确幼儿园各类游戏教学的指导方法。

4.理解幼儿教师在游戏活动中的多重角色。

技能目标

1.能够应用游戏的本质特点创设幼儿园游戏的环境，指导幼儿开展各类游戏。

2.能运用游戏与课程、教学的关系，创编各类游戏。

情感目标

初步形成科学的游戏教学理念，对幼儿园教学活动产生热情。

思政目标：

重视学前教育事业，认识到作为幼儿教师的责任与担当，明确学习与教育的责任。

任务一　游戏与幼儿成长

⚙ 任务描述

　　阐述不同的发展时期中，不同学者对游戏的不同理论观点；总结幼儿游戏的特征。游戏是幼儿自主自愿的活动，游戏的内容来自日常生活的表征，游戏富有选设性的自足乐趣，游戏是有规则的。作为幼儿教师，应该具备幼儿游戏发展的专业理论知识，用专业的理论知识来指导幼儿开展游戏活动。

🔗 任务准备

　　理论准备：幼儿日常生活的实践经验。

　　物质准备：环境干净、整洁、安全，做好防疫工作，疫情防控准备工作；智慧教室、仿真教室；游戏实训室；签字笔、记录本、消毒剂等。

☰ 任务实施

一、关于游戏的理论

（一）早期的游戏观

1.精力过剩说

　　精力过剩说的代表人物是德国诗人、美学家席勒和英国哲学家、社会学家斯宾塞。其主要观点是生物都有维持自身生存的能力，生物体进化得越高级，生存的能力就越强。高等动物在维持生存所耗精力之外，尚有剩余精力，游戏便成为消耗剩余精力的一种方式。幼儿在日常生活中耗费的精力较少，剩余的精力较多，游戏便是宣泄剩余精力、保持健康的最佳通道。他们认为，人类的活动无外乎两种：一种是有目的的活动，称为工作；另一种是无目的的活动，游戏便是其主要方式。通过对游戏与艺术相通性的研究，他们还认为，游戏是人类审美领域里的最高境界。

2.生活准备说

　　生活准备说也称为本能练习说或预习说，代表人物是德国生物学家、新达尔文主义者格罗斯。其主要观点是人有天生的本能，但本能不能适应未来复杂的生活，要有一个生活准备阶段。这就要求在天赋能力的基础上进行练习，锻炼自己适应生存竞争所必需的能力。因此，游戏是对未来生活的一种无意识的准备，是一种升华本能、演练生活的手段。

3.成熟说

　　成熟说的代表人物是荷兰生物学家、心理学家博伊千介克。其主要观点是人有潜在的内部力量，而心理的发展就是在这种潜在的内部力量的驱动下完成的，不需要游戏做准备、不需要练习也能发展起来。游戏不是练习，而是幼儿幼稚动力一般特点的表现。游戏也不是本能，而是一种欲望的表现。引起游戏的欲望有 3 种：求解放的欲望、与周围环境一致的欲望、重复运用习得技能的欲望。因为年幼才有游戏，而不是因为游戏才有童年。

4. 放松说

放松说的代表人物是德国学者拉察鲁斯和裴茄克。其主要观点是人类在脑力劳动和体力劳动中都会感到疲劳，为了放松自己，消除疲劳，恢复精力，就产生了游戏。游戏不是剩余精力的发泄，而是为了精力的恢复。由于身心发展水平的限制和生活经验的缺乏，幼儿对复杂的外部世界难以适应，很容易疲劳，所以需要通过游戏来使自己轻松和恢复精力。

上述早期的游戏理论主要研究游戏产生的原因，即幼儿因何游戏。限于各研究者的研究视角及其所处时代的心理学发展水平，有的理论只说明游戏的一个方面；有的理论只是一种假说，如种族复演说；有的明显考虑不周，如休养说。而 20 世纪，尤其是 20 世纪 50 年代以来流行的游戏理论则出现了重大转折，一些现代心理学派的游戏理论密切关注并将其自觉应用于幼儿教育，将注意力投向阐释游戏的特质或游戏的功能。

（二）现代游戏理论

现代游戏理论主要有精神分析的游戏观、角色模仿的游戏观，认知动力的游戏观、行为主义的游戏观、社会活动的游戏观、元交际理论以及游戏的觉醒理论。

1. 精神分析的游戏观

以奥地利心理学家弗洛伊德为代表的精神分析学派认为，一切生物都具有一些与生俱来的原始冲动和欲望，而人的原始冲动和欲望在现实社会中受到压抑，这种压抑如果得不到发泄便会导致精神分裂，游戏便是排解内在心理矛盾和冲突的途径之一。这一理论又称为发泄论和补偿说。

精神分析的游戏理论在一定程度上可应用于游戏治疗。游戏治疗就是通过观察幼儿在游戏中的行为及其所用玩具，或通过引导幼儿使用某玩具，来了解其潜在的体验。目的在于使幼儿潜意识的经验浮到意识层面，从而能自我控制或抛弃某种心理，达到心理治疗的效果。

2. 角色模仿的游戏观

角色模仿的游戏观由心理学家萨立于 20 世纪初提出。该理论认为，幼儿游戏的实质在于执行某个角色，获得某种新的地位感。在萨立看来，幼儿最初对游戏产生的兴趣，出于可明显地表露出其内心的幻想，成为其游戏的动力源泉。幼儿通过扮演现实生活中某个角色，以"实现"其愿望。萨立还提出游戏的结构，包括角色、游戏行为、游戏材料或者玩具，以及游戏者之间的角色关系等。

3. 认知动力的游戏观

瑞士心理学家皮亚杰是 20 世纪研究幼儿认知发展阶段的主要代表人物之一。在皮亚杰看来，游戏是幼儿认识客体的重要方法，也是巩固已有概念和技能的方法，还是使思维和行动相协调、平衡配合的方法。也就是说，在游戏中，幼儿并不是发展新的认知结构，而是努力使自己的经验适合于先前主客体相互作用中形成的结构。幼儿通过游戏补充、巩固幼儿生活活动，而幼儿的游戏形式是由幼儿所处的认知发展阶段决定的。

4.行为主义的游戏观

以美国心理学家桑戴克为代表的行为主义理论认为，幼儿的游戏是一种学习行为，受社会文化和教育要求的影响，也受学习的效果律（反应的满意效果加强联系，不满意效果则削弱联系）和练习律（反应重复的次数越多，联结越牢固；反之，长期不用，这种联结就趋于减弱）的影响。该理论从游戏的功能着眼，认为与环境互相作用，持续进行信息加工是人类的正常需要。但外部刺激的数量要适当，如果刺激过少，会使内部想象增多，增加学习的努力代价；如果刺激过多，会增加努力的分散程度，也会减少与环境的有效联结。因此，刺激量的适当是很重要的。游戏作为一种激励探索的手段，可以探寻和调节外部和内部刺激的数量，以产生一个最佳的平衡，从而获得更多的心理满足。

5.社会活动的游戏观

苏联的一些心理学家关于游戏研究的理论学说形成了"社会文化历史学派"。他们主要从唯物史观的活动观点来解释游戏。如维果茨基认为幼儿看到周围成人的活动，并在游戏中模仿这些活动，因此幼儿游戏反映了成人世界的实践活动。他强调幼儿游戏的社会性，认为幼儿在真实的实践情况之外，通过游戏创造一种想象的情境，从而掌握基本的社会关系，并且游戏活动再造了某种生活现象，成为一种"社会性实践"。心理学家鲁宾斯坦则认为，游戏是一种经过思考的活动，是幼儿对周围现实态度的一种表现。他提出游戏是解决幼儿日益增长的新需要和幼儿本身的有限能力之间矛盾的一种活动。

6.元交际理论

元交际理论是一种心理学术语，即"游戏元交际理论"。游戏元交际理论是由贝特森提出来的，他在一个具有抽象意义的交流表达系统中讨论游戏的交际。按照贝特森的观点，抽象的结果往往是模糊意义，并产生悖论。当信号与其所指的对象之间高度一致时，至多可能产生错误，而不是悖论。因为这是一个意义明了的交流，而在一个意义隐含的抽象系统中的交流则往往会发生矛盾。在人类广泛的信息交流系统中，意义明了的直接交流和意义隐含的抽象交流是普遍存在的。如对事物进行注释和对注释的注释，概括事物的种类和概括种类的种类，前者是直接的，后者是抽象的，显然前者那直接的意义被隐含在后者之中，如果对这层隐含的意义不能辨识和理解，那么对抽象意义的理解就会产生混乱和随意性，正如出现用命题解释命题一样的逻辑矛盾。

7.游戏的觉醒理论

觉醒是中枢神经系统的机能状态，或机体的一种驱力状态。它与两个因素有关，一是外部刺激或环境刺激，二是机体的内部平衡机制。伯莱因最先提出了游戏的觉醒理论，他的观点经埃利斯的进一步发展和修正，奠定了该游戏理论的基础，并成为觉醒理论的基本观点。觉醒理论有以下两个最基本的观点。

（1）环境刺激是觉醒的重要源泉。新异刺激，除了对学习提供不可缺少的线索作用之外，还可能激活机体，从而改变机体的驱动力状态。

（2）机体具有维持体内平衡的自动调节机制。中枢神经系统能够通过一定的行为方式来自动调节觉醒水平，从而维持中枢神经系统最佳觉醒水平。当外界刺激作用于感觉器官时，感觉器官对当前刺激进行感知分析。如果当刺激与过去的感觉经验不一致，即刺激是新异刺激时，就会使主体产生不确定性，因而导致觉醒水平的增高，机体感到紧张。中枢神经系统有维持最佳觉醒水平的要求。

二、游戏的本质特征

游戏是幼儿的基本活动，是幼儿喜欢的、主动进行的活动，是幼儿反映现实生活的活动。游戏具有以下本质特征。

（一）游戏是幼儿自主自愿的活动

幼儿每天都在自发地玩游戏，只要他们感兴趣，无须成人在旁边指点或指引，他们都会主动地进行游戏。游戏是幼儿的天性，是适应幼儿内部需要而产生的。随着生理、心理的发展，幼儿活动的愿望和需求进一步发展，而游戏恰好可以满足幼儿的这种愿望和需求。游戏不要求务必达到外在任务和目标，也没有严格的程序和方式，幼儿可以完全自由地进行游戏，玩什么，想怎么玩，均由幼儿自己决定。因为幼儿是出于自己的兴趣与愿望，自发自主地主动游戏，所以他们可以自由地表达内心、显露个人的潜力。幼儿游戏往往满足于活动过程而不注重结果，幼儿会根据自己的爱好和能力，选择自己喜欢的游戏内容和方法，在没有任何压力的情况下，自由自在地做自己喜欢的事情，因此游戏是幼儿自主自愿的活动。

（二）游戏的内容来自"日常生活"的表征

游戏是非常具体形象的活动，每个游戏都有具体的内容、情节、角色、动作、实际的玩具和游戏材料，游戏角色之间还有对话，所有的游戏都在某种意义上表征着社会生活，但游戏本身却不是日常生活。即便对"游戏即生活"的幼儿来说，游戏仍然是其"象征性的生活"，而非其日常生活本身。例如，筷子、牙刷等也会被幼儿当作玩具，但即使是"就餐游戏""刷牙游戏"，也毕竟不是日常生活中的吃饭、刷牙。在游戏中，幼儿运用模拟的手段，通过游戏情节来表现其情绪和情感，呈现其游戏动机。不仅游戏角色、游戏材料或玩具等带有虚拟性，幼儿的游戏过程也尤为明显地体现着游戏的虚拟性或非真实性。真正的游戏也是在幼儿能够将真实的情境当成想象的情境时产生的。同时，幼儿以物代物、以人代人的象征思维能力也是在游戏中逐渐提高的。

（三）游戏富有选设性的自足乐趣

对于幼儿来说，游戏是一种享受。游戏是让幼儿感到有乐趣的活动，游戏的乐趣往往自足于幼儿，即使旁观者感觉不到有乐趣，游戏者仍然自得其乐，并不在乎外部评价。

游戏都有玩法。作为活动方案的游戏一旦被创编出来，玩法便决定了趣味的特定性。如同样的积木材料，玩法不同会产生不同的趣味。面对同一个游戏方案，有的幼儿可能兴致盎然，而另一些幼儿则可能感到趣味寡淡。可见，具体游戏的趣味性有特定的适应范围。当然使幼儿的能力水平与游戏的玩法相适应，仅仅是游戏能够"玩下来"的先决条件。如果幼儿自身能力水平与游戏趣味性指向不符，即便幼儿进入游戏活动，也不会产生游戏乐趣。因此，与幼儿能力相当的活动方案是游戏活动产生乐趣的前提。有的游戏方案适应面宽，适合的幼儿群体范围广，而有的则相反，适应的幼儿群体面很窄。好的游戏方案虽然都具备趣味性，但没有幼儿实际的参与，也无法变成实际的乐趣。

　　游戏方案的设计与选择，必须充分考虑趣味性的效应范围。趣味性的效应范围首先是由玩法规定的。玩法确定之后，接下来的决定性因素便是幼儿的选择偏好，由此形成玩法趣味与选择偏好之间特定的关联指向性。就复杂性而言，玩法远远比不上幼儿的选择偏好。幼儿的气质、性格、能力类型的差异以及合作者之间的关系融洽度等，都是重要的影响因素。如有的幼儿比较安静，对于持续时间较长的操作活动可以很好坚持，这样的幼儿易于享受到拼图游戏的乐趣。因此，游戏乐趣能否真实出现，取决于游戏活动中幼儿各智力因素、非智力因素的调动情况以及幼儿之间的合作状况。

（四）游戏是有规则的活动

　　游戏规则是对幼儿在游戏中的行为顺序和被允许或被禁止的各种行为的规定。游戏规则一般有显性规则和隐性规则两种。显性的规则主要是游戏的外部规则、是游戏的一些方法及一些规定。这种规则也有约定俗成的，但通常是在游戏创编时予以说明或于游戏前商定。游戏中，显性规则的修改必须得到多数幼儿的同意和全体幼儿的理解（理解但不同意的可以退出游戏，不退出就必须遵行），否则游戏不能正常进行。游戏的隐性规则是指那些约定俗成、不必说明的规则。隐性规则以幼儿的技能、经验和合作意识为基础，与显性规则同样具有限制和约束作用。隐性规则又有两种情况，一种情况存在于有两名以上幼儿参加的多人游戏中，要求幼儿的基本行为必须符合社会准则和道德规范，这也是游戏社会性的规则底线；另一种情况出现在以角色扮演为主要内容的模拟游戏中。在这类游戏中，规则内在于角色之中，要求幼儿以生活为蓝本表现角色及角色之间的关系。显性规则不妨碍幼儿的自由（任何自由都有所依循的规则），隐性规则则赋予幼儿更大的自由，给幼儿提供了较大的随意性和创造性空间。

　　自然界有规律，人的进化与发展更有规则。规则有显有隐，更有强有弱。显性规则是强规则，但隐性规则也有强硬性。一般认为，幼儿的"自然游戏"是无规则的游戏，这其实是相对于显性规则而言的。幼儿最初肢体感官的动作游戏，主要通过重复简单动作获得快感。这种最初游戏阶段的游戏只有隐性规则，相对于其没有外迫性、强制性而言，都是弱规则。需要指出的是，即便是幼儿游戏的弱规则，也不完全是自然规律，例如对语言信号系统反射机制的逐渐发育。幼儿游戏的规则水平是随着其认知能力的发展逐步发展的，随着年龄的增长，幼儿对规则游戏的兴趣也会增加，并稳定在更高水平上。

 任务检测

　　一、单项选择题

　　1.生活准备说也称为本能练习说或预习说。代表人物是德国生物学家、新达尔文主义者（　　　）。其主要观点是：幼儿有天生的本能，但本能不能适应未来复杂的生活，要有一个生活准备阶段。

　　　　A.格罗斯（K.Gross）　　　　　　　B.桑戴克（Thorndike）

　　　　C.让·皮亚杰（Jean Piaget）　　　　D.拉察鲁斯（M.Lazarus）

　　2.游戏方案的设计与选择，必须充分考虑（　　　）的效应范围。

A. 趣味性 　　　　　　　　　B. 实效性

C. 教育价值 　　　　　　　　D. 目的性

3. 幼儿游戏的规则水平是随着其（　　　）的发展逐步发展的，随着年龄的增长，幼儿对规则游戏的兴趣也会增加，并稳定在更高水平上。

A. 语言发展 　　　　　　　　B. 认知能力

C. 动作水平 　　　　　　　　D. 智力水平

二、简答题

简述幼儿游戏的本质特征。

任务检测答案

任务评价

指标	评价标准	考核者	说明	评分
\multicolumn{5}{c}{"游戏与幼儿成长"评价表}				
预习任务、课后任务的完成情况	完成好或较好为1学习积分，一般为0分，差或较差扣1学习积分	教师+课代表或小组长	具体评价内容及对应分值以一次具体任务为准	
教学过程中的表现	乐于思考、积极主动性强、笔记较好等为1学习积分，一般为0分，差或较差扣1学习积分	教师+课代表		
任务内容学习效果	掌握得好或较好为1学习积分，一般为0分，差或较差扣1学习积分	教师+课代表+小组长		
思政目标达成度	科学的游戏教学理念达成度较好为1学习积分，一般为0分，差或较差扣1学习积分	教师+课代表+小组长		

注：以学习积分为单位，每位学生有10个学习积分作为基础分，在此基础上加分或减分，考虑到后续可能出现的情况，2个学习积分为1分平时成绩，最后所有积分会折算成平时成绩。

任务二　游戏在学前教育中的运用

任务描述

游戏与学前教育是密不可分的，游戏是幼儿的一种重要学习方式。幼儿游戏需要教育引导，学前教育需要以游戏为载体。游戏是学前教育的一种重要的教育手段，现代社会文明赋予并充分地肯定幼儿游戏的权利。课程与游戏有效融入才能充分发挥课程的教育价值。幼儿尽情开展游戏活动，场地、环境是促进游戏达成的必要条件。

任务准备

> 理论准备：幼儿日常生活观察所积累的相关知识。
> 物质准备：环境干净、整洁、安全，做好防疫工作，疫情防控准备工作；智慧教室、仿真教室；游戏实训室；签字笔、记录本、消毒剂等。

任务实施

游戏与学前儿童身心的发展有着密切的关系，游戏是幼儿身心发展的必备品。教育部颁布并实施的《幼儿园管理条例》和《幼儿园工作规程》中明确规定：幼儿园应当以游戏为幼儿的基本活动。同时，人们也逐渐意识到游戏对于幼儿教育的价值：游戏的过程隐藏着重要的教育契机。游戏的效果包含重要的教育目标，因此游戏是幼儿园重要的教育手段。

一、游戏与幼儿园课程

传统的幼儿园课程可以理解为从幼儿身心发展的特点和特定的社会文化背景出发，有目的、有计划地组织和实施并贯穿于幼儿一日生活之中的活动。随着课程观的演变，将幼儿园课程理解为实现幼儿园教育目的的手段，是为帮助幼儿获得有益的学习经验，促进其身心全面和谐发展的各种活动的总和。这种经验是幼儿园施加教育影响的一种载体，最终引导促进幼儿朝着社会需要的人才方向发展。在这种课程观的指导下，幼儿园的游戏与课程呈现一种新的关系。

（一）幼儿园课程与游戏的联系

游戏既可以是课程的内容，也可以是课程实施的背景，还可以是课程实施的途径。由课程出发可以生成游戏活动，幼儿教师通过帮助幼儿在游戏过程中收获经验，使幼儿学习课程领域的知识和技能。在幼儿园中，游戏有内容，也有形式，游戏的内容和形式不可能与课程毫无关联。幼儿在游戏中会将课程中习得的知识和经验运用到游戏活动之中，也会吸取课程中的有益经验创造出新的游戏活动来。

（二）课程与游戏是双向互动的

游戏可以生成课程。课程的生成来源于对幼儿学习兴趣和需要的了解和把握。幼儿在游戏活动中会真实地流露出自己的兴趣、需要和疑问，幼儿教师可以据此及时地调整修改课程，从而使得课程自然生成于幼儿的游戏活动之中。

课程也可以生成游戏。幼儿教师可依据课程内容创编，也可以以筛选和改编的方式，选择适当的课程内容和目标，以及游戏中的积极因素，使游戏能满足课程的需要。幼儿教师还可以通过为幼儿创设丰富而有意义的游戏（学习）环境，精心设计与组织专门的游戏活动，在游戏中支持、促进和引导幼儿的学习与发展，最终形成游戏与课程之间良好的互动关系。

（三）幼儿的游戏与课程的有效整合

很多以游戏为基本活动的课程模式已将游戏渗透到课程的基本要素之中。在课程的价值取向上，不仅将游戏作为达到课程目标的手段，而且将游戏作为一种精神，贯彻到课程实施的各个环节。

二、游戏与幼儿园教学

游戏与幼儿园教学的有机结合成为当下教学改革的主要方向，游戏作为幼儿自主的活动现象，充分地体现了幼儿的内心思想。游戏强调的是"过程""表现"，能够在最大程度上顺应幼儿的自然发展。而教学主要是一种有目的、有计划的，由幼儿教师对幼儿施加影响的活动，它承担着文化传递的任务，更多强调的是幼儿教师的教育作用。游戏和幼儿园教学的关系如下。

（一）游戏和教学相互结合、但不可替代

在幼儿园教育的开展中，教学和游戏的结合是指幼儿教师将技能和知识等内容以游戏的形式表现出来，并通过组织幼儿参加，将知识和技能传授给幼儿，从而使其在游戏的过程中，完成知识和内容的掌握。教学游戏化的尝试已经使游戏和教学的界限趋于模糊，但游戏化的教学还是教学，在游戏过程中进行了教学（讲解游戏的规则，指导游戏材料的使用等）仍然还是游戏。游戏和教学两者可以相互结合但不可以相互替代。

（二）游戏与教学的最优化结合

从形式上来分，游戏与教学的结合可以分为分离式、插入式和整合式 3 种类型。所谓分离式是指游戏和教学相对分离，即在幼儿园活动的某段时间内安排游戏活动，而在另一段时间内安排教学活动。所谓插入式是指在教学中插入游戏，或在游戏中插入教学。游戏可以是教学活动的先导，幼儿在游戏中获得的经验，可以通过教学加以整理。游戏也可以是教学的后继活动，教学中幼儿习得的知识和技能可以在游戏中得以运用。整合式是实现游戏与教学优化结合的一种高级形式，它使两种性质不同的活动有机地融合成一体。恰当运用这 3 种方式，可达到教学和游戏的最佳结合。

三、游戏环境的创设

所有的游戏都是在一定的空间范围内进行的，幼儿游戏离不开一定的场地和设施。游戏场地及设施的安排与布置，既是幼儿进行游戏活动的物质环境，也是幼儿进行游戏活动的心理环境。它可以提示幼儿游戏的方向，激发幼儿游戏的兴趣、愿望，是一种潜在的课程。

（一）游戏场地的安排设计

幼儿的游戏场地分室内和室外。在室内与户外，幼儿游戏的类型是不同的。大动作运动类游戏，如跑、跳、攀爬等，幼儿大都会在户外进行，户外游戏区域通常会比室内场地大，能容纳较多的器材设备，以便进行大肌肉的活动。小肌肉活动的游戏，如角色游戏、建构游戏等，经常在室内进行。因此，很多幼儿园的活动室里备有丰富的建构材料和游戏区角。

1.室内游戏场地

与幼儿游戏有关的室内环境因素包括：空间密度、空间安排、设备数量及游戏区角4个部分。

（1）空间密度。空间密度即每个幼儿在室内游戏环境中所占的空间大小，也是室内拥挤程度的指标。根据研究，空间密度会影响到幼儿的游戏行为，空间过于宽阔，会引发幼儿的追赶和嬉闹行为，而空间过于拥挤会降低社会性游戏的层次。计算空间密度的公式为：空间密度＝（房间面积－不可用面积）/儿童的人数。计算出的数值越小，说明室内越拥挤；数值越大，说明室内越宽松。住建部在2019年发布的《托儿所、幼儿园建筑设计规范》中明确规定，幼儿园应设全园共用活动场地，人均面积不应小于2平方米。

（2）空间安排。空间安排指的是游戏区的设计和分隔的空间布置。小型分隔区比大型开放区域更易产生高品质的游戏。游戏空间的设计应使幼儿容易看到玩具的所在。如果幼儿的视线被分隔物所阻挡，或分隔物挡到游戏设备，幼儿便无法了解活动室中的具体情况。空间安排的原则包括：①用分隔物把宽敞的开放空间分成相应的小块区域，可以减少幼儿注意力分散，从而提高游戏的质量；②将有冲突的角落分开，将互补的角落放在一起；③运用分隔物及一些柜子将不同的游戏角落清楚地划分出相应的范围；④留出通道，便于行走。

（3）设备的数量。幼儿园应在一定的空间里提供合理数量的游戏设备和材料。设备可使用的数量与幼儿游戏的社会互动的层次成反比。设备数量越少，越会带来更多的社会互动，包括积极正向的和消极负向的；增加器材则有相反的影响，攻击行为及社会接触都会降低。

（4）游戏区角。一般幼儿园活动室或走廊都会布置不同的游戏区角，每个游戏区角都有一套设备和玩具供幼儿使用。幼儿园的游戏区角包括：积木区、玩偶区、玩沙区、玩水区等。幼儿园会根据幼儿游戏的主题布置游戏区角。

2.户外游戏场地

幼儿园应根据季节、时间以及天气变化的情况，合理安排幼儿户外游戏的时间。户外环境可以是幼儿园周围的空阔场地，也可以是经过专门计划的场地。很多户外场地还会设有滑梯、蹦床、山洞、攀爬架等。

（1）保障活动场地的安全。在考虑幼儿游戏场地的环境时首先应该考虑的是安全、环保。无论是在室内还是在室外，都要排除一切可能存在的安全隐患，防患于未然，如避免坚硬的地面以及安装得不牢固，或缺乏保养的设备出现。

大型器具的选用和设置上要符合规范，应当选择耐用、无毒、安全的，与幼儿年龄、动作发展相适宜的材料和设施。出于对幼儿安全的考虑，幼儿园应充分考虑设备设施在使用过程中的安全性，如应在所有攀登物下提供一定厚度，有弹性的沙砾、碎木屑、橡胶垫或其他可作为垫子的材料。为了防止幼儿的身体的某个部位被卡住，器材的板条和栏杆之间的距离应当小于9厘米或大于23厘米。

场地中应无杂物（如碎玻璃和石头）、无裸露的带电物品和污物等，保证空气流通和光照。场地能容纳一定数量的幼儿，并做好区域之间功能划分。各个活动区内应安排专门的收纳空间，便于幼儿取放玩具用品，场地的安排既要最大程度上符合幼儿游戏活动的需要，也要尽量设计布置得趣味盎然，给幼儿带来身心的愉悦。我国的学前教育机构对幼儿游戏的场地也越来越重视，新建的园所从规划、设计到建造都开始标准化。

（2）创设适宜幼儿活动的环境。有关幼儿园游戏环境的创设，美国学者弗罗斯特提出了具体的评价标准。

①鼓励幼儿游戏。适宜的幼儿园游戏环境应具备吸引人的、方便的通道，让幼儿将玩具或设备从室内移至室外能畅通无阻，此外还应有开放的、流动的和令人放松的环境，以及适合不同年龄的设备和设施等。

②刺激幼儿的感官。游戏材料在比例、亮度、质地和色彩上应有变化和对比，功能多样，促进幼儿开展运动的、建构的、戏剧的、规则的等多种类型的游戏，使之获得多种经验。

③激发幼儿的好奇心。适宜的幼儿园游戏环境能提供可以让幼儿自己加以改变的设备，让幼儿自由进行实验和建构。

（3）适宜的游戏区的布置。根据美国学者约翰逊等人的研究，幼儿园游戏区的布置应符合以下7个要求。

①以书柜、橱柜、架子、桌子或隔板等分隔出各个角落，让幼儿可以选择各个游戏角落，专注于游戏。

②各游戏角落之间，留有清楚的流动路线，以增进幼儿与设备材料之间的互动，并可延续幼儿的游戏。

③材料和玩具有系统的分类，呈现在低矮及开放的架子上，以图画或文字标明放置的位置，适合幼儿的视线高度，让幼儿自行选择并便于取拿收放，以吸引幼儿前来游戏。

④将性质相类似的游戏角设置在相邻的位置，以产生相互激发的效果。如将积木区与玩偶区相邻，可产生互相激发创意的游戏行为，而且各个游戏角的材料，能有效地和相邻区域的材料结合使用。如积木区与玩偶区用的游戏材料就可交互运用，结合角色扮演及结构的游戏，让幼儿按其经验、需要应用。

⑤需要用水的游戏角，宜靠近水槽或取水处，如绘画角，以方便幼儿取用水。

⑥美术、手工活动所用到的各种桌子，不要靠着墙壁摆放，应该让幼儿围坐在桌子四周，便于幼儿彼此分享意见、互相欣赏创作过程及结果。

⑦游戏角的设备如桌子、椅子等应方便搬动，架子、箱子、隔板、地毯等不要固定，让幼儿在游戏过程中，能因需要或想法转移或转换设备的位置，使幼儿获得多样性和有可变性的游戏环境。

游戏场地及设备的组织和布置，是幼儿学习的物质条件，也是幼儿进行游戏的基本条件，可激发幼儿游戏的兴趣、愿望，发展幼儿各方面的能力。所以，空间的布局既要有分隔，又要能相容，既能让幼儿选择自己感兴趣的活动，专注于游戏之中，又能很自然地分享玩具、设备，产生社会互动，促进游戏向深度和广度的发展。

（二）玩具材料的提供

玩具可以引发幼儿的游戏行为。提供合乎幼儿能力的拼图、积木和各种拼插玩具，便于幼儿产生进行建构游戏的动机；提供戏剧化的服装、帽子、鞋子等，引导幼儿开展表演游戏；在讲述某个故事之后，提供与该故事内容有关的道具，引导幼儿去扮演该故事中的角色。同样是建构玩具，体积较小的、具有可操作性的玩具比较容易引发平行的建构游戏行为，而体积较大的玩具则可能引发群体的建构游戏行为。

幼儿教师在提供玩具时应考虑幼儿的年龄，如幼儿教师要引导幼儿进行角色游戏，对于不同年龄的幼儿应区别对待。年龄较小的幼儿需要提供比较真实的玩具作为道具；年龄较大的幼儿所需要的玩具不必过于真实，让幼儿有机会以其他物品代替真实性玩具，以此鼓励幼儿进行更高层次的象征性游戏。

幼儿教师作为游戏材料和玩具的提供者应协助幼儿顺利进行游戏，而不应干扰幼儿游戏中的创意。另外，幼儿教师要帮助幼儿协调游戏材料或玩具使用上的冲突。当幼儿出现争抢玩具的情况时，幼儿教师需要巧妙地加以引导，制订玩具使用的规则，逐渐让幼儿自己懂得协调和解决玩具使用上有可能出现的问题。

根据幼儿游戏活动的需要，幼儿园应及时增添或更换游戏材料和玩具，幼儿教师指导幼儿正确使用玩具和材料，合理存放玩具，这也是幼儿教师组织管理幼儿游戏的职责。随着现代科技水平的提高，各种玩具的材质和功能越来越新颖，根据幼儿身心的发展和社会性发展的需要，幼儿需要怎样的玩具是幼儿教师需要思考的问题。

1.玩具的安全性

为了预防玩具和游戏材料对幼儿造成伤害，在选择玩具时，应首先注意玩具的安全性。

（1）玩具不应含有有毒的物质。在选择玩具时，应注意查看玩具的材质以及表面的色彩涂料是否经过甲醛、重金属（如铅、镉等）含量的检验，同时检查表面涂料是否容易脱落。

（2）金属玩具应无锋利的边角。在为幼儿选购金属玩具时要注意检查是否有可能伤及幼儿的尖锐的角、锋利的边缘，或是否有可能夹住幼儿手指、头发等的裂缝。电动玩具要检查是否漏电，机械部分是否安装在玩具腔内且不易掉出来。

（3）为不同年龄的幼儿购买适宜的玩具。为幼儿购买玩具时，要注意查看玩具说明书上的年龄标识。为3岁以下的幼儿购买玩具时，要注意玩具结构组件体积不能过小，组件应不易脱落，线状或棍状组件长度不超过30厘米，以免幼儿把玩具塞入口、耳、鼻中，或被长线缠住脖子，棍子戳伤身体而造成意外伤害。

（4）填充玩具应注意材料和制作工艺。应选择填充物不易外泄的、材质较好的玩具。毛绒玩具应选购不易掉毛的。

（5）选择骑乘玩具时注意零件牢固和安全。选择踏板车、三轮车等骑乘玩具时应检查其结构的牢固性，重心不要太高，链条处应有防护罩。

（6）大型的室外玩具要注意品质。应选择有专业制造幼儿玩具技术和资质的厂家的产品，由专业的安装人员来安装，并熟悉、了解日常的安检要领。

2.玩具的发展适宜性

在满足安全、卫生的前提条件下，幼儿玩具还应适合幼儿身心发展的特点，包括年龄特点和个体特点。玩具或游戏材料的大小、结构、外观、复杂性和幼儿的年龄、经验、能力之间要相互匹配，具体包括以下3点。

（1）玩具的大小、易把握性和零件数量的多少。在选择玩具时要考虑玩具的大小和重量是否适合幼儿大、小肌肉动作技能的发展状况。年龄较小的幼儿适宜玩零件数量较少的、轻质材料的玩具，年龄较大的幼儿可以玩零件数量较多一点的玩具。

（2）玩具材料的可塑性、适用性的程度。年龄较小的幼儿适宜玩模拟实物或逼真性程度高的玩具；年龄较大的幼儿适合玩逼真性程度较低、适用范围广的玩具。3 岁以下的幼儿，在玩假想游戏时，会从逼真的玩具中受益良多。而随着幼儿年龄的增长、想象力的丰富，逐渐可以提供给他们多种用途的玩具。一块积木也许可以代表更多东西，而一个模具火车最多只能是一列火车，所以，提供可有多种用途的玩具比提供多种玩具更为重要，这样的玩具能发挥幼儿的想象力，过于逼真、模拟实物的玩具反而限制幼儿的想象力。各种形状的积木、积塑、泡沫板，各种颜色的油泥、纸张等都具有良好的可塑性和多样的适用性。

（3）玩具所包含的任务的复杂难易程度应适合不同年龄幼儿的认知特点和动作技能的发展水平。选择建构类游戏的玩具其难易程度应适中，既能吸引幼儿动手操作，又能对幼儿完成作品构成一定的挑战。

3. 玩具的教育功能

玩具的选择反映了幼儿园的价值取向和教育观念。玩具承载的教育功能也是不能忽视的。

（1）玩具应符合幼儿的心理特点，不同于成人设计精巧、工艺精湛的玩具，幼儿玩具更注重动手操作和亲自掌控。

（2）玩具应无偏见或无歧视。玩具应传达社会和文化的多样性，不刻意强调玩具的个别差异，以免把一些社会偏见和刻板化的观点、印象传递给幼儿。

（3）玩具应促进幼儿的思维能力、想象能力和创新思维的发展。在游戏的过程中，适合的玩具可以帮助幼儿展开想象的翅膀，不断地思考尝试，用各种方式操作玩具，解决自己面临的问题。

（4）玩具应有助于幼儿了解社会规则，促进社会交往能力的发展。为幼儿提供的玩具应有助于幼儿学习了解社会的规范、职业的分工、角色的职责、交往的规范等，促进幼儿社会交往技能的发展。

（5）玩具应有助于幼儿动作的协调发展。幼儿使用玩具的过程既是动脑的过程，也是锻炼动手能力、提高动作技能的过程。玩具应成为幼儿发展动作技能的教师和媒介，能使幼儿在玩的过程中，获得动作的协调发展。

4. 玩具的选购、制作和管理

幼儿玩具的价值在于是否能让幼儿动手，是否能开发幼儿的智力。玩具可用的范围越广，就越能发挥幼儿的想象力，价值也越大。对于幼儿园来说，为了节约成本，可以选择一些幼儿感兴趣的，不易损坏的，在生活中不易自制的玩具。同时，为充分调动师生的动手能力，幼儿教师可以收集利用一些自然物品或废旧物品，和幼儿一起自制玩具，这样做既可以节约开支，又可以有效地利用资源、保护环境，还能充分发挥幼儿的创造性、想象力和动手能力。家中用过的蛋糕盒、包装纸、各种空瓶子、盖子、碎布条、碎毛线等都可以用来制作玩具。在玩具的管理上应考虑到以下 5 点：

（1）应根据幼儿园课程主题内容的需要添置新材料或玩具。

（2）鼓励幼儿收集身边可以替代的游戏材料或自己制作游戏材料，做到"变废为宝"，并在同伴间相互分享各自的作品。

（3）培养幼儿学会主动收拾、整理玩具，养成爱护玩具的好习惯。

（4）培养幼儿轮流玩和互相礼让的习惯，养成分享的好品质。

（5）玩具应分类存放，要放在适合幼儿自由取放的地方。可在存放玩具的架子、格子、挂钩和抽屉上贴上标签，便于幼儿分类取放。

（三）游戏时间的安排

幼儿游戏要有充分足够的时间。美国学者约翰逊等人曾经指出：游戏时间的长短，会影响幼儿游戏的数量和品质。在长约 50 分钟的游戏时段中，可让幼儿寻找游戏伙伴、挑选角色、准备玩具、策划游戏细节、进行角色分工，而且从容地深入发展不同层次和不同形态的戏剧性游戏情节。反之，如果游戏时间短至 10—15 分钟，不易深入探索并玩出意味来，只能在幼儿教师的要求下匆忙结束游戏，收拾玩具。

当幼儿玩兴正浓，却因活动安排要进行其他活动时，他们便会自动放弃一些复杂的、合作性的、戏剧性的或建构性的游戏，而转向低层次的、简单的语言认知类游戏。幼儿游戏的经验和水平就受到了人为的局限。所以，幼儿教师在组织和安排幼儿的游戏活动时，可考虑将游戏安排在幼儿早晨入园后、课间和课后。让幼儿有 30 分钟的例行游戏之余，也应合理地根据课程主题，根据幼儿的年龄、性格以及社会经验的差异合理安排游戏时间。

一般而言，幼儿园每周应为幼儿安排 2—3 次自由游戏时间，小班 30 分钟、中班 80 分钟、大班 90 分钟为宜。游戏开始，幼儿教师应灵活把握游戏进程，不要人为地中断幼儿的游戏进程，以使幼儿能从游戏中获得完整的、充分的经验。

 任务检测

一、单项选择题

1.在幼儿园教育的开展中，教学和游戏的结合是指幼儿教师将技能和知识等内容以（　　）的形式表现出来，并通过组织幼儿参加，将知识和技能传授给幼儿，从而使其在游戏的过程中，完成知识和内容的掌握。

　　A.活动　　　　　　　　　　B.游戏

　　C.教学　　　　　　　　　　D.表演

2.从形式上来分，游戏与教学的结合可以分为（　　）、插入式和整合式三种类型。

　　A.分离式　　　　　　　　　B.体验式

　　C.混合式　　　　　　　　　D.筛选式

3.游戏场地及设施的安排与布置，既是幼儿进行游戏活动的物质环境，也是幼儿进行游戏活动的（　　）。

　　A.物质环境　　　　　　　　B.心理环境

　　C.外部环境　　　　　　　　D.内部环境

二、简答题

根据幼儿身心的发展和社会性发展的需要，以及幼儿时玩具的需要，幼儿教师需要思考哪些问题？

任务检测答案

任务评价

"游戏在学前教育中的运用"评价表				
指标	评价标准	考核者	说明	评分
预习任务、课后任务的完成情况	完成好或较好为1学习积分，一般为0分，差或较差扣1学习积分	教师+课代表或小组长	具体评价内容及对应分值以一次具体任务为准	
教学过程中的表现	乐于思考、积极主动性强、笔记较好等为1学习积分，一般为0分，差或较差扣1学习积分	教师+课代表		
任务内容学习效果	掌握得好或较好为1学习积分，一般为0分，差或较差扣1学习积分	教师+课代表+小组长		
思政目标达成度	理解游戏与教育有效融合达成度较好为1学习积分，一般为0分，差或较差扣1学习积分	教师+课代表+小组长		

注：以学习积分为单位，每位学生有10个学习积分作为基础分，在此基础上加分或减分，考虑到后续可能出现的情况，2个学习积分为1分平时成绩，最后所有积分会折算成平时成绩。

任务三　幼儿园游戏指导

⚙ 任务描述

在幼儿游戏的过程中，幼儿教师要抓住主要环节，协助幼儿按照自己的兴趣和意愿组织开展游戏，以尊重幼儿的主体性并进行科学的指导。幼儿园游戏需要指导的环节有游戏主题的选择与确定、角色的分配、游戏情节的深入与展开、游戏规则的建立与执行、游戏的合作程度等方面。幼儿园游戏一方面具有自然性，它是幼儿自愿自发的活动；另一方面，幼儿园游戏又具有一定的教育性，它是幼儿园重要的教育手段和形式。要实现游戏的教育功能，就必须对各种类型的游戏加以一定的组织和指导，将幼儿园游戏和幼儿园课程、教学有机整合。幼儿教师可在观察基础上采用提问、建议、启发、提供玩具和材料等游戏指导的方法来介入这些环节。

🖉 任务准备

理论准备：对幼儿日常生活的观察积累的相关知识。

物质准备：环境干净、整洁、安全，做好防疫工作，疫情防控准备工作；智慧教室、仿真教室；游戏实训室；签字笔、记录本、消毒剂等。

任务实施

幼儿园作为幼儿教育机构，既要注重幼儿自然的游戏体验，又要注重将游戏作为重要的教育手段，为幼儿提供适合他们的、有教育意义的游戏环境，同时创编一些能得到幼儿喜爱的游戏活动，引导幼儿开展有益于他们身心健康成长的游戏。按照游戏在教育中的作用，可以将幼儿园游戏分为创造性游戏和规则性游戏。

创造性游戏包括角色游戏、表演游戏、结构游戏。这些游戏建立在游戏的自然性基础上，强调幼儿的主动性和创造性。规则性游戏包括体育游戏、智力游戏、语言游戏、音乐游戏等。这些游戏以教育为目的，是幼儿园为一定的教育目的而编制的适合幼儿开展的游戏。

一、创造性游戏的指导

（一）角色游戏

角色游戏是幼儿对角色、动作、情境等方面进行想象并表征出来的活动，是幼儿表征能力发展的产物。幼儿在游戏中，常用动作、语言来扮演角色，对游戏的动作和情境进行假想，会出现以物代物、以人代物等表征特点。角色游戏是幼儿典型的游戏形式，延续时间长，大约从幼儿2岁直至入小学，其高峰期在3—5岁。角色游戏是一种通过使用替代物并扮演角色，以模仿和想象，创造性地反映周围生活的游戏。

角色游戏的结构就是角色游戏所包含的各种要素，包括角色扮演、对材料的假想、对动作和情节的概括，以及内在的游戏规则4个方面。

幼儿园角色游戏的主题内容按照"由近及远""由熟悉到新奇"的规律发展。从最常见的反映家庭生活的"过家家"游戏到"医院""商店""超市""理发店""公共汽车""邮局""图书馆"情景的游戏，幼儿角色游戏的主题随着幼儿生活经验的丰富、生活范围的扩大而变换。随着现代大众传播媒介的发达，来自电影、电视及相关出版物中的内容也成了现代幼儿角色游戏的主题。

1.角色游戏的指导原则

角色游戏指导的中心问题是幼儿教师和幼儿双方在角色游戏中的角色定位问题。如何使幼儿教师的指导和幼儿在游戏中的主体性结合起来，是指导角色游戏的关键所在。幼儿教师对角色游戏的组织和指导，必须以尊重和发挥幼儿游戏的主体性为基本前提。在尊重幼儿游戏的兴趣和需要的前提下指导，围绕幼儿游戏的兴趣和需要来丰富幼儿的经验，从而使角色游戏和幼儿园课程、教学达到有机的整合。为此，角色游戏的指导应当遵循以下原则。

（1）主动性原则。角色游戏是幼儿自主的活动，幼儿根据自己的生活经验和兴趣需要来选择主题、角色、材料，在游戏过程中自由切换情节和发展内容，使自身的主动性和创造性在游戏中得到充分体现。

贯彻主动性原则，首先要尊重幼儿游戏的兴趣和需要。在游戏主题的选择和确立上，幼儿教师应尊重幼儿游戏的意愿和兴趣，不要把自己的计划、兴趣、意志强加给幼儿。角色游戏是幼儿表现和表达自己对现实生活的认识、理解、体验和感受的重要手段。通过角色游戏，幼儿表达着自己对于生活的想法、兴趣、需要、困惑、理解、愿望和期望。幼儿教师应了解幼儿游戏的想法和愿望，并积极帮助幼儿实现。另外，幼儿教师还应尊重幼儿的年龄特点。幼儿以具体形象思维为主，他们在开展游戏的过程中往往是跟着兴趣走，缺乏周密、完整的计划和安排，经常是边游戏边思考，所以会出现停顿和不连贯的现象，因此，幼儿教师应当给幼儿时间去思考、探索、想象，允许他们按照自己的想法和节奏来游戏。幼儿教师应尊重幼儿之间的个别差异，不应当要求幼儿在同一时间内以同样的方法玩同种游戏，而应当为幼儿创设在游戏材料和内容以及游戏的方式方法上都具有可选择的自由游戏的环境。

（2）开放性原则。尊重幼儿游戏的兴趣与需要决定了幼儿教师的指导必定是开放的，而不是拘泥于固定的、事先安排的计划和程序。幼儿在游戏的过程中，时常会产生新的兴趣和需要，幼儿教师应敏感地发现其中的价值和意义，及时地调整自己的计划和思路，帮助幼儿实现他们的想法。

（3）整合性原则。即以幼儿的整体发展观和活动观为指导，将角色游戏活动和幼儿园课程、教学活动有机地整合。角色游戏具有自然整合不同课程领域的学习内容的内在功能。如在"超市"情景游戏中，既涉及分类、计算，也涉及语言、社会交往、行为习惯等方面的内容，围绕"超市"这一主题进一步挖掘，可以将幼儿园各课程领域的内容有机地结合在一起，使游戏的教学潜能得以实现。

2. 角色游戏的指导策略

角色游戏是一种自主性的幼儿游戏，普遍存在于幼儿的游戏活动中。作为幼儿教育的活动之一，角色游戏被赋予了一定的教育目的，因此幼儿教师的指导必不可少。角色游戏指导工作主要围绕以下4点来展开。

（1）丰富幼儿的生活经验，拓展角色游戏的情节。角色游戏是幼儿对现实生活的反映，幼儿的生活经验越丰富，经验感知越充分，角色游戏的材料、情节也就越充实、越新颖。幼儿的生活经验主要来自家庭、幼儿园和社会生活的日常见闻。为了提高幼儿角色游戏的质量，幼儿教师要与家长密切合作，在日常生活、教育活动的各个环节中，利用一切机会引导幼儿观察周围生活，丰富幼儿的见闻，拓展幼儿的视野，加深幼儿对周围生活的体验和理解。

（2）及时深化游戏主题，推陈出新。角色游戏的主题肤浅、单一是幼儿园角色游戏中常见的问题，如何使角色游戏能够随着幼儿的成长而发展是关键。例如，当"过家家"的游戏越来越趋于程式化时，幼儿教师可抓住幼儿偶发的，带娃娃去买菜的新意深化"过家家"的游戏内容，并可生成出"菜市场"这一情景的游戏来。又如，当"过家家"的家庭成员总是一成不变时，幼儿教师扮演一个来登门造访的客人参与到游戏中来，也会赋予"过家家"新的元素。当幼儿在游戏中遇到问题时，也是深化游戏主题、生成新主题的大好时机，让幼儿共同讨论解决问题的办法或幼儿教师提出建议都有助于将角色游戏丰富化，让游戏更具教育意义。

（3）游戏场地、游戏设备、道具和材料是幼儿开展角色游戏的物质条件，同时又是满足幼儿游戏愿望和兴趣，发挥幼儿想象力的重要载体。幼儿教师要为幼儿设计固定、有意义的角色游戏区。固定的游戏区能吸引幼儿，进行角色游戏时，也便于幼儿在此区域积极开展游戏。幼儿教师创设有意义的角色游戏区，便于幼儿明确游戏主题，也便于幼儿在熟悉的游戏环境中衍生出丰富的游戏情节。例如，幼儿普遍喜欢"过家家"游戏，幼儿教师应当在教室内单独划出相对封闭的区域，营造出"家"的空间感，重要的是相关摆件，如儿童床、电视机、厨房用具等应摆放在合适的位置，如此一来，幼儿自然会产生想玩游戏的愿望并投入游戏之中。

角色游戏以想象为基础，角色游戏所需要的设备、玩具及游戏材料等除少数需要形象逼真的仿真玩具外，绝大多数都可用简单的物品来替代。幼儿通过丰富的想象，可补充玩具的不足。对于中班、大班的幼儿来说，在角色游戏中可以做到一物多用，这对发展幼儿的想象力是十分有利的。当然，变化设备、更换或增添新的游戏材料，会让幼儿感到新鲜好奇，能增加幼儿游戏的兴趣，可使游戏的内容和情节有所丰富和变化。

（4）以间接指导为主，帮助幼儿组织和开展游戏。角色游戏是幼儿自主推进的游戏，因此，幼儿教师对角色游戏的指导只能采取间接指导的方式。间接指导包括用语言提问、提示、评论，适时地提出建议、提供玩具，以角色身份参与到游戏之中。这种指导方法在于启发幼儿的主动性，与直接指导如由幼儿教师策划、指挥、命令等方法是不同的。幼儿教师要观察幼儿游戏开展的情况，根据具体情况加以指导。

在确定主题时，对于小班幼儿，幼儿教师应帮助他们确定游戏主题；对于中班、大班幼儿，应让幼儿自己商量和确定游戏的主题。当需要增加或改变游戏主题时，幼儿教师可通过提问或出示玩具等方法深化或生成游戏主题。当幼儿游戏的主题枯竭时，幼儿教师可用提示和提问的方式引导幼儿回忆某些经验，和他们一起商量并确定游戏的主题。

在角色分配上，对于小班幼儿，幼儿教师应逐步引导幼儿懂得担任角色，鼓励他们提出自己愿意担任的角色。对于中、大班幼儿，幼儿教师则应鼓励幼儿自己协商分配角色，培养幼儿尊重别人意愿的习惯。对于争抢或拒绝角色的情况，幼儿教师可鼓励幼儿用轮流、随机点名等方法公平地分配角色，减少分配角色时的争执。幼儿教师切忌强行分配角色。

在游戏的过程中，幼儿教师应随时关心幼儿的游戏过程，保证幼儿游戏的安全、健康。当幼儿的游戏遇到困难时，幼儿教师可以旁观者的身份给予评论和建议，引导幼儿将游戏深入进行下去。当材料不足时，幼儿教师可和幼儿一起制作，帮助幼儿克服困难。

在游戏活动即将结束时，幼儿教师可适当提醒。在游戏活动结束之后，幼儿教师组织幼儿评价游戏，这也是幼儿教师间接指导的方法之一。幼儿教师可通过组织讨论和提问来引导幼儿反思、总结自己的游戏，发现需要改进的地方，或提出新的游戏主题或内容。

事实证明，在幼儿教师的正确指导下，幼儿角色游戏的水平会不断提高，他们会从最初模仿成人的动作，发展到模仿人与人之间的关系；从笼统地反映生活过渡到在分析中创造性地反映生活。

（二）表演游戏

表演游戏被称为戏剧性游戏，它是按照童话、故事等文学作品中角色、情节和语言，进行创造性表演的游戏。如幼儿演出的童话剧、歌舞剧、木偶剧和皮影戏等。表演游戏是以虚构的童话或故事作为表演内容的来源。幼儿在表演游戏中，要按某一文学作品去确定表演的角色，按文学作品中情节的发展顺序、结构去组织表演游戏。如根据童话故事《小兔子乖乖》可以演化成多个版本的表演游戏。在表演游戏中，幼儿可以自由地表达他们对原型中角色的理解、评价、喜爱、厌恶、同情、宽恕等情感和态度。

表演游戏兼具表演性和游戏性，但幼儿的表演游戏不是演给别人看的，它不负有传达某种思想和观念的目的，而是幼儿为满足自己的表演欲望而开展的游戏。表演游戏在本质上是游戏，而不是表演。

1.表演游戏的指导原则

（1）游戏性先于教育性。表演游戏的本质还是游戏，这就决定了幼儿教师在组织和指导幼儿开展表演游戏的过程中，关键应保持表演游戏的"游戏性"，避免对表演效果的片面追求。表演游戏如果单纯追求逼真、完美的表演效果，势必压制幼儿的创造性，并给幼儿带来一定的压力。幼儿教师应尊重幼儿对作品的理解，允许幼儿按照自己的理解进行加工、改造，不应采取"立即示范"或"手把手教"等控制性指导策略，剥夺幼儿的游戏体验。

（2）游戏性与表演性的统一。表演游戏源于幼儿扮演的冲动，幼儿被他们感兴趣的童话、故事所吸引，产生了扮演的冲动，这是表演游戏表演性的由来。幼儿的表演游戏不可能完全脱离它的原型和脚本，但是幼儿在扮演的过程中并不拘泥于原型和脚本。他们会将原型和脚本加以扭曲、变形、增删，以获得一定的乐趣，这是表演游戏的由来。事实上，游戏性和表演性的统一是表演游戏发展的方向。游戏性是基本的，表演性是在反复练习中逐渐提高和完善的。

2.表演游戏的指导策略

（1）要选择适合幼儿表演的作品。小班幼儿适合情节简单的、角色单一、对话重复的作品。中班、大班幼儿适合情节有起伏，角色个性鲜明，对话幽默的作品。

（2）要帮助幼儿熟悉作品，充分理解作品的内容。幼儿教师应有感情地讲述故事，用不同语调表现不同角色的说话声，并伴有手势、动作，使形象栩栩如生。幼儿教师可向幼儿反复讲述故事，并及时提问，帮助幼儿领会作品，掌握故事的内容和情节，并产生游戏的愿望。幼儿教师还可以通过录音、录像、图书、幻灯等手段加深幼儿的印象。

（3）要提供表演游戏的物质条件，并帮助幼儿准备道具和头饰，鼓励幼儿出主意、想办法。大班幼儿可以参加制作一些简单的道具。

（4）帮助幼儿组织游戏，使幼儿的表演逐步做到自然、生动。幼儿教师要鼓励幼儿自己选择角色、自己商量分配角色；让全班幼儿都有参与表演的机会，对胆怯、害羞的幼儿要多加鼓励。在游戏的过程中，幼儿教师应始终予以关心和支持，鼓励幼儿运用语言、表情、手势，提高游戏的水平；给予幼儿反复游戏的机会，每次游戏结束，组织幼儿讨论、评价，鼓励幼儿想办法自己解决问题。游戏结束后，幼儿教师应提醒或帮助幼儿收拾道具整理现场。

（三）结构游戏

结构游戏是幼儿利用结构玩具和建筑材料进行构造活动的一种游戏。幼儿园常用的结构游戏材料有积木、积塑、沙、土以及用泡沫塑料、橡胶等做成的结构材料。结构游戏的特点在于：它是幼儿自己动手操作的游戏，具有实践性和操作性的特点，能满足幼儿动手的愿望；它是幼儿通过自己的想象，动手操作，实现自己的构思，创造性地反映现实生活的游戏。结构游戏可以发展为角色游戏，幼儿在完成他们的结构作品之后，就会使用他们的作品进行角色游戏，如幼儿完成"公园"情景游戏作品之后，就会开展"参观公园"的角色游戏。

结构游戏的教育作用表现在动手操作有利于幼儿手部小肌肉群和感知运动能力的发展，有利于培养动作的精确性及手眼协调能力。在操作材料的过程中，幼儿可以认识结构材料的性质、大小、颜色、形状和重量，获得上下、高低、前后、左右等空间概念及数学上的对应、序列、整体与部分、互逆、守恒等概念，有利于幼儿认知能力的发展。结构游戏的成品，在形状、颜色、各部分比例等方面要求对称、协调和美化，可以培养幼儿的审美感受和艺术鉴赏能力。结构游戏材料丰富，易于开展，富于变化，深受幼儿的喜爱，是幼儿园中广泛开展的一种游戏。

1.结构游戏的指导原则

（1）循序渐进的原则。结构游戏的开展是以幼儿手的精细动作的发展为条件的，还需要幼儿对周围生活中的物体和建筑有一定的印象，才能完成完整的作品。刚入园的幼儿只能用积木堆叠成简单的物体，以后才能逐步运用平铺、架空等手段搭出完整的作品来。因此，幼儿教师应掌握幼儿结构游戏发展的规律，不应操之过急、要求过高，以免伤害幼儿游戏的积极性，要循序渐进地帮助幼儿提高他们的游戏水平，根据幼儿的年龄特点和游戏水平，有针对性地加以指导，发挥结构游戏的教育作用。

（2）自发与示范相结合的原则。幼儿对结构材料普遍有自发的游戏愿望，但幼儿结构游戏的水平却存在着很大的个体差异。有的幼儿很快就会自发地开展架高、堆叠、拼接、镶插、粘连等建构活动，有的幼儿则只能进行简单的、基础的搭建。因此，幼儿教师应适时向幼儿示范一些结构游戏的基本技能，也可适时向幼儿推介一些结构游戏水平较高的幼儿的作品，并向他们示范一些基本的技能，帮助幼儿突破现有的水平，在结构游戏中获得满足和成就。幼儿教师也可利用幼儿喜欢相互模仿的特点，在基本的搭建技能上，允许幼儿之间相互模仿，但在成品的造型构思上鼓励幼儿的独创性。在幼儿具备结构游戏的基本技能后，幼儿教师应减少示范，鼓励幼儿发挥自己的想象力和创造性。

2.结构游戏的指导策略

（1）丰富和加深幼儿对建筑物的印象。在日常生活或教学活动中，幼儿教师指导幼儿学会观察物品的构造、部件以及建筑物的结构和特点，能说出各部分的名称。例如，指导幼儿知道房子是由门、墙和屋顶等组成，墙是用砖砌成的，墙上开有窗户，窗户是整齐、对称的，屋顶是人字形的，等等。幼儿有了明确的印象，才能在游戏中将具体事物清晰地反映出来。幼儿教师还可以让幼儿观察有关的沙盘、模型、图片、照片等，获得对建筑物的印象。

（2）让幼儿学习进行结构游戏的基本技能。结构游戏需要运用排列、组合、接插、镶嵌、编织、黏合、旋转等方法构成物件。具体说来，积木游戏的基本技能是排列组合，幼儿应学会铺平、延长、对称、加宽、加高、围合、盖顶、搭台阶等技能；积塑游戏的基本技能是接插、镶嵌，其中接插连接又有整体连接、端点连接、交叉连接、围合连接等技能；黏合游戏要教会幼儿使用橡皮泥、胶水等黏合物进行结构和造型的技能。在螺丝结构游戏中幼儿教师应教会幼儿使用锤子、螺丝刀、扳手等工具及旋转螺丝的技能。

在幼儿进行结构游戏的过程中，幼儿教师应使幼儿懂得并遵守常规，爱护建筑材料，不乱扔，游戏过后整理好放回原处；需要借用同伴的玩具时，要学会商量。

（3）对不同年龄的幼儿，指导结构游戏的方法应有所不同。小班幼儿在搭积木时往往是无目的的，经常搭了又推、拼了又拆。幼儿教师要注意培养他们构造的意图，帮助他们确定游戏的构思。指导小班幼儿的结构游戏时，幼儿教师可与幼儿一起玩，边示范边讲解，引导他们模仿着建造简单的物件。

中班幼儿已经能有目的地进行构造活动，幼儿教师应引导他们确定构造目标，指导他们有次序地进行构造。对中班幼儿进行指导时，幼儿教师可采用建议和启发的方式，帮助幼儿克服困难，开展游戏。幼儿教师还可让幼儿互相观摩，评价游戏成果，以提高其构造水平。大班幼儿在进行结构游戏时，幼儿教师可鼓励他们有计划、按步骤进行构造，要鼓励幼儿共同设计建构方案，如商定主题、确定建构的步骤，分工合作，共同完成一个比较复杂的建筑物。幼儿教师还可指导幼儿学会表现物体的特征和细节，并能使建筑整齐、匀称、美观，启发幼儿使用辅助材料（塑料植物、盆景、小旗等）美化建筑物或构造物。

（4）利用各种结构游戏材料，丰富游戏的主题，促进幼儿认知水平的提高。不同的材料适合不同的建构主题。例如，积木适合搭建有门窗、围墙、屋顶、院落的建筑；积塑适合建构各种物品，如家具、小动物等；金属结构材料适合拼接成飞机、卡车、坦克、军舰等；沙能筑堤、修路、开河等，可建造成动物园、运动场、农场等。因此，利用不同的结构材料就可以衍生出不同的游戏主题。当幼儿反复进行同一主题的游戏时，幼儿教师可引导幼儿关注和利用其他游戏材料，从而创造出新的游戏主题。幼儿过于执着于一种游戏材料时，幼儿教师可以提供其他材料，引导他发展新的游戏兴趣。

不同的游戏材料有不同的特点，同样的材料也有不同的设计，如积木有很多种，有小积木、中积木、大型的空心积木等；积塑也有很多种，有雪花形状的插片、子弹形状的插粒、带凹槽插口的插塑、插板等。这些材料的质地、形状、大小、厚薄、色彩等各不相同。幼儿教师在指导幼儿利用游戏材料时，可适时提醒幼儿观察这些材料的特点，利用这些材料的特点创造出独具匠心的造型。

（5）利用游戏的成果发展幼儿的评价能力，并丰富环境的布置。对待幼儿的游戏作品，幼儿教师应持欣赏的态度，在此基础上可提出一些幼儿乐于接受的改进建议。幼儿教师要培养幼儿欣赏和爱护游戏中产生的作品。在幼儿点评的基础上，幼儿教师再加以补充，以帮助幼儿提高对建构作品的鉴赏能力，充分实现结构游戏的教育作用。有些游戏作品可以在活动室里陈列一段时间，丰富环境的布置，也可让幼儿围绕作品开展新的游戏。

二、规则性游戏的指导

幼儿园的规则性游戏是幼儿园在教育目标的指引下，为儿童编制的游戏，规则性游戏包含体育游戏、音乐游戏、智力游戏、娱乐游戏。体育游戏又被称为运动性游戏，是一种以大肌肉运动为主的游戏，是由走、跑、跳、攀、爬、滚、投等基本动作构成的身体运动，可锻炼动作的协调能力、对肌肉的控制能力、肢体的平衡力以及力度和耐力。体育游戏是持续阶段最长的游戏，不仅贯穿于整个幼儿期，还可延续到青少年期。如捉迷藏、摔跤、骑竹马等都是体育游戏的范畴。

音乐游戏是借助音乐活动的形式而进行的一种游戏，如乐器猜谜、听音乐做动作、唱歌接龙等。音乐游戏能培养幼儿活泼快乐的情绪，发展幼儿的想象力、创造力，提高幼儿的审美感受能力等。

智力游戏是以生动、新颖、有趣的形式，使幼儿在轻松愉快的活动中增进知识、发展智力的游戏。智力游戏是帮助幼儿认识事物、巩固知识、发展智力的一种十分有效的手段。幼儿园的智力游戏有很多种，包括感官游戏如"谁的声音""奇妙的口袋"等，比较游戏如"一样和不一样""谁的尾巴长，谁的尾巴短"等，分类游戏如按照颜色、形状、大小、性质、作用来分类，以及推理游戏、计算游戏、猜谜游戏、棋牌游戏，等等。

（一）规则性游戏的指导原则

规则性游戏的核心在于"有规则"，由谁来制订规则，制订怎样的规则，规则的意义何在，这些问题是幼儿教师指导规则性游戏时必须明确并解决的问题。另外，规则性游戏常常具有一定的竞争性，对待游戏中的竞争性因素，幼儿教师应考虑竞争中处于不利地位的幼儿，鼓励他们积极参与，尽量保证游戏的公平性。

1.可接受性原则

在规则性游戏中，幼儿教师只是游戏素材的提供者，幼儿才是游戏活动的参与者和执行者，他们对于游戏规则的接受程度，直接关系到游戏的价值和意义。因此，幼儿教师在为幼儿编制规则性游戏时要考虑规则是否能被幼儿理解和接受。有的游戏规则可以直接规定，有的游戏规则可以让幼儿讨论而定，以保证游戏的规则是幼儿能理解和乐于接受的。

2.公平性原则

规则性游戏的规则对每个幼儿都是一样的。幼儿教师应让幼儿懂得规则的公平性，自觉遵守游戏的规则。另外，在游戏过程中，对弱小、胆怯、害羞的儿童，幼儿教师应予以更多的关注。

3.过程重于结果的原则

幼儿自发的游戏都只注重游戏的过程，而不注重游戏的结果。规则性游戏虽是有一定目的性的游戏，而且有竞争的因素，但仍然应该注重游戏的过程，不必注重游戏的结果。即使规则性游戏有竞争，会产生输赢，但规则性游戏产生的输赢不具有功利的目的，而且游戏中的输赢只是暂时的，努力过程更值得被歌颂。因此，幼儿教师要逐步培养幼儿树立赢得正当、输得大度的心态。

（二）规则性游戏的指导策略

规则性游戏重在幼儿教师对游戏的选择和创编上。游戏的构思要能引起幼儿的游戏兴趣和积极性，使之愿意主动地去完成游戏中提出的任务。游戏的规则要结合幼儿的年龄特点，小班游戏的规则大都通过使用实物、玩具和简单的动作来完成，中班、大班游戏则逐渐要求多运用思维、语言进行游戏，或采取竞赛的方式，或在一个游戏中不同任务有着不同的规则。幼儿教师对于幼儿游戏的指导策略包括以下3点。

1.教会幼儿游戏的方法，积极开展游戏

游戏有一定的内容和规则，幼儿要学会后才能玩，幼儿教师要以简明生动的语言、适当的示范，帮助幼儿快速学会游戏的玩法，独立、沉浸地开展游戏。对于能力较差的幼儿，幼儿教师可以进行个别指导，给予他们更多的练习机会，增强他们的自信心，使他们能愉快融入游戏之中。

2.根据不同年龄幼儿的特点，调整要求和难度，增强幼儿游戏的自主性

不同年龄的幼儿对规则的在意程度是不一样的。小班幼儿只对游戏中的活动感兴趣，对规

则并不在意，因此，对待小班幼儿不必过于强调规则。中班、大班幼儿对游戏的规则逐渐开始在意，因此，可以逐步要求他们理解规则并执行。另外，同样的游戏，在不同年龄阶段可以有不同的玩法。幼儿教师可对游戏的任务做适当调整，以体现要求和难度的变化，使规则游戏更符合不同年龄幼儿的特点和需求。在幼儿熟悉规则的基础上，给予幼儿自主制订规则的机会，提高他们协商、表决的能力。

3.逐步增强幼儿游戏的自主性

幼儿教师需帮助幼儿自觉执行规则、正确对待输赢。规则游戏虽有一定的规则，但幼儿教师不应成为规则的督察员，而应让幼儿自主把握接受规则的快慢和宽严的程度，使他们逐步懂得自觉遵守游戏规则是诚实守信的表现，教育幼儿正确对待输赢，尽力比输赢的结果更重要。随着自身游戏水平的提高，输赢是可以改变的。幼儿教师还应根据不同幼儿的性格特点因材施教，对于好胜心强的幼儿，应通过游戏的输赢培养他们的耐挫力；对于自卑胆小的幼儿，应通过游戏的输赢激励他们的表现欲和求胜心。幼儿教师在对游戏进行总结和评价时，应注重游戏的过程，对幼儿在游戏过程中的表现加以鼓励。

三、幼儿教师在幼儿游戏中的多重角色

游戏作为一种教育手段决定了幼儿教师应对幼儿的游戏加以必要的组织和管理，但是这种组织和管理应以不破坏游戏的特质为前提。幼儿教师在观察幼儿进行游戏时，为了游戏能更好地发挥教育功能，幼儿教师可以扮演不同的角色，也可以只是幼儿游戏的观察者、参与者、引导者和评价者。

（一）幼儿教师是幼儿游戏活动时的观察者

幼儿教师有目的、有计划地观察幼儿进行游戏活动，对幼儿游戏的组织与管理才会更加合理。

通过观察，幼儿教师可以知道幼儿的喜好，也能从中发现幼儿游戏发展的层次，以及幼儿在不同的游戏中的不同表现。在观察中知道幼儿是否需要帮助，是否需要介入以及何时介入。

幼儿教师应该在幼儿游戏时，仔细观察幼儿的游戏过程及幼儿在过程中的表现。通过观察了解幼儿的游戏水平、了解各年龄阶段的幼儿游戏的特点，以及他们需要的游戏材料，以便为他们提供具有针对性的指导，培养幼儿在游戏中学到新的技能以及合作的能力。

（二）幼儿教师是幼儿游戏活动的参与者

1.幼儿教师介入幼儿游戏的时机

幼儿教师参与幼儿游戏，能提高幼儿对游戏的兴趣，延续幼儿游戏的时间，使游戏的主题不断延伸，提高游戏的难度和复杂度。教师介入游戏时机的选择要注意以下6点。

（1）有幼儿经常独自旁观或者无目的地四处观看，显得很无助，这时幼儿教师可以介入帮助这类性格孤僻的幼儿，增强他们的自信心，增加幼儿参与游戏的机会。

（2）游戏中幼儿和他人发生争执，不能和他人合作时，幼儿教师的介入能化解矛盾，促进和解。

（3）幼儿不能专注持续地进行游戏，转换活动时，幼儿教师的参与能提高幼儿的兴趣与专注力，使游戏时间更持久，游戏层次因而提高。

（4）当幼儿对同一类游戏厌烦时，会表现得漫不经心，如反复地堆叠与推倒积木、心不在焉地摆弄玩具。幼儿教师此时有必要介入，引导幼儿进行较高层次的建构游戏与角色游戏，以增进社会性与认知的发展。

（5）出现学习新概念或可获取新经验时，幼儿教师要把握好这样的时机，提出适当的问题、建议和鼓励，幼儿教师给予幼儿暗示，帮助解决问题，抛出问题引发幼儿思考，在此过程中幼儿所获得的进步，比正式的教学更快速。

（6）当幼儿兴趣高涨邀请幼儿教师共同游戏时。幼儿教师应把握机会接受邀请。除了幼儿的邀请之外，对缺少单独与成人互动机会的幼儿，幼儿教师可以主动加入其游戏，从与幼儿的共同游戏之中，幼儿教师可以了解幼儿的认知特点或情绪困扰，并加以帮助和疏导。

2.幼儿教师不宜介入游戏的情况

虽然幼儿教师适时适当地介入幼儿的游戏是十分必要的，但是幼儿教师过多或不当的介入也会带来不良影响。在下列情况下，幼儿教师不宜介入幼儿的游戏。

（1）当幼儿正在合作游戏，并且使用丰富的语言与各种方法解决问题时，幼儿教师的介入很可能是一种干扰。

（2）当幼儿正陷入思考中，或积极地进行高层次的游戏时，幼儿教师的介入可能使他们的思考或游戏中断。幼儿教师如果要介入，最好等到活动转换的时刻，如幼儿暂时停下游戏开展讨论的短暂停顿。

（3）当幼儿不愿意让幼儿教师参与时，幼儿教师应尊重幼儿的意愿，不要强行介入幼儿的游戏。

幼儿教师作为幼儿游戏活动的参与者，多半参与到幼儿的社会性角色游戏之中，扮演游戏中的角色。幼儿教师通过自己扮演的角色帮助幼儿与成人之间建立良好的关系，丰富彼此的谈话内容，增进幼儿的游戏技巧。此时，幼儿教师对幼儿游戏的指导应主要基于角色的要求和便利，而不应对游戏的方向和进程进行操控。幼儿熟悉这类游戏的情境后，幼儿教师就应减少参与，从而培养幼儿独立和自信的品质。

（三）幼儿教师作为幼儿游戏活动的引导者

当幼儿在游戏的过程中遇到困难时，幼儿教师通过提问或提供线索、建议的方式，可以帮助幼儿解决困难。此时，幼儿教师是一位旁观的引导员，引导幼儿理清游戏的意图、可行的方向，建立角色之间的有效互动，帮助幼儿将游戏顺畅地进行下去或将游戏推向高潮。但幼儿教师做这类引导时应把握尺度。

1.应避免掌控幼儿的游戏

在幼儿掌握游戏方法的基础上，幼儿教师可放手让他们自己产生灵感，让幼儿建立信心，在没有任何人介入和操纵的情况下，他们也能自己推进游戏。在幼儿产生游戏动机时，幼儿教师不应直接宣布游戏主题，而是在幼儿对某项活动表现出兴趣时，再询问他们是否需要协助。幼儿教师只需协助幼儿掌握游戏的规则、技巧，而不是主导游戏的内容或主题。

2.支撑幼儿游戏的架构，因势利导地参与幼儿的游戏

按照维果茨基的观点，幼儿游戏的发展除了要依靠其本身内在心理机能的成熟，还必须依靠外界的帮助和提升。幼儿教师要利用幼儿现有的游戏架构，因势利导地参与幼儿的游戏。在合作游戏中，幼儿教师可偶尔提出问题，扩大游戏的内涵，或加入幼儿正在进行的游戏，让幼儿来掌握游戏的方向及进程。幼儿教师可以利用角色身份调动游戏氛围。

（四）幼儿教师作为幼儿游戏的评价者

1.幼儿教师对幼儿游戏的反思

无论是幼儿的自发游戏，还是作为课程内容的游戏，幼儿教师都应及时反思，运用一些评价工具作出评价。可以从下几点出发反思：

（1）游戏对于幼儿能力提升是否存在潜在价值。

（2）幼儿的兴趣及进行游戏的目的是什么。

（3）幼儿的游戏行为产生何种影响。

（4）幼儿在游戏活动中的语言表达是否有进步。

（5）幼儿最常描述的事物是什么。

（6）幼儿通过模仿他人而产生何种变化。

（7）幼儿在游戏过程中是否有反思及自我调整。

（8）幼儿在游戏活动中有哪些行为变化及其影响因素。

幼儿教师对幼儿游戏进行反思，可以为制订下一次游戏计划、设计游戏活动、安排游戏材料、改进游戏内容提供依据。幼儿游戏的评价方式与工具有多种，如量表法、观察记录法等。

2.幼儿教师对自身在游戏中作用的反思

除了反思幼儿在游戏活动中的表现，幼儿教师对于自己在游戏中的作用也应进行反思，具体包括以下两点。

（1）反思为幼儿提供的游戏材料是否充足，考虑是否需要为幼儿新增一些游戏材料，来扩展游戏内容，提升幼儿发现和思考的层次，将幼儿的游戏提升到一个新的层次。

（2）反思是否利用幼儿的已有经验，来引导幼儿的游戏。幼儿教师评价幼儿游戏活动的目的在于了解幼儿的身心发展状况和游戏水平。对自身作用的反思则可改进对幼儿游戏的指导方式及方法，以不断提高指导幼儿游戏的技能。

⚙ 任务检测

一、单项选择题

1.表演游戏的本质还是游戏，这就决定了幼儿教师在组织和指导幼儿开展表演游戏的过程中，首先应保持表演游戏的（　　）防止对表演效果的片面追求。

　　A.游戏性　　　　　　　　　　B.示范性

　　C.主动性　　　　　　　　　　D.表演性

2.结构游戏的教育作用表现在，动手操作有利于幼儿手部小肌肉和（　　）的发展，

有利于培养动作的精确性及手眼协调能力。

    A.感知运动能力   B.观察注意能力

    C.想象思维能力   D.记忆发展能力

3.根据不同年龄幼儿的特点，调整要求和难度，增强幼儿游戏的（　　）。

    A.合作性   B.自主性

    C.有趣性   D.示范性

4.关于幼儿游戏场地的说法，正确的是（　　）。

    A.游戏空间越小，越有利于人际合作互动

    B.场地的空间密度、地点、结构特征及设备位置对幼儿游戏产生着一定的影响

    C.游戏时间影响游戏的兴趣而对游戏质量没有影响

    D.一般而言，集体的游戏一般发生在较小的、封闭式的空间

5.关于游戏与教学的关系，正确的描述是（　　）。

    A.是现代学前教育实践的两种重要手段，两者有密切的联系

    B.教学的功能可以由游戏来替代

    C.游戏的功能可以有教学来替代

    D.游戏与教学相互独立，没有任何联系

二、简答题

1.简述组织实施游戏如何贯彻主体性原则。

2.选择和提供幼儿园玩具及游戏材料时应考虑哪些标准？

任务检测答案

🔗 任务评价

指标	评价标准	考核者	说明	评分
"幼儿园游戏指导"评价表				
预习任务、课后任务的完成情况	完成好或较好为1学习积分，一般为0分，差或较差扣1学习积分	教师+课代表或小组长	具体评价内容及对应分值以一次具体任务为准	
教学过程中的表现	乐于思考、积极主动性强、笔记较好等为1学习积分，一般为0分，差或较差扣1学习积分	教师+课代表		
任务内容学习效果	掌握得好或较好为1学习积分，一般为0分，差或较差扣1学习积分	教师+课代表+小组长		
思政目标达成度	教育思想品德形成达成度较好为1学习积分，一般为0分，差或较差扣1学习积分	教师+课代表+小组长		

注：以学习积分为单位，每位学生有10个学习积分作为基础分，在此基础上加分或减分，考虑到后续可能出现的情况，2个学习积分为1分平时成绩，最后所有积分会折算成平时成绩。

项目总结

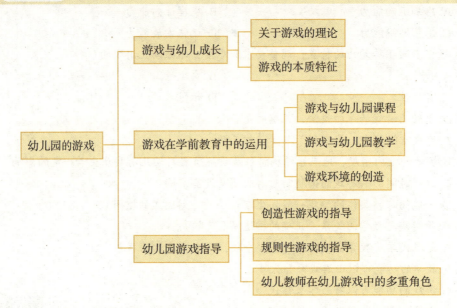

幼儿园的游戏
- 游戏与幼儿成长
  - 关于游戏的理论
  - 游戏的本质特征
- 游戏在学前教育中的运用
  - 游戏与幼儿园课程
  - 游戏与幼儿园教学
  - 游戏环境的创造
- 幼儿园游戏指导
  - 创造性游戏的指导
  - 规则性游戏的指导
  - 幼儿教师在幼儿游戏中的多重角色

项目综合实训

上网查阅相关资料，设计一个适合大班幼儿的体育游戏。

课证融通

一、选择题

1.（教师资格考试《保教知识与能力》2022上）关于自发性游戏的正确观点是（　　）。

　　A.幼儿园游戏不包括自发性游戏

　　B.自发性游戏不需要教师指导

　　C.教师组织的游戏比自发性游戏有价值

　　D.自发性游戏具有多种教育价值

2.（幼儿教师资格考试《保教知识与能力》2020下）幼儿赛跑、下棋一般属于（　　）。

　　A.表演游戏　　　　　　　　　　　　B.建构游戏

　　C.角色游戏　　　　　　　　　　　　D.规则游戏

3.（幼儿教师资格考试《综合素质》2021下）教学活动中，洋洋趁老师不注意溜出教室。当邓老师试图伸手抓住他时，他故意让老师追自己，就像在玩追逐游戏。对此，邓老师应该（　　）。

　　A.让家长领洋洋回家教育　　　　　　B.让洋洋在户外自由活动

　　C.牵着洋洋的手回到教室　　　　　　D.关闭房门，不让洋洋进入

4.（幼儿教师资格考试《综合素质》2021下）中班的小林喜欢表现自己，组织能力比较强，王老师每次在开展表演游戏时总让小林扮演主角。老师的做法违背的素质教育要求是（　　）。

　　A.促进学生全面发展　　　　　　　　B.面向全体学生

　　C.促进学生个性发展　　　　　　　　D.培养创新精神

5.（幼儿教师资格考试《综合素质》2021下）活动区活动该结束了，可晨晨的"游乐园"还没有搭完，他跑到老师面前："老师，我还差一点就完成了，给我5分钟，行吗?"老师说："行，我等你。"一边说，一边指导其他幼儿收拾、整理，该教师的做法体现的幼儿主体性表现特征是（　　）。

A.创造性　　　　　　　　　　B.独立性

C.自主性　　　　　　　　　　D.随机性

二、材料分析题

1.（幼儿教师资格考试《保教知识与能力》2021上）材料：在某幼儿园大班的家长座谈会上，家长们纷纷提出：孩子快上小学了，幼儿园应减少游戏时间，增加算术、识字等教学内容，以便于孩子适应小学的学习生活。

问题：

（1）请根据上述说法，分析家长观念中存在的问题。

（2）请针对问题，提出解决办法。

2.（幼儿教师资格考试《保教知识与能力》2021上）材料：教师为幼儿制作了一个玩具灶，投放了羽毛、棉花、小木棒、乒乓球等不同材质的物品和扇子，让幼儿猜测哪些物品能被风吹起来并进行验证。小牛猜想羽毛和棉花能飞起来，就开始扇风，结果发现他们确实能飞起来。他使的劲大了，发现乒乓球也起来了。一直旁观的小雷惊讶地说："原来用劲儿扇乒乓球也能飞起来呀！"

问题：游戏中小牛、小雷都在学习吗?请分别说明理由。

课证融通答案

微课呈现

项目十　幼儿园与家庭、社区、小学的关系

📌 项目导读

本项目首先阐述了家园合作的意义，介绍了家园合作的内容与方式；针对家园合作过程中的常见问题提出策略。其次，简单介绍了社区与社区教育的含义，概述了幼儿园与社区合作的意义和途径。最后，简述了幼小衔接的含义与意义，论述了幼儿园教育与小学教育的区别与联系，罗列了幼小衔接的常见问题，归纳了幼小衔接的原则与途径。

◎ 项目目标

知识目标

1.理解幼儿园与家庭、社区合作的意义，与幼儿园衔接的意义。

2.了解家园合作的常见问题及策略。

3.明晰幼儿园教育与小学教育的区别，熟悉幼小衔接的常见问题。

技能目标

1.能够根据实际情况选择恰当的家园合作方式，确保有效的家园沟通。

2.主动创设并开展幼儿园与社区合作的活动，加强社区与幼儿园的联系。

3.坚持幼小衔接原则，采用科学的方法帮助幼儿及家长做好幼小衔接工作。

情感目标

遵循《纲要》《规程》精神，密切与家长配合的意识。

思政目标

树立正确的育儿观。

任务一　幼儿园与家庭

⚙ 任务描述

良好的家园合作对提升家长的教育素质、促进幼儿全面发展、提升幼儿园教育质量等方面具有重要意义。学生应了解幼儿园教育与家庭教育的区别，了解幼儿园与家庭合作的常见问题及策略，具有家园合作的意识，从而促进幼儿健康成长。

🔗 任务准备

> 理论准备：学生对学前儿童与教师已经有了初步的了解，在此基础上，结合实习经验，对家园合作已经有了一定的了解。
>
> 物质准备：做好疫情防控准备工作；智慧教室、仿真教室。

📋 任务实施

对于处在学前阶段的幼儿而言，幼儿园教育和家庭教育同等重要，幼儿园教育与家庭教育的合作是一种双向互动的模式，需要家庭与幼儿园在对幼儿的教育方面相互配合。幼儿园教育与家庭教育的有机结合，是促进幼儿健康发展的重要途径，也是教育事业发展的必然要求。《规程》中提出："幼儿园应当主动与幼儿家庭沟通合作，为家长提供科学育儿宣传指导，帮助家长创设良好的家庭教育环境，共同担负教育幼儿的任务。"《纲要》中指出："家庭是幼儿园重要的合作伙伴。应本着尊重、平等、合作的原则，争取家长的理解、支持和主动参与，并支持、帮助家长提高教育能力。"

一、家园合作的内容与方式

（一）家园合作的内容

1.幼儿教师应主动地向家长了解幼儿的状况

幼儿教师应主动向家长了解幼儿在家的情况，主要包括幼儿在家表现出来的个性特点以及幼儿在家庭中的行为表现。除此以外，幼儿教师还需要了解幼儿在家的生活习惯及家庭教育环境，了解幼儿家长的育儿方式及对幼儿的期望，了解幼儿的家庭结构及入园前的知识经验水平等。

2.幼儿园应保障家长的知情权

幼儿园应该保障家长的知情权，让家长了解幼儿在园的一日生活及主要表现，公示幼儿园各项收费标准，定期向家长汇报工作中的成绩与问题。此外，幼儿园还应积极主动地向家长宣传国家的教育方针和本园本班幼儿的教育任务，分享学前教育学、心理学、卫生学等方面的科学知识和育儿经验等。

3.幼儿园应保障家长的参与权

幼儿园应该保障家长的参与权，家长有权利参与幼儿园组织的各项公开活动并提出自己的意见，参与幼儿园决策的监督与管理。幼儿园应向家长传递科学的教育理念与方法，明确家庭教育的重要性和家长的职责，调动家长积极参与到幼儿活动中。

（二）家园合作的方式

1.家园联系手册

家园联系手册往往是由幼儿园分发给各位家长。家长和幼儿教师用文字的形式记录幼儿一段时间内在幼儿园和在家活动的表现情况，例如幼儿个人情绪、进餐、卫生、睡眠、游戏、自理能力和健康等，一般是一个星期反馈一次。家长周五从幼儿教师手中拿回家园联系手册，通过记录，了解近一周幼儿在园主要表现，针对问题与幼儿教师沟通。周末家长记录幼儿在家中的表现，周一送幼儿入园时再将家园联系手册还给幼儿教师，并可与幼儿教师沟通幼儿的在家情况。

家园联系手册具有较强的针对性与延续性，是一种非常直观且有效的进行家园合作的方式。但其实对于幼儿教师来说操作却较难，其真实性也很难评估，因为幼儿教师一天面对的幼儿较多，很难做到细致观察到各个幼儿。

2.家长会议

家长会议是家园沟通合作的桥梁，幼儿教师可以真诚倾听家长的心声。从组织形式上划分，家长会议可以分为全园家长会和班级家长会，主要是由班级教师向家长介绍幼儿园教育教学、卫生保健、饮食、安全等方面的具体工作以及幼儿园的教育理念、办园宗旨、队伍建设等情况。幼儿教师可鼓励家长积极发表自己的观点，主动引导家长对有争议的问题表达看法，耐心向家长解释，帮助家长提高科学育儿的理念和技能。

从举办时间上划分，家长会议可以分为学期前的家长会议、学期中的家长会议和学期末的家长会议。学期前的家长会议主要介绍幼儿园这一学期的主要教育目标、内容和方法等，做好各种安全卫生知识普及；学期中的家长会议主要是向家长介绍幼儿园现阶段的工作情况，及后期工作安排，做好阶段性总结与过渡；学期末的家长会议主要是向家长汇报本学期幼儿园的主要工作与成效，交代幼儿放假注意事项等。

3.家长委员会

幼儿园教育离不开家长的支持与帮助。部分幼儿园会成立家长委员会，定期召开会议，会议内容较广泛，除了幼儿的教育问题以外，还可能会涉及幼儿教师的聘用，甚至包括幼儿园的教育经费管理等问题。家长委员会是由关爱幼儿，愿意为幼儿健康成长服务，并具有一定育儿经验的家长代表所组成的委员会，一般由家长推荐或自荐产生，分工合作。家长委员会一方面能够帮助幼儿教师完成部分幼儿教育和家长宣传工作，加强幼儿园与家长之间的沟通与联系，另一方面还能够在决策层面参与到幼儿园的教育和管理之中，对幼儿园的教育质量起到监督作用。

4.家长园地

家长园地是指幼儿园划分出通知栏，向家长提供一些教育信息和教育要求，发布幼儿园的日常活动及相关通知。家长园地分为全园和班级两个版块，全园的家长园地通常用来公布一些幼儿园的通知、膳食费收费项目明细、教育材料，或是幼儿园的办园理念、师资水平和所获荣誉等，一般设置在幼儿园门口，以便各位家长接送幼儿时查看。班级的家长园地一般设置在幼儿园班级门口，用于张贴班级一日作息时间表、近期教育计划、教育内容、教育目的、教师的建议等，列出幼儿近期的活动安排，让家长对幼儿的幼儿园生活一目了然。

5.家长开放日

家长开放日是指幼儿园定期或不定期，根据幼儿园的工作进程或阶段性成果展示，邀请幼儿家长到幼儿园参观，参与幼儿园活动。活动的主要形式可以包括入班听课、检查幼儿饮食卫生情况、参观幼儿的美术作品展览、观看幼儿的文艺表演、参加趣味亲子运动会等。通过这一系列活动，家长更好了解幼儿园的工作，了解幼儿受教育的情况，确保家园教育的一致性。

6.家长接待日

家长接待日是幼儿园定期举办的，例如每月设立一次家长接待日，由园长和幼儿教师代表组成接待小组负责对家长的接待工作，接待组成员的职责主要包括听取家长对幼儿园各项工作的反映，向家长征求意见或建议，与家长进行及时沟通，以达到相互配合、改进工作的目的。

7.幼儿教师家访

幼儿教师家访的针对性更突出，主要是探望生病或需要特别关爱、教育的幼儿。通过家访对其家庭情况、家庭环境进行了解，协助家长解决幼儿保健或家庭教育中遇到的问题，促进幼儿健康成长。

8.线上沟通联系

随着科学技术的进步，幼儿教师与家长也可以通过网络平台建立良好的线上沟通。幼儿园可以建立本园公众号和官方网站等，上传幼儿园相关信息，家长可以通过浏览网站和公众号实时掌握幼儿园动态，或是在网站或公众号下留言，强化与幼儿园沟通。此外，家长和幼儿教师还可以利用微信、QQ、邮箱、电话或短信及时沟通。

二、家园合作的意义

家长工作是幼儿园工作的重要组成部分，是幼儿园完成教育任务、提高保教质量不容忽视的一项工作。家园合作在提升家长的教育素质、促进幼儿全面发展、提升幼儿园教育质量等方面具有重要意义。

（一）家园合作有利于提升家长的教育素质

1.帮助家长树立科学的家庭教育观

家园合作可以使家长意识到自身对幼儿教育的重要作用与责任。家庭教育与幼儿园教育密不可分，家长有责任主动寻求与幼儿教师、幼儿园合作，共同培养幼儿德、智、体、美、劳各方面的发展。通过家园合作，能够帮助幼儿家长转变传统的育儿理念，尊重幼儿，改善自身行为，为幼儿树立良好榜样，从而提升自身素质，树立科学的家庭教育观。

2.有利于进行家庭教育指导

幼儿教师接受过学科专业学习，具备专业的育儿知识与技能，通过家园合作，幼儿教师能够帮助家长获得科学的育儿知识，为家长提供一些有关幼儿教育的理论指导和技术支持，从而更好地发挥家庭教育和幼儿园教育的双重作用。

（二）家园合作有利于促进幼儿的全面发展

1.有利于丰富幼儿教育资源

家园合作可以将家庭和幼儿园中的教育资源有机结合，有利于开发新的教育资源，拓宽教育资源渠道。家庭中具备很多隐藏的教育资源，如家长的职业不同，不同的职业有不同的体验，帮助家长树立言传身教的意识，在与幼儿交谈中传授自己的处世之道。

2.有利于幼儿健康成长

在幼儿教育教学实践中发现，幼儿在家庭和幼儿园时往往表现出前后不一、行为习惯脱节现象。例如，一些幼儿在幼儿园表现很好，不挑食、懂礼貌、守规则，但是回到家中，由于家长的溺爱，幼儿就开始任性、挑食。家园合作能够帮助幼儿教师及家长了解幼儿在家和在幼儿园的情况，使幼儿教师和家长的教育目的、教育方式更具一致性、连续性、互补性，改善幼儿的不良行为习惯，促进幼儿全面发展。

（三）家园合作与衔接有利于提升幼儿园教育质量

1.有助于幼儿教师与家长沟通

家园合作不是家庭单方面地配合幼儿园工作，也不是幼儿园教育单纯为家庭教育服务，家园合作应是一种双向互动模式，家庭与幼儿园在教育的各方面应相互配合、共同合作。通过家园合作与衔接，能够增加幼儿教师与家长的沟通频率，帮助双方更好地了解幼儿的性格、兴趣及行为表现，达到因材施教，促进幼儿全面发展的目的。

2.有利于调整幼儿园教育的模式

家园合作与衔接有利于调整幼儿园教育的模式，有利于幼儿教师更好、更全面地了解幼儿，根据幼儿的身心发展特点，即时调整教学活动目标、内容和形式，促进幼儿园教育模式改革，为家庭教育进行合理的补充。

3.有利于形成教育合力

家园合作把原本相对孤立、零散的家庭教育与幼儿园教育相融合，形成育儿合力。

家庭教育和幼儿园教育就像两根绳子，只有往一个方向拉，力量才会更大，如果家庭教育与幼儿园教育相背离，便很可能出现"5+2=0"的效果，即幼儿在幼儿园5天培养的良好行为习惯及品质，在周末幼儿处于家庭环境时，由于家庭教育与幼儿园教育相违背，而丢掉了该品质或行为习惯。

三、家园合作的常见问题及策略

（一）家园合作的常见问题

1.幼儿教师对幼儿入园适应问题处理不妥

幼儿教师对幼儿入园适应的态度及处理方式在很大程度上影响着幼儿入园适应的速度。一些幼儿教师对幼儿初入幼儿园不适应，表现出来的哭闹问题视若无睹，认为这是每个幼儿进入幼儿园都要面临的问题，从而采取消极等待的态度。一些幼儿教师将哭闹的幼儿单独隔离，给予幼儿消极的情感体验，甚至言语上吓唬幼儿，给幼儿的心理造成严重的伤害。还有一些幼儿教师一味地顺从幼儿，这种做法治标不治本，后期不利于幼儿良好习惯的养成。

2.家长的教育观念和教养方式与幼儿园不同

不少家庭缺乏正确的教育观，认为幼儿去幼儿园就是学知识的，把幼儿园仅仅看成照看幼儿和学习文化知识的场所，错误地用幼儿智力的发展去衡量幼儿的整体发展和幼儿教师及幼儿园的教育水平，家长无法采用正确的眼光看待幼儿的成长，缺乏正确的儿童观与教育观。家庭教育观念、教养方式与幼儿园不同，看轻幼儿园教育在幼儿教育过程中的重要地位，使得幼儿园的教育效果大打折扣。还有一些家长过于宠溺幼儿，在家中"全心全意"为幼儿服务，对幼儿的一切事物全部包办，使得幼儿在幼儿园形成的良好习惯很难在家庭中坚持。

（二）家园合作的策略

1.家长为幼儿入园做好准备

多数幼儿初次入园时，往往出现分离焦虑、不适应等状况，根据这种情况，家长在幼儿进入幼儿园之前应帮助幼儿做好入园准备，包括心理准备、习惯准备和能力准备，做好家庭教育和幼儿园教育的衔接。

（1）心理准备。为幼儿入园做好心理建设是帮助幼儿尽快适应幼儿园生活的基础。家长可以带领幼儿到附近的幼儿园周围玩耍，使幼儿了解幼儿园的环境。家长也可以创造条件让幼儿与其他同龄幼儿共同活动，使幼儿适应与其他幼儿接触。此外，帮助幼儿形成安全感是减少分离焦虑状况的关键，家长与幼儿之间应该建立良好的依恋关系，依恋分为安全型依恋，矛盾型依恋和回避型依恋。家长和幼儿良好的依恋关系对幼儿情绪情感的发展有着至关重要的作用。

（2）习惯准备。在幼儿入园前，家长应该有意识地培养幼儿良好的作息习惯。幼儿园一日生活有严格的作息时间表，家庭教育中应有对幼儿作息规划的教育，例如培养幼儿按时上床、按时睡觉、按时洗漱、按时吃饭的习惯。此外，家长还要培养幼儿良好的生活卫生习惯，例如勤洗手，勤洗澡。良好的生活作息习惯能够帮助幼儿适应幼儿园环境，更快更好地适应幼儿园集体生活。

（3）能力准备。家长需注重培养幼儿与同伴交往所必需的基本技能。在幼儿入园前，家长应该培养其与伙伴交往的兴趣与能力，家长可以经常带幼儿到公共场合与其他幼儿一起玩耍，在游戏中教会幼儿如何与他人沟通，如何与同伴分享、合作，当与同伴发生冲突时，应该如何解决冲突等技能。同时，家长还需要培养幼儿生活技能，例如学会自己穿衣服、吃饭、上厕所等。

2.幼儿园教育为家庭教育进行合理补充

幼儿园教育为家庭教育进行合理补充，幼儿园应做好幼儿入园引导与适应工作。

（1）在物质环境上，幼儿园对新入园幼儿应该营造一个良好、温馨的氛围，帮助幼儿尽快适应幼儿园生活。幼儿园还可以开放部分区域，使家长能够带领即将进入幼儿园的幼儿参观，使幼儿更好地了解园内的环境，以便于更好地适应幼儿园的学习与生活。

（2）在心理环境上，幼儿园应该创设一种关爱、和谐与互助的人际氛围，幼儿教师可以凭借幼儿和家长之间的依恋关系，为幼儿建立在新环境中的安全感，培养幼儿与幼儿教师之间的师生依恋，能够帮助幼儿尽快适应幼儿园的新环境。幼儿园还可以开展"试入园体验活动"，让幼儿在家长的陪伴下度过完整的一日生活，在这个过程中家长逐渐减少陪伴的时间，增加幼儿间及师幼间相处的时间，为正式入园奠定适应的基础。

此外，幼儿园应根据幼儿的身心发展特点科学规划幼儿在园时的一日作息时间和其他活动，幼儿教师多与家长沟通，了解幼儿的作息规律，指导、帮助家长培养幼儿良好的生活卫生习惯及能力。

⟨⋯⟩ 活动设计

幼儿园与家庭合作活动

活动一

【活动名称】 夸夸我的好妈妈（中班）

【活动目标】

（1）引导幼儿记得每年5月的第二个星期日是妈妈的节日——母亲节。

（2）引导幼儿学会介绍、夸赞自己的妈妈。

（3）引导幼儿在活动中学会表达对妈妈的爱。

【活动准备】

（1）收集幼儿与妈妈一起的活动照片或者幼儿的成长照片，做成视频或PPT。

（2）准备足够的彩色卡片、剪刀、胶水、各色气球、蜡笔、皱纹纸等。

【活动过程】

（1）活动开始。播放幼儿与妈妈一起的照片，让幼儿感受妈妈的爱，唤起幼儿的回忆。

（2）讲解节日。幼儿教师告诉幼儿母亲节的时间，并讲述母亲节的来历及意义。

（3）讲故事。提醒小朋友注意故事中的妈妈的职业。

（4）介绍我的妈妈。幼儿教师组织幼儿介绍自己的妈妈，包括妈妈的名字、职业等。在组织发言中，幼儿加深对妈妈的了解。

（5）夸一夸自己的妈妈。幼儿教师："妈妈为我们及周围的人做了好多了不起的事情呀！她们真的太厉害了！"请大胆地说出自己对妈妈的爱与祝福，向妈妈表达自己的爱。

将幼儿的表现录下来与家长分享。

【活动延伸】

幼儿教师组织幼儿制作贺卡或小红花并带回家送给妈妈，表达对妈妈的爱。

活动二

【活动名称】 亲子活动——毛毛虫运动会（中班）

【活动目标】

（1）幼儿学会多人协同爬的动作要领，能够与同伴、家长动作保持一致。

（2）运用正确的动作要领用完成比赛。

（3）在活动中感受合作的快乐。

【活动准备】

奖牌、台阶、锥形桶。

【活动过程】

一、活动热身

幼儿教师带领家长与幼儿一起做"小蜜蜂热身操"进行热身。

二、活动导入

播放以往运动会的视频资料。

三、开始活动

1.比赛第一轮——手撑着地爬接力赛。

（1）幼儿教师与幼儿复习手撑着地爬的动作要领，并向家长展示。

（2）幼儿和家长练习手撑着地自由爬动。

（3）幼儿与家长开始手撑着地爬接力赛。

2.比赛第二轮——两人协同爬接力赛。

（1）幼儿教师教幼儿与家长学习两人协同爬的动作要领。

（2）幼儿与家长两人协同自由爬动练习。

（3）幼儿与家长进行协同爬接力赛。

3.比赛第三轮——多人协同爬比赛。

（1）幼儿与家长共同学习6人协同爬的动作要领。

（2）组成有幼儿和家长的6人小组，6人协同自由爬动练习。

（3）进行6人协同爬比赛。

四、颁奖典礼

向三次比赛胜利的小组颁发奖牌，向其他小组的成员颁发鼓励奖。

五、放松环节

引导幼儿与家长进行拉伸。

任务检测

一、单项选择题

1.下列不属于家园合作方式的是（　　　）。

　A.家园联系手册　　　　　　　B.社区运动会

　C.教师家访　　　　　　　　　D.家长会议

2.幼儿入园准备不包括（　　　）。

　A.能力准备　　　　　　　　　B.习惯准备

　C.人际准备　　　　　　　　　D.心理准备

二、简答题

1.简述家园合作的意义。

2.简述家园合作的内容。

任务检测答案

🔗 任务评价

指标	评价标准	考核者	说明	评分
	"幼儿园与家庭"评价表			
预习任务、课后任务的完成情况	完成好或较好为1学习积分，一般为0分，差或较差扣1学习积分	教师+课代表或小组长		
教学过程中的表现	乐于思考、积极主动性强、笔记较好等为1学习积分，一般为0分，差或较差扣1学习积分	教师+课代表	具体评价内容及对应分值以一次具体任务为准	
任务内容学习效果	掌握得好或较好为1学习积分，一般为0分，差或较差扣1学习积分	教师+课代表+小组长		
思政目标达成度	树立正确的育儿观，达成度较好为1学习积分，一般为0分，差或较差扣1学习积分	教师+课代表+小组长		

注：以学习积分为单位，每位学生有10个学习积分作为基础分，在此基础上加分或减分，考虑到后续可能出现的情况，2个学习积分为1分平时成绩，最后所有积分会折算成平时成绩。

任务二 幼儿园与社区

⚙️ 任务描述

社区是社会的基本单位，社区的发展离不开教育，幼儿园与社区合作有利于促进幼儿社会性的发展，优化幼儿的成长环境，建设幼儿教育共同体。学生应了解幼儿园与社区合作的意义，掌握幼儿园与社区合作的途径，从而促进幼儿、幼儿园、家庭与社区协同发展。

🔗 任务准备

理论准备：学生对家庭教育含义、意义及方法已有一定的理解。

物质准备：做好疫情防控准备工作；智慧教室、仿真教室。

📋 任务实施

《纲要》中提出，幼儿园要与社会密切合作，综合利用各种教育资源，共同为幼儿的发展创造良好条件。《规程》指出："幼儿园应当加强与社区的联系与合作，面向社区宣传科学育儿知识，开展灵活多样的公益性早期教育服务，争取社区对幼儿园的多方面支持。"社区教育对幼儿及幼儿园教育的发展具有重要意义，作为幼儿教育的重要帮手，社区教育的重要性日渐突出。

一、社区教育的含义

社区教育兴起于 20 世纪美国实用主义教育家杜威所提出的"教育即生活""学校即社会"等，是指反应和满足社区发展需要的，为实现社区全体成员素质和生活质量的提高及社区发展的一种社区性的教育活动和过程。

社区教育具有以下特点：一是地域性。社区由一定的区域构成，在特定的区域内，与特定区域的文化、社会环境和地理条件相联系，因此社区教育具有地域性。二是多样性。在教育对象上，社区教育不仅包括成人教育，也包括幼儿教育、小学教育及其他性质的教育，这也表明社区教育具有多样性的特点。三是综合性。社区教育往往和家庭教育与学校教育相结合，具有综合性的特点。

社区的兴起是社区教育发展的前提条件，社区的自然环境、社会习俗、人口等都会对教育产生重大影响，幼儿教育与社区的沟通和结合越来越受到重视，幼儿的生活从家庭向社区、社会逐步扩大。因此，幼儿园的教育要同家庭、社区教育保持密切联系，以利于幼儿的成长。

二、幼儿园与社区合作的意义

社区是除了家庭、幼儿园以外，幼儿生活和学习的第三个主要场所，幼儿园通过与社区合作，能够拓展幼儿的校外课堂，丰富幼儿活动的方式，扩大幼儿活动的空间，优化学校的周边环境。社区与幼儿园合作能够深化社区教育，加快学习型社区建设，促进教育与社区互动合作的发展。幼儿园与社区合作对促进幼儿社会性发展，优化幼儿的成长环境，构建幼儿教育共同体具有重要意义。

（一）幼儿园与社区合作有利于促进幼儿社会性的发展

幼儿园与社区合作开展各项活动，有利于幼儿社会性的发展，养成公民意识。幼儿的社会性发展主要包括自我意识、社会认知、社会情感、社会交往、社会适应及个性发展。幼儿园与社区可以联合开展"我们的社区"主题活动，帮助幼儿认识周围的环境、关注社区的变化以及好处，引导幼儿喜欢自己的社区并爱护周围的环境。幼儿园与社区还可以开展"送垃圾回家"主题活动，帮助幼儿学会垃圾分类，掌握社区中垃圾桶的安装位置，养成不乱扔垃圾的良好习惯，美化社区环境。

（二）幼儿园与社区合作有利于优化幼儿的成长环境

加强幼儿园与社区的合作，促进幼儿园、社区、家庭形成良好的多向互动关系，扩大幼儿活动的空间，丰富幼儿的学习及生活经验，提升社区居民及家长的教育素质，改善人与人之间的关系，营造一种和谐的社区环境氛围。

社区的物质资源、人力资源及文化资源丰富，幼儿园能够为社区成员制订丰富的学习课程与活动，培养社区成员的学习意识，提升全社区居民的教育素质，建立和谐的人际关系，进一步优化幼儿的成长环境。

（三）幼儿园与社区合作有利于建设幼儿教育共同体

教育共同体是指为了相同的教育目标，在教育实践活动中形成的有共同教育信仰的责任的共同体。

幼儿教育的共同体应该包括幼儿教育工作者、家长以及教育、计生、妇联等政府组织部门和其他社会成员。幼儿园与社区的合作不仅仅依赖于幼儿教师与社区工作人员，还需要家长与社区其他成员的参与。家长与社区其他成员在共同体中通过发挥自身的组织和专业影响，共同推动幼儿教育共同体的良性运行。

三、幼儿园与社区合作的方式

（一）幼儿园应加强与社区联系

幼儿园与社区之间应该加强联系。社区可以利用宣传橱窗和幼儿园共同开办定期或不定期的宣传栏目；幼儿园可以利用幼儿园的专长与特色为社区服务，向社区宣传幼儿园的办园理念、早教育儿知识等。社区可以借助宣传橱窗向幼儿园展示社区文化活动。幼儿园若想在社区举办各种活动，也需要获取社区的支持，因此幼儿园和社区应该保持密切的联系，幼儿园还可以邀请家长和社区人员多互动，通过家庭这一纽带，密切幼儿园与社区合作。

（二）幼儿园应充分利用社区资源

"走出去"和"请进来"是幼儿园利用社区资源的两种常见方式。"走出去"是指当幼儿园的教育活动需要社区内丰富的物质环境资源支持时，幼儿教师及幼儿走出幼儿园，走进社区。例如幼儿园可以组织幼儿参观社区中的博物馆、图书馆、美术馆、展览馆、科学馆、体育馆等；也可以让幼儿感受社区里的自然景观，亲近自然，亲近社会，陶冶身心；还可以引导幼儿为保护社区环境等做些力所能及的事，从中体验为他人服务的快乐。"请进来"是指幼儿园将社区优秀的物质资源、人力资源"请入"幼儿园中，如请社区中的工作人员给幼儿讲解日常卫生及消防知识。

（三）社区应动员社区力量积极与幼儿园合作

社区工作人员应该为幼儿园提供一定的支持，帮助幼儿园办好幼儿教育。社区应主动与幼儿园联手开展各类公益活动，积极参与幼儿园在社区中组织的各项活动，动员社区工作者及居民积极投身幼儿教育，调动大家对公益活动的热情，提高社区居民的凝聚力。此外，社区和幼儿园可以联手办好社区示范性幼儿园，提升幼儿教育质量。

 活动设计

> **幼儿园与社区合作活动**
>
> 活动一
>
> 【活动名称】 垃圾分类我知道（中班）

【活动目标】

（1）认识垃圾分类标记，尝试按标记给垃圾进行分类。

（2）掌握垃圾分类的方法。

（3）养成讲卫生、不乱扔垃圾的好习惯，树立初步的环保意识。

【活动准备】

（1）请幼儿观察所生活的社区中垃圾桶的不同标识。

（2）准备各类垃圾如香蕉皮、废纸盒、空易拉罐、矿泉水瓶、酒瓶等，还要准备分类垃圾桶。

【活动过程】

一、认识垃圾分类的标记

教师展示不同标志的垃圾桶，让幼儿认识这些标志并说出这些图示的名称。幼儿教师进行一定的指导："你们看，这就是'垃圾宝宝'的'家'——垃圾桶，你们认识吗？"让幼儿说一说。

二、幼儿尝试进行垃圾分类

幼儿教师提出问题："小朋友们真棒，认识了这些标记，接下来我们每人选一个'垃圾宝宝'，把它送回'家'好不好？"

（1）幼儿教师出示各类不同的垃圾，让幼儿猜一猜它们的"家"。

（2）幼儿教师讲述生活中的垃圾类型。

幼儿教师："现在这些'垃圾宝宝'都找到自己的'家'了，你们看那边还有许多垃圾，我们把它们也送回'家'。"（幼儿自由选择垃圾，然后一个一个地对垃圾进行分类，幼儿教师一旁指导）

三、结束部分（幼儿教师小结）

教师提出："小朋友们，你们知道生活中的垃圾宝宝，为什么他们都有各自的家吗？"

教师："那让老师告诉你们，垃圾分类可以让我们的环境变得更美，空气变得更好。还可以保护我们的地球妈妈，也让我们的清洁工叔叔阿姨们减少了工作量，所以我们小朋友平时不要乱扔垃圾，要做一个垃圾分类小能手，你们能做到吗？"

【活动延伸】

（1）回家与家长一起进行垃圾分类，帮家长丢垃圾。

（2）学画垃圾桶上的标志。

活动二

【活动名称】 急救电话记得牢（小班）

【活动目标】

（1）知道紧急电话号码及使用的具体情况。

（2）乐意参与活动，形成初步的安全意识。

【活动准备】

（1）写有"110""119""120"等电话号码的图片。

（2）画有警察和警车、医生与救护车、消防队员与消防车的图片若干。

【活动过程】

1.教师通过提问创设情境，引起幼儿兴趣。

（1）教师（出示火场的图片）："小朋友你们看这里怎么了？如果你发现着火了会怎么做？"

（2）幼儿自由讲述，幼儿教师总结。

（3）教师提问："除了119这个紧急的电话号码，你们还知道哪些紧急的电话号码？"

2.教师指导幼儿认识特殊的电话号码，知道它们的用途及其与人们生活的关系。

（1）幼儿教师出示写有"110"的图片，引导幼儿认识。

幼儿教师："小朋友，你们看这是什么号码，它与我们家的电话号码样子不一样，不可以随便打，在什么情况下需要使用这个电话号码呢？打了这个电话什么车子会出现？谁会出现？他们会做什么？"

（2）幼儿教师依次出示"120""119"等电话号码的图片，指导幼儿了解它们的作用以及相关的工作人员及其活动，并知道这些人员的活动与人们的关系。

3.游戏"怎么办，做什么"。

幼儿教师："现在我们来玩个游戏，看谁说得好。这儿有一些图片，我们看看图片上发生了什么事，我们可以打什么电话帮助他们解决呢？谁出现了？他们来做什么？"（游戏可进行多次）

幼儿分别扮演需要帮助的人及警察、医生等，进一步熟悉几种特殊电话号码及其相关人员的活动。

【活动延伸】

请幼儿到社区中去寻找贴有急救电话标志的场所并拍照。

任务检测

一、单项选择题

1.下列选项中不属于社区基本要素的是（　　　）。

  A.一定规模数量的居民　　　　　　B.固定的共同生活的区域

  C.相对完善的生活服务设施及机构　　D.健全的制度

2.下列不属于社区教育特点的是（　　　）。

  A.地域性　　　　　　　　　　　　B.前瞻性

  C.多样性　　　　　　　　　　　　D.综合性

二、简答题

1.简述幼儿园与社区合作的意义。

2.简述幼儿园与社区合作的方式。

任务检测答案

任务评价

	"幼儿园与社区"评价表			
指标	评价标准	考核者	说明	评分
预习任务、课后任务的完成情况	完成好或较好为1学习积分，一般为0分，差或较差扣1学习积分	教师+课代表或小组长	具体评价内容及对应分值以一次具体任务为准	
教学过程中的表现	乐于思考、积极主动性强、笔记较好等为1学习积分，一般为0分，差或较差扣1学习积分	教师+课代表		
任务内容学习效果	掌握得好或较好为1学习积分，一般为0分，差或较差扣1学习积分	教师+课代表或小组长		
思政目标达成度	齐心协力为国家培养身心和谐发展的建设者和接班人，达成度较好为1学习积分，一般为0分，差或较差扣1学习积分	教师+课代表+小组长		

注：以学习积分为单位，每位学生有10个学习积分作为基础分，在此基础上加分或减分，考虑到后续可能出现的情况，2个学习积分为1分平时成绩，最后所有积分会折算成平时成绩。

任务三　幼小衔接

任务描述

　　幼小衔接是幼儿园教育与小学教育这两个教育阶段的衔接，良好的幼小衔接能够帮助幼儿顺利完成角色转换，帮助幼儿尽快适应小学生活。学生应了解幼儿园与小学教育的区别与联系，熟悉幼小衔接的常见问题，掌握幼小衔接的原则与途径，为幼儿进入小学做好准备。

任务准备

　　理论准备：以往的学习与生活中，学生对幼小衔接已经有一定的了解，并清楚要为幼小衔接做准备，良好的幼小衔接能够帮助幼儿更快地适应小学生活。
　　物质准备：做好疫情防控准备工作；智慧教室、仿真教室。

任务实施

　　幼儿园教育与小学教育是两个相互衔接的阶段，因此，幼儿园教育和小学教育之间具有连续性与阶段性，连续性要求幼儿园教育要与小学教育相衔接，阶段性意味着小学教育与学前教育存在区别，只有做好幼小衔接，才能帮助幼儿进入小学后在身体、情感、社会性适应和学习适应等方面都有良好的发展，从而顺利地实现由学前向小学的过渡。

一、幼小衔接的意义

教育学中的衔接是指两个相邻的教育阶段之间的相互联系。幼小衔接是指幼儿园教育与小学教育这两个教育阶段的衔接，主要指幼儿园大班和小学一年级之间的衔接，良好的幼小衔接能够帮助幼儿顺利完成角色转换，帮助幼儿尽快适应小学生活。

（一）满足现实需要

幼小衔接满足幼儿发展的需要，能够帮助幼儿尽快适应小学教育，实现角色转变。幼儿园教育和小学教育在教育目的、内容、形式、学习制度和生活作息上存在着很大的不同，做好从幼儿园教育到小学教育的衔接，幼儿在小学教育过程中出现的问题能更好地解决，因此，做好幼小衔接工作对幼儿身心发展及学习具有重要作用。

（二）顺应教育要求

我国的《幼儿园工作规程》明确指出，幼儿园教育应和小学密切联系，互相配合，注意两个阶段教育的相互衔接。《幼儿园教育指导纲要（试行）》中也明确指出："幼儿园应与家庭、社区密切合作，与小学相互衔接，综合利用各种教育资源，共同为幼儿的发展创造良好的条件。"做好幼小衔接是幼儿园教育的重要内容，家庭教育也应为幼小衔接做好准备。

二、幼儿园教育与小学教育的区别

幼儿园教育与小学教育的区别主要体现在教育性质、教育目标、教育内容、教育形式、作息时间及生活环境上。

（一）教育性质

幼儿园教育是非义务教育，是基础教育的基础，为幼儿顺利进入小学做准备。小学教育是义务教育，小学教育可帮助幼儿形成良好的社会适应能力，培养幼儿终身学习的习惯。

（二）教育目标

在教育目标上，幼儿园教育没有明确的教育目标，没有升学压力，并不追求过严的教学目标。小学教育主要是小学教师对幼儿进行的有目的、有计划的促进幼儿全面发展的教育活动，有较为严格明确的教学目标、内容及要求。

（三）教育内容

在教育内容上，幼儿园教育主要以健康、语言、社会、科学和艺术五大领域为主要内容，幼儿园教育内容与幼儿的日常生活经验密切相关。小学教育教学内容主要包括语文、数学、品德与生活、音乐和体育等，主要为学科内容。

（四）教育形式

在教育形式上，幼儿园教育形式讲究保教结合，强调玩中学。小学教育主要以课堂教学为主，与幼儿园教育相比，更加注重知识技能训练。

（五）作息时间

在作息时间安排上，幼儿园不同年龄班的活动时间不同，活动时间整体较短，小班开展活动一般为 15 分钟，中班为 20 分钟，大班为 25 分钟，休息时间较长。而小学各个年级上课时间一致，均为 40—45 分钟，课间休息时间 10 分钟左右。

（五）生活环境

幼儿园与小学在教室布置上大有不同。幼儿园教室布置有各种区角与环创，内容丰富美观，桌椅摆放更随意灵活，富有情趣。为避免学生上课分心，小学在教室布置上相对规范单一，课桌摆放整齐。

三、幼小衔接的原则与途径

（一）幼小衔接的原则

1.双向性原则

双向性原则主要是指幼小衔接应该是幼儿园与小学的双向衔接，而不能仅仅依赖于一方的努力，幼儿园与小学应该加强联系、相互配合。

2.全面性原则

幼小衔接强调德智体美劳各方面全面衔接与发展，幼儿园教育小学化现象表明部分幼小衔接朝着智育发展的方向倾斜。幼小衔接不仅仅是在阅读、识字、算数和拼音等技能上的衔接，还包括幼儿意志、情绪情感、个性和社会性等方面的衔接，幼小衔接应是整体的，而非单项的。

3.连续性原则

幼儿园教育与小学教育之间有着千丝万缕的联系，在幼小衔接过程中两阶段的特点并存，幼儿园发展幼儿的感知觉、注意、记忆和思维，为小学做准备。因此，在小学低年级日常教学活动中，也要考虑儿童发展的连续性。

（二）幼小衔接的途径

在幼小衔接中，家庭教育是基础，幼儿园教育是关键，小学教育是重要一环，社区是重要参与者。

1.家庭应做的准备

（1）物质准备。家长帮助幼儿准备入学学习用具，如书包、铅笔、橡皮、文具盒、尺子等。家长还可在家中为孩子开辟一片安静的学习小天地，营造学习氛围。

（2）心理准备。家长可以为幼儿营造快乐上学的积极心理暗示，激发幼儿对小学的向往之情，帮助幼儿熟悉上小学的概念，培养幼儿独立生活及适应社会能力，发展幼儿的学习能力，加强安全知识教育，增强幼儿的自我保护能力，提高幼儿自己解决问题的习惯与能力等。同时家长也需要调节好自身心理状态，不要过度担心幼儿的小学教育生活，以防消极的心理状态影响到幼儿。另外，幼儿进入小学初期，家长要实时注意观察幼儿的情绪变化。

2.幼儿园应采取的措施

（1）幼儿园应该正确认识幼小衔接，避免幼儿园教育小学化。游戏活动仍应是幼儿园的主要教育形式，幼儿教师可以利用幼儿游戏活动，如"我要上小学"主题活动，使得幼儿通过角色游戏扮演小学生，从而了解小学生、小学教师、小学课堂、小学作业等基本概念，培养幼儿对小学的角色认同感。同时幼儿教师还可以教幼儿如何整理书包、文具等，培养其基本的生活能力。

（2）在环境准备上，幼儿园应为幼儿创设良好的物质环境和精神环境，如在大班设计读书角，开展"每天阅读半个小时"的活动，培养幼儿的专注力。幼儿园还可以主动联合小学开展相关的入学参观活动。这些都有利于幼儿提前熟悉未来的学习与生活，减少对环境的陌生感和心理压力。

3.小学在课程和师资的衔接工作

（1）做好课程衔接工作。幼儿园课程中游戏是幼儿的基本活动形式，学习内容较简单。小学实行分科教学模式，学生学习的方式主要靠教师的讲解，学习内容相对较难。因此，在课程设置上，小学低年级的课程要关注幼儿的"最近发展区"，教学设计适应幼儿的身心发展规律。

（2）做好幼小师资衔接。小学教师应主动与幼儿教师加强交流，相邻的幼儿园和小学可以"结对子"，定期交流教学经验，相互了解各自学生的发展。此外，幼儿园和小学还应积极借鉴国内外幼小衔接的有效经验等。

4.社区要为幼小衔接创造良好的氛围

社区作为幼小衔接的重要参与者，应为幼小衔接创造良好的氛围。社区应为社区内幼儿园及小学建立沟通的桥梁，组织家长和幼儿园、小学共同制订幼小衔接计划，加强幼儿园与小学的联系与交流，形成教育合力。

四、幼小衔接的常见问题

由于幼儿园教育与小学教育有很多区别，经常存在学习内容、生活学习制度、教育要求等方面断层的问题，幼小衔接的常见问题主要有幼儿园教育小学化、幼小教师衔接缺失和幼小衔接准备不充分等。

（一）幼儿园教育小学化

幼儿园教育小学化是指幼儿园在教育教学实践中将幼儿当作小学生来要求，在幼儿园阶段教授幼儿小学课程，企图拔苗助长的一种做法，它属于一种超前教育，是当前幼儿教育的误区之一。目前民办幼儿园和公立幼儿园都存在严重的幼儿园教育小学化现象，有的幼儿园以"小学化"作为自己的特色，大力宣传"幼小升学率"用以招生。有的幼儿园甚至从小班就开始教学拼音字母，到大班的时候，小学化情况更严重，例如在教学形式上以课堂教学取代游戏活动，在教育内容上追求知识的数量和难度，过度开发早期专业特长，在一日生活中用小学的学习制度与生活制度来管理幼儿行为等。

幼儿园教育小学化现象严重的原因主要包括以下两点：一是幼儿家长的担忧与期望。一方面，家长担心由于学前教育和小学教育在教育内容、教育形式、教育环境等各方面存在明显的区别，幼儿从幼儿园进入小学后无法适应小学生活，所以希望幼儿在学前教育阶段接触小学教育的一些内容；另一方面，家长出于望子成龙、望女成凤的心态，希望自己的孩子不要输在起跑线上，想要幼儿尽早地接触汉语拼音、识字和算数等。幼儿园为了满足家长的需要，使得幼儿园的活动内容、形式等偏小学化。

二是幼儿园教育机构之间的竞争。幼儿园有公立与私立之分，私立幼儿园没有财政拨款，为了生存，为了留住生源，盲目地开设各种特长班、兴趣班，推出幼小衔接训练吸引幼儿家长。一些幼儿在公立幼儿园读大班之前甚至转到私立幼儿园读大班或学前班，以便学习小学课程，这些行为无疑进一步催使幼儿教育小学化。

（二）幼小教师衔接缺失

大多数幼儿园缺少既了解学前教育专业知识，又熟悉小学教育发展规律的幼儿教师，同时小学教师很少能够掌握学前儿童发展规律及教育内容等。幼儿教师和小学教师缺少交流衔接的机会及方式，缺少沟通和联系，幼儿园与小学也没有机会一起研究幼小衔接工作，对彼此的教学工作内容及方式都不太清楚，因此导致小学教师不能正确处理幼小衔接不良等问题。

有一部分幼儿教师意识到了幼小衔接的重要性，试图建立幼小教师沟通交流的平台与桥梁，但小学教师方面却缺乏主动性和积极性，形成衔接上一边倒的局势，造成衔接工作的单向性。幼小衔接既不是幼儿园小学化，也不是小学幼儿园化，双向准备才是解决幼小衔接问题的有效途径。

（三）幼小衔接准备不充分

幼小衔接准备不充分主要体现在两个方面。一方面是家长不重视幼小衔接问题，在家庭教育环境中没有帮助幼儿为进入小学做好入学准备；另一方面是幼儿园没有帮助幼儿做好入学准备。幼儿园和家长普遍认为，幼小衔接是从幼儿园大班才开始准备的，幼小衔接的侧重点往往集中于智力准备，忽略了其他方面的准备。从准备时间上来说，幼小衔接是一个长期的工作，家庭和幼儿园在整个幼儿期都应该为幼儿进入小学做准备。在幼儿将要入小学的前半年才开始做衔接工作，这样的准备是不够充分的。从准备的内容上来说，幼小衔接并不仅仅是知识能力的衔接，还包括心理、学习习惯等方面的准备，从而避免幼小衔接形式化。

 活动设计

幼小衔接活动

活动一

【活动名称】 学做升旗手（大班）

【活动目标】

（1）了解升国旗仪式。

（2）尊重国旗，热爱国旗，热爱祖国。

【活动准备】

升国旗视频，国旗，国歌。

【活动过程】

（1）认识国旗。幼儿教师向幼儿展示国旗，正确认识国旗，了解国旗的由来。

（2）讨论如何升国旗。幼儿教师播放《小学升国旗》视频，引导幼儿讨论如何升国旗，如何做好升旗手。

（3）幼儿教师讲解升旗仪式过程。幼儿教师："小朋友们马上就要上小学了，每周一小学都会举行升旗仪式，升旗仪式是小学的重要仪式之一。"

幼儿教师："在刚才我们看到的升旗仪式中，视频中的小学生都先干什么呀？"（引导幼儿归纳升旗仪式的步骤，最后教师总结正确的升旗仪式步骤。）

第一步：全体肃立，出旗，奏出旗曲。

第二步：升国旗，奏国歌。（脱帽，全体师生行注目礼，少先队员行队礼。）

第三步：礼毕，唱国歌。

第四步：国旗下讲话。

（4）竞选升旗手、竞选主持人。

（5）排练升旗仪式过程。

幼儿教师组织幼儿到操场排练升旗仪式。

【活动延伸】

周一在幼儿园举行升旗仪式。

活动二

【活动名称】　课间 10 分钟（大班）

【活动目标】

（1）初步了解小学课间 10 分钟的意义及活动内容。

（2）试着安排自己的课间 10 分钟。

（3）激发上小学的兴趣。

【活动准备】

（1）准备小学生课间 10 分钟的活动视频。

（2）请一名小学生到班级向幼儿讲述课间 10 分钟的活动。

【活动过程】

（1）认识小学生。幼儿教师引导幼儿观察小学生和他们之间有什么不同。

幼儿教师："小朋友们，今天呀我们班级来了一位新朋友，大家看看他和我们大家有什么不一样呀？"（小学生佩戴红领巾，双肩背着小书包。）

（2）小学生向幼儿进行自我介绍。

小学生："大家好，我是×××，我现在××岁了，我在×××小学上一年级。"

幼儿教师与小朋友欢迎小学生。

（3）结合视频，小学生向幼儿介绍小学校园生活。

幼儿教师提问："小学生上课和我们活动是一样的吗？哪些地方不一样呢？"

引发幼儿思考幼儿园活动和小学课堂的区别，引出幼儿园活动时间与小学教育课堂时间不一样，同时让幼儿了解到小学下课时间为 10 分钟。在这 10 分钟时间内，小学生要合理安排自己的时间。

（4）教师、幼儿和小学生共同观看《课间 10 分钟》。

幼儿教师提问："小学生在课间 10 分钟干了什么？"

请小学生分享他一般在课间10分钟的时候干什么，为什么？

（5）幼儿教师请幼儿尝试安排自己的课间10分钟，并向大家讲述自己的课间10分钟的内容，相互交流讨论。最后说一说谁的课间10分钟安排得最合理。

【活动延伸】

幼儿园和社区的小学联系，组织大班小朋友到社区小学感受小学氛围。

任务检测

一、单项选择题

1. 幼小衔接的原则不包括（　　）。

  A. 表面性原则　　　　　　　　B. 双向性原则

  C. 全面性原则　　　　　　　　D. 连续性原则

2. 下列关于幼小衔接的说法，正确的是（　　）。

  A. 幼儿入小学适应困难，是因为幼儿园教育过于游戏化

  B. 幼小衔接完全是幼儿园的责任

  C. 幼儿园的幼小衔接工作不仅仅只限于在大班开展，小、中班也应该开展

  D. 幼儿不需要幼小衔接

二、简答题

1. 简述幼儿园教育与小学教育的联系。

2. 简述幼小衔接的常见问题。

任务检测答案

任务评价

"幼小衔接"评价表				
指标	评价标准	考核者	说明	评分
预习任务、课后任务的完成情况	完成好或较好为1学习积分，一般为0分，差或较差扣1学习积分	教师+课代表或小组长	具体评价内容及对应分值以一次具体任务为准	
教学过程中的表现	乐于思考、积极主动性强、笔记较好等为1学习积分，一般为0分，差或较差扣1学习积分	教师+课代表		
任务内容学习效果	掌握得好或较好为1学习积分，一般为0分，差或较差扣1学习积分	教师+课代表+小组长		
思政目标达成度	齐心协力为国家培养身心和谐发展的建设者和接班人，达成度较好为1学习积分，一般为0分，差或较差扣1学习积分	教师+课代表+小组长		

注：以学习积分为单位，每位学生有10个学习积分作为基础分，在此基础上加分或减分，考虑到后续可能出现的情况，2个学习积分为1分平时成绩，最后所有积分会折算成平时成绩。

> **项目总结**

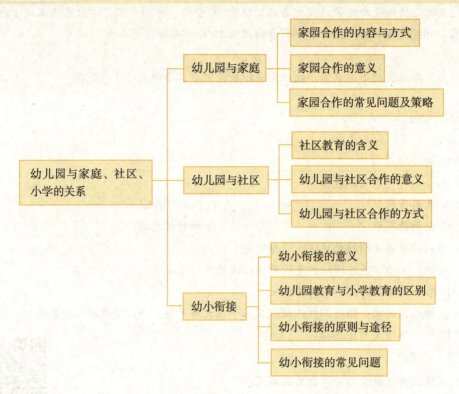

幼儿园与家庭、社区、小学的关系
- 幼儿园与家庭
  - 家园合作的内容与方式
  - 家园合作的意义
  - 家园合作的常见问题及策略
- 幼儿园与社区
  - 社区教育的含义
  - 幼儿园与社区合作的意义
  - 幼儿园与社区合作的方式
- 幼小衔接
  - 幼小衔接的意义
  - 幼儿园教育与小学教育的区别
  - 幼小衔接的原则与途径
  - 幼小衔接的常见问题

项目综合实训

1.查阅国内外幼儿园与家庭、社区合作共育的模式，与同学交流分享。

2.分析幼儿园与家庭、社区合作，与小学衔接应该注意的问题。

课证融通

一、单项选择题

1.（幼儿教师资格考试《保教知识与能力》2021 上）《幼儿园工作规程》规定，新生入园时，幼儿园要进行（　　）。

　　A.幼儿知识与能力测评　　　　　　　　B.幼儿智力测查

　　C.幼儿家长测评　　　　　　　　　　　D.幼儿健康检查

2.（幼儿教师资格考试《综合素质》2021 上）为了更好地满足家长们对幼小衔接的要求，幼儿园大班教师张某在最后一个学期，以拼音、20 以内数的加减法等作为主要教学内容，张某的做法（　　）。

　　A.正确。张老师有决定教学内容的权利

　　B.正确。张老师有效回应了家长的要求

　　C.不正确。幼儿园不得教小学的内容

　　D.不正确。幼小衔接应在入园时开始

3.(幼儿教师资格考试《综合素质》2021上)离园的时间已经过了半个小时,明明的家长还没有来,也不接电话。于是蒋老师把明明送回了家,发现明明的妈妈正在打麻将,蒋老师与明明妈妈进行了沟通。明明妈妈以后再也没出现过类似情况,这体现的是(   )。

A.家长是教师的帮手

B.家庭教育是幼儿园教育的延伸

C.教师是家庭教育的指导者

D.幼儿园教育是家庭教育的补充

二、简答题

1.(幼儿教师资格考试《保教知识与能力》2020下)简述社区在幼儿园教育中的作用。

2.(幼儿教师资格考试《保教知识与能力》2018上)简述幼儿园教师工作的职责。

课证融通答案

拓展阅读

微课呈现

参考文献

［1］ 李国祥，李学军.中外学前教育史［M］.2 版.北京：高等教育出版社，2012：57.

［2］ 李生兰.学前教育学［M］.4 版.上海：华东师范大学出版社，2020：24.

［3］ 虞永平，王春燕.学前教育学［M］.北京：高等教育出版社，2012：211，288.

［4］ 郑健成.学前教育学［M］.2 版.上海：复旦大学出版社，2014：15.

［5］ 陈雅芳，曹桂莲.0—3 岁儿童亲子活动设计与指导［M］.上海：复旦大学出版社，2014：5，29.

［6］ 卢琳琳，马丽枝.亲子教育问题及对策研究［J］.产业与科技论坛，2020，19（08）：111-112.

［7］ 顾明远.中国教育大系：21 世纪初中国教育［M］.武汉：湖北教育出版社，2015：85.

［8］ 陈云.陈鹤琴家庭教育思想对 0—3 岁婴幼儿家庭教育的启示［J］.南京广播电视大学学报，2018（03）：86-90.

［9］ 万慧颖.学前儿童家庭教育［M］.南京：东南大学出版社，2016：23.

［10］ 杨蓝.现代教育中幼儿园教育与家庭教育的互补与合作［J］.当代家庭教育，2020（11）：17.

［11］ 胥思月.浅析幼儿园教育与小学教育的区别与联系［J］.散文百家，2019（10）：126.

［12］ 崔爱林，赵红芳.学前教育学［M］.北京：北京师范大学出版社，2018：206.

［13］ 王晓玲.幼儿园游戏教学活动中的师幼关系探究［J］.新教育时代电子杂志（教师版），2018（31）：8.

［14］ 仇琪，武俊青.0—3 岁婴幼儿早期教养的理论和实践［J］.中国儿童保健杂志，2014，22（03）：281-283.

［15］ 赵梦星，夏全惠.0—3 岁婴幼儿情绪的发展特点及培养策略［J］.长春教育学院学报，2018，34（04）：18-21.

［16］ 徐伟伟，徐洪花.浅谈 0—3 岁婴幼儿家长科学育儿的指导方法［J］.课程教育研究，2019（07）：32.

［17］ 文颐，王萍.0—3 岁婴幼儿保育与教育［M］.北京：科学出版社，2018.

［18］ 万超林.学前教育学［M］.南京：南京师范大学出版社，2017：25.

［19］ 王萍，万超.学前教育学［M］.2 版.长春：东北师范大学出版社，2017：21.

［20］ 李季湄.幼儿教育学基础［M］.2 版.北京：北京师范大学出版社，2020：90.

［21］ 牟映雪.学前教育学［M］.北京：教育科学出版社，2012：215.

［22］ 王浪.幼儿劳动教育实施策略［J］.教育观察，2019，8（38）：60-62.

［23］ 苏维.家园共育背景下开展幼儿劳动教育的透视与思考［J］.教育观察，2020，9（40）：120-122.

［24］ 冯丽娜.婴幼儿早期教育中心质量评估指标体系探索［J］.学前教育研究，2017（02）：31-41.

［25］ 刘炎.学前教育原理［M］.大连：辽宁师范大学出版社，2002：2-3.

［26］崔诗琦. 我国 3 岁以下婴幼儿早期教育教师职业标准体系研究［D］. 上海：华东师范大学，2020：5.

［27］章丹. 学前教育专业师范生视角下的幼儿园教师专业能力调查研究［D］. 上海：上海师范大学，2019：6.

［28］张莉，夏艳萍. 对早期教育教师专业化成长的思考：以兰州部分早教机构师资调查报告为例［J］. 甘肃高师学报，2014，19（01）：64-66.

［29］冯婉桢，蒋杭柯，洪潇楠. 师幼关系类型及其影响因素分析［J］. 学前教育研究，2018（09）：50-59.

［30］王春燕，秦元东. 幼儿园课程概论［M］. 3 版. 北京：高等教育出版社，2020：5-7，69.